名师工程
创新语文教学系列

语文教学的高阶策略

——基于学科本质的创新实践

司新华 著

西南师范大学出版社
国家一级出版社 全国百佳图书出版单位

图书在版编目(CIP)数据

语文教学的高阶策略：基于学科本质的创新实践 / 司新华著. —— 重庆：西南师范大学出版社，2020.8
（名师工程）
ISBN 978-7-5697-0277-4

Ⅰ.①语… Ⅱ.①司… Ⅲ.①中学语文课－教学研究 Ⅳ.①G633.302

中国版本图书馆 CIP 数据核字(2020)第 147054 号

名师工程系列丛书
编委会主任：马　立　宋乃庆
总策划：周安平
策　划：李远毅　卢　旭　郑持军　郭德军

语文教学的高阶策略
——基于学科本质的创新实践
司新华　著

责任编辑：	雷　兮
责任校对：	郑先俐
封面设计：	熊艳红
出版发行：	西南师范大学出版社
地　址：	重庆市北碚区天生路1号
邮　编：	400715　市场营销部电话：023-68868624
	http://www.xscbs.com
经　销：	新华书店
印　刷：	重庆市国丰印务有限责任公司
幅面尺寸：	170mm×240mm
印　张：	16
字　数：	341千字
版　次：	2020年8月　第1版
印　次：	2020年8月　第1次印刷
书　号：	ISBN 978-7-5697-0277-4
定　价：	45.00元

若有印装质量问题，请联系出版社调换
版权所有　翻印必究

序　　言

　　目前,我国关于语文教育理论及教育实践的研究成果很多,课程标准和教材内容、教学法也在不断更新和完善,但是,对于语文教学内容与教学法体系的科学性、语文教学效果,至今质疑不断。其中,学科特性、学科能力形成途径、学科教学法的理论认知和学科能力培育的系统性、科学性不够,一线教师教学片面、零散、随意,是重要原因。

　　本书基于学科特质,对语文教学理念与行动的一些主要方面进行了创新探索,创构了语文教学理念及高阶行动策略体系。

　　一、在阅读教学方面,关于学科本质的教学理念及高阶行动策略探索,作者重点关注了以下几个方面:

　　1. 深入揭示和分析了当前阅读教学中常常忽略的一些典型弊端。

　　当前阅读教学中文本语言的工具性、人文性、文学性,以及文本及课程的整体观、系统观等学科特性的认知与教学还存在一定缺陷,语文教学中教师的"教"、学生主体、训练与测评等能力形成必须关注的要素科学性体现不足。对这两个方面的典型弊端的揭示与分析,对一线教师有很好的警醒和参考作用。

　　2. 对基于学科本质的阅读教学理念与高阶行动策略进行了探索。

　　对在阅读教学中如何基于工具性能力生长特性,有效地、系统地实现语言工具性教学,提出了系列途径。其中,文本的整体性价值、学生工具性能力的个体性生长及教学系列行动策略对于提升语言工具性能力的意义,是语言工具性教学的本真探索和创新挖掘。对如何基于文本文学性特质对文本的表达形式、情境、人物形象的意蕴、情感审美体验进行系统理解与涵泳的高阶探索,是文学教育教学策略的系统体现。其中,"情感审美体验"的理念和系列行动策略是心理学与文学教育的融合,能有效培养学生的文学性情感。对如何基于文本整体性特质的整体性设问、引联品读等途径进行的探索,体现了对文本从整体切入到局部关联体悟的整体性理解涵泳阅读思路,是对文本进行阅读教学的很好途径。对如何基于文本的科技属性，利用科普文教学实现科学思维的培育，建立语文思维与科学思维跨学科高阶融合的教学范式，是科普文学科融合教学的成功探索。对如何基于文本的人文特质培养学生人本性、文化素养、高级情操进行了高阶阅读教学策略探索。其中，高级情操培育的理论借鉴了著名心理学家林崇德教授的心理学理论。基于学科本质探索的文本教学中的系列拓展策略，以及自我生长的研究性学习教学范式，对培养学生的思维品质、拓宽思维空间、提升语文的整体素养有很大帮助。

二、在写作教学方面，基于学科本质，作者着重关注了以下几个重要方面的教学理念及高阶行动策略的探索与建构：

1.对写作教材、教法的专业性和科学性，教师专业能力以及学生心理困乏特征等影响写作教学质量的一系列问题进行了深入探析。这对于理解写作教学缺乏专业性、科学性的原因会有很好的帮助。

2.探索了基于事物认知、文本构建能力生成与提升的写作基础技能的高阶教学策略，创构了观察与感知能力培养的由浅入深、由一般感知到审美感知，审题、主题及主题意义结构的确立，材料及材料逻辑这四个方面的教学行动策略，并进行了典型案例分析。

3.从发展等级写作技能教学内容创构的角度，对写作如何才能深刻、创新两个方面进行了写作思维与写作技能融合的系列途径探索，创造性地实现了教学内容的科学构建。

4.从写作教学内容科学体系应该怎样构建的角度，一方面，立足于科学建构符合学科本质的写作教材内容体系，创造性地提出写作教学内容体系全面创新构建的两个基本原则，并进行了宏观设计和具体阐释；另一方面，对现行以文体写作为主的教材教学内容进行宏观优化与系统改革的探索，建构了"双线交融并进"的写作学习内容改革体系。"双线交融并进"的写作学习内容体系在高中段的实践成果"高中写作新学程"一套三本，已于语文出版社公开出版，并面向全国发行。这两个改革实践体系是对写作教学内容全面改革、科学构建的突破性探索，是作者独立主持的四川省教育科研规划办课题、四川省教育厅资助金项目"高中作文教学改革体系建设研究"的主要研究成果，具有较高的科学价值。该课题结题鉴定时，专家组集体鉴定为："该课题切中现实问题，聚焦高中作文教学的课程建设，针对高中作文教学缺少适宜、具体、系统的写作教学内容体系，写作教学内容简略、零散，作文教学方法缺乏系列建构等多年来存在的系统性问题，以整体改革的思路，从两个大的维度系统建构了高中作文教学的内容与方法体系，在高中作文教学的整合性、系统性、结构化、课程化方面做了极富成效的探索和建设，对突破高中作文教学的瓶颈有重要的理论和实践意义，对于解决高中作文教学存在的重难点问题具有深刻的启发意义，在现实针对性和高中作文教学系统化改革方面具有引领价值。"这项成果于2018年9月获四川省第十八次优秀教育科研成果一等奖。

  以上两个板块基于学科本质的教学理念和高阶行动策略探索，虽然没能穷尽阅读教学和写作教学内容以及教学法的全部，但对其中一些重要方面进行了深刻、创新、系统的理论和高阶行动策略体系的创建探索，理论与实践结合，侧重于实践体系的建构，范例是语文教师耳熟能详的篇目，具有很强的创造性、系统性、实用性等特点。这些基于学科本质的教学理念与行动探索，构建的大小内容体系，给各学段从事一线教学的语文教师和语文教育研究者、师范类汉语言文学教育专业的学生提供了系统的理念及行动策略，具有很好的启发、指导价值以及具体的实践帮助作用。

目 录 CONTENTS

第一编 基于学科本质的阅读教学理念与高阶行动策略探索 / 1

第一章 阅读教学理念与行为的典型缺失 / 1
第一节 语文教学中文本特性及课程观的缺失 / 1
第二节 语文教学中能力形成特性和科学测评的缺失 / 23

第二章 基于学科本质的阅读教学理念与高阶行动策略 / 35
第一节 语言工具性教学中语言阅读教学的本真途径 / 35
第二节 基于文本文学性的高阶阅读教学 / 44
第三节 基于文本整体性的文本阅读教学 / 82
第四节 基于文本科技属性的科学思维高阶培育 / 98
第五节 基于文本人文性的高阶阅读教学 / 105
第六节 基于学科特质的拓展和自我生长的教学范式 / 123

第二编 基于学科本质的写作教学理念与高阶行动策略探索 / 147

第一章 写作教学的典型桎梏 / 147
第一节 教材、教法的典型桎梏及分析 / 147
第二节 学生心理困乏特征及原因探析 / 158

第二章　写作基础技能的高等级教学策略 ………… / 163

第一节　认知事物的基础技能的层级教学 ………… / 163
第二节　审题和主题确立的高等级基础性教学 ………… / 178
第三节　材料及材料逻辑的高等级基础性教学 ………… / 201

第三章　写作技能发展等级的高阶教学策略 ………… / 206

第一节　写作如何才能深刻的写作技能教学内容构建 ………… / 206
第二节　写作如何才能创新的写作技能教学内容构建 ………… / 214

第四章　写作教学内容全面改革、高阶构建的科学途径 ………………………………………………………………… / 230

第一节　写作教学内容科学途径高阶构建的两个基本原则 ……… / 230
第二节　现行文体写作教学内容体系的全面优化、系统改革及范式 ……………………………………………………………… / 239

第一编　基于学科本质的阅读教学理念与高阶行动策略探索

第一章　阅读教学理念与行为的典型缺失

阅读教学是语文教学的主要阵地,相对于写作教学来讲,阅读教学是教师普遍擅长和喜欢的教学板块,因为教师一般认为阅读教学很好地表达了自身对文本的认识,达到了自己的认知高度,在这个传递过程中还始终保持着较好的情感状态,并且师生在一起学习文本内容,还可以看见学生的语文能力在教学过程中得以提升,所以很多教师认为阅读教学很好地体现了自己的教学水平和责任心,教学过程快乐,教学效果明显。

其实,阅读教学偏离语文教学的正确轨道,缺乏科学性,教学效率低下,是语文教学多年来一直存在的痼疾。

第一节　语文教学中文本特性及课程观的缺失

一、工具性教学的典型偏失

工具性是语言的一种基本属性,是语言的教与学首先要重视的对象。现实中的语言教学常常把作品的语言看作一种简单的符号载体,重视语言符号的基本意义、语言的共识性、语言知识和语言的一般表达形式。除去这些肤浅、片面的教学现象,当前的语言工具性教学中散碎的语言解读体悟与狭窄的语言感知、语言特质品悟的单一与异化、轻合理的个性化解读、课外非适应性阅读以及阅读量不够等现象还很严重。在这样的语言教学中,工具性特点的体现不够,很大程度上影响了作品的语言熏染、学生的语言思维以及现实语言表达能力的培养。

(一)散碎的语言解读体悟与狭窄的语言感知

以某省赛课一等奖课例《雨霖铃》教学片段中的语言解读与体悟为例。

师:《雨霖铃》写词人离开汴京与红颜知己的惜别之情。上片写别时之场景,情意缱绻;下片写别时之凄凉,怨情缠绵。开头三句叙事,点明时间、地点与气候特点,渲染气氛。时当深秋,满目萧瑟。又值傍晚,暮色阴沉,更兼急雨滂沱之后,继之以寒蝉悲鸣,所见所闻无不凄凉。"都门"三句以传神之笔刻画典型环境中的特殊心境。正在难舍难分之时,船偏要出发。"执手"二句写难舍之情与激动之至,纯用白描手法,形象逼真生动,如在眼前。

这个例子反映出教师语言教学上的不足,可从多个角度去分析。这里仅就"语言阅读时缺少解读与体悟的基本内容"这个典型性问题略加分析。很明显,这位教师的教学重句段大意、重语言形式,直接关涉语言背景及语言本来价值的一些重要因素却没有得到足够重视,语言理解与感受简略,并且文本理解是片面的、割裂的,所以这样的语言教学的工具性特点体现不够。

(二)语言特质品悟的单一与异化

1.轻语言的文体性

在实际教学中,不同文体的内容和语言学习用同一个教学模式是常见的教学现象。比如常见课堂教学模式的主要环节:首先整体把握文章的基本意义和情感态度,再是理清文章思路,然后重点学习一两个主要内容点(这几个点也大多是不同文体一个模式),其中也常有请学生说最喜欢课文的哪些地方,并说明理由,最后写一段(或谈一谈)有关感悟的文字或强化训练。没有正确的文体语言教学,学生就不可能掌握不同的文体语言特点,就难以正常

地、恰当地进行叙事、说理、抒情、说明。这是钝化学生对表达纷繁复杂的现实生活感知和表达能力的一个方面。

如,在一次全国性赛课上一位老师讲授的《荷花淀》课例,是记叙类文章教学体现语言特质教学不当的典型例子。他的程序是:

在出示了教学目标之后,1.感知悟读:概括小说的主要内容,对内容顺序进行讨论;2.情感诵读:齐读第三段,说说它美在哪里;3.妙笔赏读:找出最喜欢的词、句子或语段,请说出理由。

这种散碎的语言教学,很明显是受了常见教学模式的影响。这种模式适合小说教学吗?就小说的故事性来讲,小说的语言与情节、人物是什么关系,该如何去把握?语言有什么特点?生活化、情境性、形象性、个性化、故事性是把握小说语言文体特质的重要方面。

2.轻语言的基本风格特质

在日常教学中,师生都比较注意对豪放的、婉约(含凄美)的语言风格的学习,这与语言特色、情感状态、意境的显性因素直接有关,但对朴实与清新这两种最基本的语言风格特质的理解与表达关注不够。这样就容易让学生的表达变得矫情。

(三)轻合理的个性化解读

教师重语言的共识性,轻合理的个性化解读,是教学中的普遍现象。在教学中,即使有时学生有个性化的理解,教师的引领也常是肤浅的、片面的。

比如一位名师在教学《雷雨》时的片段。

周朴园口口声声思念鲁侍萍,而一旦她出现在眼前时,他又为何"忽然严厉"起来?教师明确:因为这已不是从前那个让他日思夜悔的鲁侍萍,他不愿见到现实的鲁侍萍,可见那先前的思念只是一种虚伪的惺惺作态,反映出他是一个非常可恶、虚伪的人。

这时的周朴园到底是一个什么样的人物,可做多向理解,甚至很多学生也会有所认识:比如,周朴园的内心世界有没有多面性和复杂性?念旧是否真实?是不是人性泯灭?是不是两人见面的地点不对?有没有维护他的家庭地位与尊严这一原因?有没有冷酷的一面、畏怯的一面?等等。周朴园不愿与鲁侍萍相认的原因,可从多个方面去理解。教师不能简单地从一个角度去启发学生,这样会影响学生对内容的理解和多角度思考,会让学生的语言思维变得单一和肤浅。

(四)课外非适应性阅读以及阅读量不够

关于课外阅读,一方面,基本上都是教师指定名著,这些名著里的生活大多离学生遥远,有的名著里的内容和艺术表达特征与学生阶段思维的发展特征不符,加之大多篇幅很长,所以喜欢读、有时间读名著的学生并不多;另一方面,学生自主阅读课外读物的也很少。限制在基本教材篇目和训练题范围内的阅读篇目,缺少适应性阅读以及阅读量不够等问题,是阅读教学的常态。

二、人文性教学的典型缺位

文学作品是对纷繁复杂的人生、社会现实的反映,其中个体和社会的价值观与呈现形态都围绕人本体与人的社会特征来展开,并且带有作者很强的个体认知与情感因素的艺术化表达特征,所以人是作品内容的主体,作品蕴含了丰厚的人文内涵,并会对人的本性、社会性特征及表现、生存能力产生深远的影响。人是人文性的构成基础和核心,人的特征及人所反映出的人文性是作品的基本属性,人文教育也就成了语文教育的基本属性。

学生是学习的主体,教师要进行有效的阅读教学,既要关注作品中的人,又要关注学生这个阅读主体,并侧重于学生的健全本性、情感态度与价值观等个人素养的正常发展,让学生在教师教学作品内容的过程中受到深远的影响。可是,阅读教学中教师对作品中的人、真实的人文内涵以及作为阅读者的人的忽视却很严重,导致其对作品中的人和人文性的理解残缺,从而对学生的培育也不全面。它主要体现在以下几个方面。

(一)套式思维对作品人文内涵及学生思维品质、人本素养的扭曲

近现代以来,由于社会进步的需要以及特殊的育人价值,文学作品承担了塑造符合社会理想以及政治要求的新人的重要使命,文学作品教学的阐释也因此常常被过多地赋予了政治内涵。

这些套式思维,常常扭曲中外经典和近现代作品里的人文内涵,从而让这些作品失去丰富的文学价值。教师讲授《大堰河,我的保姆》时,为什么总是特别强调作者对地主阶级的憎恨?这是简单的套式思维方式的表现。读这篇作品,应更多地关注作品本身所显示出的深层内涵,这首诗里应该有对当时社会文化的不满,对社会不公、不人道的深刻认识和愤懑,这里的父亲也是受害者。作者对大堰河以及她子女的关心不仅是对劳动人民的热爱,还是对养育者以及生活同伴的一种人伦之情。讲苏轼的《念奴娇·赤壁怀古》,很多老师着重讲解"人生如梦"一句,认为调子低沉,过分悲观。人面对时间的流逝、历史的变迁而感慨生命的短暂、江月的永恒,怎么不行呢?难道学生有了"人生如梦"的想法,就不能健康成长?这是套式思维导致的对人的复杂性的忽略。再比如,《套中人》中的主人公历来被人们批判和嘲笑。人们常用套式思维,简单地判断这个没落社会维护者的是与非,片面地认为主人公是一个坏透了、极度令人鄙视的人。这样的理解是不全面、缺少人文性的。实际上,这是一个被生活所迫、受当时文化影响,自觉维护旧的社会秩序,尊重自身社会地位的人。他是知识分子,有地位;他自尊,他希望把自己的事做好,不愿被人笑话,于是他努力地克制自己,努力地对环境及他人做出他认为自己应该做的事。其实他也忠于感情。他自认为自己与那位女人已经有关联时,他也开始关心她的弟弟。这不仅是为了自己的社会地位和尊严,也是为了让这位弟弟能符合社会的要求。又如,阿Q的自欺欺人历来被人们唾弃和嘲笑。在现实生活中,人们也常用"儿子打老子"来嘲笑那些懦弱无能、自我麻痹的人。这与人们简单运用套式思维有直接的关系。这种背景下产生的认识是片面的,至少不全面。其实,在那个被人人欺侮的环境里,他没有能力处处与人直接交锋,他能保持内心的不屈,敢说"儿子打老子",我们应看到阿Q的心还活着,并没有完全麻木,他还懂得自尊、维护自尊。这也是下层人士的一种生存之道。

　　套式思维是怎样扭曲作品内涵,如何影响学生思维品质、人本素养,可窥见一斑。

(二)作品学习中对人的理解异化

教师对作品的认识常常缺少对作品中的人物进行人本位的理解与思考。这主要表现为缺少对作品中人性的特征、人性中可贵的地方、在存在与发展过程中人的特点体现、人的命运的关注。

比如理解莫泊桑的《项链》,一般认为这篇小说尖锐地讽刺了小资产阶级的虚荣心和追求享乐的思想,深刻地揭示了不良社会风气对人本性的严重影响以及对人的摧残。原人教版高中第四册教学参考书还说,小说"同时,对贵族阶级的穷奢极欲和不惜弄虚作假的生活方式进行了抨击和暴露",还有人说鞭挞了资产阶级的腐朽文化。理解《项链》的主要内容,是不是就简单局限在这些背景性因素上,或将重点放在这些方面?其实,如果只是从一个失败者的劣根性和所在环境的角度去思考这篇小说的内容意义,是走偏了道路,或者可以说是没有分清认识的轻重,是一种简单的思维的反映。静心想想,在作品尖锐的对比中,作者关注的首先是这个主人公。虽然玛蒂尔德的思想、行为前后对比鲜明,文章主题意义的轻重似乎难以分辨,但是不管怎样说,作者嘲笑她的同时,对她也是有充分肯定的,同情与惋惜都是客观存在的,并且可以看出作者对于人的存在与命运的诸多思考。

(三)人道主义的缺位

人道主义起源于欧洲文艺复兴时期,它提倡尊重人、关怀人、以人为中心的世界观。法国资产阶级革命时期,把它具体化为"自由""平等""博爱"等口号。人道主义强调关怀每个具体的人的命运,富有同情心和拯救人的正义感。这些内涵,是一个自然人、社会人应有的情感与态度。如果一个人没有了这种情怀,他的思想就不会对人类有益处;如果社会没有了这种情怀,社会就走向蛮荒。

文学作为富有人文和社会价值的特殊传媒,是文化的一种特殊体现,它能产生的一个重要作用是让人的心灵得到慰藉和培育。文学作品能使阅读者体会到他人的喜怒哀乐,体会到美与丑、爱与恨,激起阅读者对人类的同情和帮助。很明显,文学教育有助于培养这种情怀。可是,为什么现实生活中

有人缺乏起码的人情味？看见倒在马路上的人，没有想到帮扶；看见别人被欺负，回避一边；看见人去世了，没有悲痛之心；面对杀戮和战争、人权遭到忽视与践踏，没有一点痛楚？这些现象的形成原因有很多，人道主义教育的不足应该是其中之一。

当然，人道主义的缺失与前面分析的人的异化和套式思维教学等直接相关。比如，教师们讲，《项链》是批判小资产阶级虚荣心，是批判享乐主义腐朽思想的。这样说来，这个女主人公的悲剧也是自然的。这样的套式思维，让我们无法体会小人物的辛酸处境，无法理解小人物的挣扎和被命运作弄的悲哀。这样的教学，不仅没有培养起对人的同情心，反而弱化了人们本来可能有的人道情怀。

除去这些套式因素，对作品中人物、事件的实质，人与人之间以及人与社会之间的关系，生活的关联性认知与体悟没有予以重视也是原因之一。比如，阅读《祝福》，仅仅理解祥林嫂够吗？如果不对当前底层生活中人们的命运进行迁移性的关注，能培养对人的关心与同情吗？没有对人物、事件的迁移性认知与体悟，就不能培养对现实的感知力。也就是说，在教学中如果不注意将作品与生活、与学生自身关联，让学生认识、体会、评价现实生活中人的喜怒哀乐，评价社会现象，并进行自我矫正，人道主义精神就难以产生。

另一个重要的原因是社会环境里流行的功利观、物质观。北京师范大学教育学部原部长、著名博士生导师石中英教授在《教育哲学》中说："市场、工具理性和个人主义所塑造的现代社会，是一个地地道道的功利主义和消费主义社会。在这个社会中，无论是国家还是个体，津津乐道的东西并不是其境界的高低，而是其占有物质财富的多少和市场购买力的大小。"[①]社会环境常以成功作为一个人主要的甚至唯一的价值评价标准。这种价值观，必然会导致社会包括教师和学生对人性、人道情怀的忽视。

（四）文化性的缺失

文化是人及社会特征的体现。由于作品是反映人及社会特征的，所以文

---

① 石中英.教育哲学[M].北京：北京师范大学出版社，2007：101.

化性是作品的重要内涵和特征。文化性属于作品的人文性范畴，所以，文化性是语文课程人文性特点的重要体现。文化性的缺失，会让语文教学失去基本内涵。

可是，阅读教学中，不管是古诗文教学、现代文教学，还是阅读训练，忽略作品本身的文化性和对学生的文化素养的培育是常见的弊端。

除去前面提及的阅读教学的不良表现，教师在教学时常限于对语言基础及基本意义、简单的艺术特点的理解，缺少对作品所蕴含的社会文化意义的挖掘，造成语文教学有言无文，这是阅读教学文化性缺失的又一体现。这样的教学，既偏离了作品的基本内涵和内容特征，也影响了民族文化、民族精神、文化特质以及真实的文化认知能力、学生人格特征和文化性因素的培育。

比如，某教学参考书提供给教师参考的、对《氓》这首诗歌的分析：在"故事和人物"里分析了女主人公率真直爽、温柔而有主见、深挚、清醒与坚强的个性特点，之后又分析了"叙事、抒情、议论熔于一炉"的艺术特点。

《氓》选自《诗经》。《诗经》的流传有它特有的意义。统治者把它当作封建教文之一。"饥者歌其食，劳者歌其事"的写实风格告诉我们，《诗经》里蕴含了当时的人文及社会特征。阅读《诗经》，必须理解《诗经》所记载的人文及社会特征，并且必须思考：作为儒家训文，它的精神内涵是什么？寄寓了什么样的人文要求？蕴含了什么样的中华民族精神？

很明显，像教学参考书中这样的分析，没有涉及文化内蕴，人的特征与价值认识也不足。这与新课程标准对于语文教学的要求、古代经典作品本身存在的价值有差距。

(五)对阅读者行为主体性和创造性的忽视

1.对阅读者行为主体性的忽视

对阅读者行为主体性的忽视，指阅读行为主体在阅读过程中的本位性、主动性没有得到重视和发挥，甚至遭到了压制。

阅读者是阅读教学中的主体，学生的主动性是学习过程中学习活力的体现，对本位性、主动性的重视是实现有效、高效学习，对学生产生深远影响的主要因素。但是，在阅读教学中，主体常是教师，教师以传达自身理解为主要任务,偏离了教师引领者、组织者、掌舵人这个定位。在这种教学过程中,一方面,很少有基于真实学情、全面兼顾的阅读教学,学生的阅读基础以及阅读过程中的思维状态普遍得不到重视;另一方面,教师对学生的观点、态度、主体性的重视程度不够,学生的自由质疑、发言等时常遭到漠视。

2. 行为主体的创造性因素遭到忽视

创造性是人的本质特征和素养之一,这一点常被人忽略。前文的一些探究,已经包含了一些对影响创造力形成因素的认识。教学中对创造性的影响还有以下一些方面:(1)对答案一刀切,不认可学生的创造性理解。这种现象在日常阅读教学中很普遍。对学生有创意并且合理的看法的漠视,体现在教师要么只管自我实现,要么敷衍塞责,这样自然就影响了学生的认知力、个性以及创造力的发展。(2)教学思维机械,角度少,简单传递教学参考书的内容和习题答案是教学中的常见问题。(3)应试教育对创造力、活力的压制:课文学习习题化,尤其是高三阅读教学应试的功利性严重。阅读教学中缺少生机,缺少语言工具性、人文性的正常生长,这些都是阅读教学中的痼疾。这些教学现象在很大程度上压制和削弱了学生的创造力以及生命活力。

三、文学性教学的典型缺位

文学性应是语文课程的基本属性,是语言的高级形态。这一点虽然在语文课程标准中没有提及,但是语文课程的文学性,与工具性、人文性一样,是文本内容重要属性的体现,也是语文教育的基本内容。

文学教育原本是培养学生用文字表情达意能力的最好方式,从一定程度上讲,它是工具性和人文性能力的体现。可是,从课程标准制定者到一线语文教育者,对这点的重视程度还很不够。语言的工具性、人文性、文学性大多是融合在一起的。文学性教育的缺失与工具性、人文性教育的缺失也直接相连。

虽然语文课程改革已进行了好些年,但由于忽视了学科特性,当前语文教学技术化、简单的工具化倾向依旧很严重。

(一)语文的阅读教学与文学教育脱离

1.功利性阅读教学脱离了文学教育

这是语文教育的一种常见现象,即文学教育完全从属于语言文字教学和一般阅读能力的培养,作品成了传授语文知识、训练语文一般阅读能力的例子,未能把提升学生的文学素养作为学生的一种人生需要,导致文学给予学生心灵的慰藉缺失,学生对文学作品和社会现实的感知能力的培养以及丰富的情感状态缺失,拓展、丰富、深化学生的人生体验缺失。

比如,一位教师讲授李清照《声声慢》下阕的教学片段:

生1:我想说的是"梧桐更兼细雨,到黄昏、点点滴滴"。这句话词人选取了几个景物,有"梧桐""细雨"和"黄昏"。

师:好,是三个意象,"梧桐""细雨"和"黄昏"。有什么作用?

生1:三个意象都可以表现出词人当时愁苦的心情,然后这里也运用了借景抒情和融情于景的手法,可以说更贴切、传神地表现出了诗人当时那种愁苦的心情。

师:说得好!词里还有哪些句子表达了诗人的愁苦?

从这个教学片段可以看出,教师注重句子的基本意思及表达方式的一般作用,还停留在简单的工具性教学层面,近似于考试常涉及的简答题套路。作者如何认知外物、如何将自己的内心与外物结合起来,用怎样的语言形式构成了一个表达情景,这个情景如何前后关联,逐步深入地表达作者的情意,又具有怎样的艺术冲击力,等等,有关文学性的问题没有得到解决。这堂课的教学深度,初一到高三的学生都能如此回答。

2.散碎的教学脱离了作品的艺术整体性

教学中教师"肢解式"的散碎分析取代了学生对课文艺术魅力的整体感悟,使文章的内容与艺术的整体价值没能得到很好的体现。通常就某一重点或某几点进行文学知识和大意、基本特点的理解,侧重的是工具性的一般理解和能力培养。

比如,一位教师讲授李清照《声声慢》的教学过程:

一、导入:李清照经历及作品简介

二、明确学习目标及重难点

学习目标:

1. 把握词中意象,赏析叠词等艺术手法。

2. 了解词人生平,体味词中的情感内涵。

教学重点:

赏析叠词等艺术手法,体味词中的情感内涵。

教学难点:

通过比较阅读,深入体会词人的情感世界。

三、诵读感知

四、品读赏析

(一)词人的"愁"表现在哪里?

1. 词人是通过哪些意象来写"愁"的?从词中找出相关的句子,说一说。

(1)淡酒、急风:三杯两盏淡酒,怎敌他、晚来风急。

为什么是"淡酒"而不是"浓酒",为什么是急风?

(2)雁:雁过也,正伤心,却是旧时相识。

"雁"在诗歌中有什么意义?

(3)黄花:满地黄花堆积,憔悴损,如今有谁堪摘?

"满地黄花堆积,憔悴损"有什么作用?你怎么看?

(4)梧桐、细雨:梧桐更兼细雨,到黄昏、点点滴滴。

"梧桐""细雨"是怎样表达哀伤凄凉之意的?

2. 词人除了通过这些意象含蓄委婉地抒发愁绪,词中还有哪些句子是直接抒发感情的?

(1)寻寻觅觅,冷冷清清,凄凄惨惨戚戚。

(2)这次第,怎一个"愁"字了得!

(二)词人为什么而愁?根据词人生平及写作背景分析。

五、比较阅读

阅读下面这首《一剪梅》,比较李清照南渡前后不同的愁思。

六、背诵

七、结语

这堂课的诗词教学,肢解式教学是很明显的。意象与意象的关联,前后意义的贯通,由表及里深层挖掘诗歌内涵,都做得不够,理解散碎、肤浅。它的基本思路可以调整为:(一)词人的"愁"表现在哪些地方?是如何表现的?前后内容如何关联,把作者的愁绪写得那样有层次、深厚、具有艺术冲击力?(二)词人为什么愁?这首词在构思上有什么精彩之处和艺术特征?(三)比较阅读:阅读下面这首《一剪梅》,比较李清照南渡前后不同的愁思。

这样调整,可以把散碎的教学变为以文本整体价值为主的教学,符合作品的基本特质。

3.作品本身文学性的理解飘浮、空泛

作者把环境、人物、事件的丰富性、多样性和深刻性,生动、艺术地构建成一个特有的艺术表达情景,作品本身具有整体的、深厚的艺术价值,这是作品文学性的重要体现。理解文学作品,这些艺术特点得不到阐释,文学作品也就失去了它应有的"文学味"。这样的语文教育窒息了作品文学性原有的丰富和鲜活,让文学作品丧失了其独特的功能和魅力。

这里以整本书的阅读为例予以分析。比如,《红楼梦》可谓融汇百家、博大精深,但在语文教学中若将主题定位简单概括为"以贾、史、王、薛四大家族的兴衰为背景,以贾宝玉和林黛玉的爱情悲剧为主线,真实而艺术地反映了封建社会走向衰亡的历史趋势",便掩盖了许多血肉丰满、性格各异的人物形象,忽略了人物的悲欢离合、喜怒哀乐,剥夺了学生对作品全面深入的理解、感悟和思考。教师的教学若没有对环境、人物、事件以及与艺术表现手段相融合的内容情境的完整理解、体悟,就无法让学生体会文学作品生动、艺术、丰富与多样的文学性,也无法让学生体会人性和社会的丰富性与复杂性。

4.文学性体验与激活的缺失

(1)套式思维下文学体验的缺失与错位

在前文人文性缺失的分析中谈及了文学教育观的异位,分析了套式思维对学生人格以及文学思维的负面作用,这些导致教师教学文学作品时对文学体验的疏忽与错位,和文学作品对学生心灵激发与培育的缺失。

由于文学教育观的异位,套式思维忽视了学生的文学体验,影响了作品的文学价值、学生的性情、人格以及文学思维。

比如，新旧观念影响下文学体验的缺失。教师在新旧观念习惯思维的影响之下，侧重于对新生事物的认知和热爱、对旧事物的摒弃，造成学生文学体验的缺失。比如对《孔乙己》的理解和体悟，有的教师强调他是科举制度的受害者，津津有味地讲述他的可笑行为。在课堂上，学生与教师一起笑，笑他的"多乎哉，不多也"，笑他又穷又酸。但是，鲁迅在这篇小说中，要揭示的就是那些吃客是如何对待一个苦命人的。在新旧观念阐释思维的影响之下，学生没有感觉到孔乙己精神上的痛苦，体验到的就是他的好笑。这篇旨在揭示社会冷漠的小说没能唤醒学生。本来，文学的伟大意义就是要使人与人的心靠近一点，哪怕是一个要饭婆子在雪地里的死亡，某个角落里的婴孩的眼泪……都不应该被漠视。但是，肤浅、单一的文学教育却让正常的文学体验遭到忽视。

(2) 文学情感审美体验与激活缺失

这是侧重从心理美学的角度去认识。心理美学是一门侧重于审美主体研究的学科，研究审美主体在一切审美体验中的心理活动，它所强调的艺术审美体验，能进入艺术本真和艺术接受的个性心理的深处。由于它强调审美体验是建立在对艺术认知的基础上，是以个体认知经验为基础的，在作品美的引领下对经验带有情感色彩的回味、反刍、理解、融合、重构，所以审美体验是一个激发、再造、融合、重构的过程。这个审美体验过程是充满激情的。

文学情感不仅指向文中人物和作者的喜怒哀乐等显性体现，还包括作品、作者的情感，如作品中的崇高感、优美感和作者的崇高感、缺失性体验、愧疚感、皈依感、孤独感及其他丰富性、神秘性体验等心理美学中的情感审美内容。这些要素也是作者、作品内容的生动性、深刻性、艺术性的重要体现。

这样的体验，在阅读教学中普遍缺失。比如，毛泽东在《沁园春·雪》中由北国风光的壮美，引发了对历史上无数英雄的颂扬，以及"数风流人物，还看今朝"的奋发与豪迈。这里的情感变化是很好把握的，在日常教学中也容易认识到，但是真正进入文章情境，顺着思路去深入体验这种崇高情怀，体会这种博大胸襟的起伏是不多的，至少可以说体验得不充分。

阅读《念奴娇·赤壁怀古》，是否真正引发了学生对往事和自己生命的流逝以及壮志未酬的感慨？阅读《小狗包弟》，是否真正触发了学生的自责与忏悔之情？阅读《在马克思墓前的讲话》，是否真正触发了学生对身边一个重要人物离去的哀悼之情？这些在教学中常常遭到忽视。

文学性体验与激活的缺失，不仅削弱了作品的艺术价值，还导致学生的人文觉醒和独立、自由、诗意性情的缺失。

(二) 教师自身文学素养的缺失

教师的阅读功底不够，难以对作品进行全面深入的理解和体悟，这是常见现象。这也是导致作品教学的文学性缺失的重要原因。这里以语文教学者阅读知识及阅读准确性、深度的缺乏为例进行分析。

福建师范大学博士生导师孙绍振的文本解读引领，在全国基础教育界产生过很大的影响。还原法是孙绍振教授提出的阅读鉴赏的一种基本方法。他认为，还原法的核心是将文本中表现的事物恢复到本来的样子，以此来揭示事物的矛盾，在研究矛盾的基础上用联系的观点解读文本。

他举了一个经典的文本解读范例：从形态还原与功能还原谈《咏柳》中的"剪刀"意象。

贺知章的《咏柳》：碧玉妆成一树高，万条垂下绿丝绦。不知细叶谁裁出，二月春风似剪刀。北京大学的一名教授赏析说：这首诗有四点值得肯定。一是写出了柳树的特征，二是歌颂了大自然，三是比喻用得巧妙，四是歌颂了创造性劳动。

孙教授认为这种赏析是误人子弟的：(1) 机械反映论——美反映了事物的特征和本质，美的形象与事物特征是一致的；(2) 方法上形而上学——不研究矛盾；(3) 教化作用——春天的美是春风吹出来的，这里有春天的劳动，而且是一种创造性劳动——这完全是这个教授自己想的。

那么，这首诗究竟该怎样赏析呢？孙绍振教授认为：

一是在方法上应研究矛盾。柳树不是玉，为什么说它是玉？柳条不是丝，为什么说它是丝？"二月春风似剪刀"的比喻巧妙吗？不！春风应该是柔和的，不刮人，怎么会似剪刀？如果说春寒料峭，还刮人，可以是菜刀，何以一定是剪刀呢？

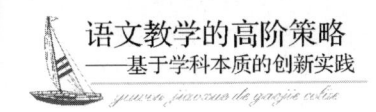

二是要联系,从联系中进行理解。"似剪刀"要联系"谁裁出"进行理解,"裁"和"剪"同义互解,这种方法是贺知章发现的。谁能裁?是人。春不是自然的,是人工的,是创造的结果,这种对自然的赞美,别出心裁。

这样赏析,就要有揭示矛盾的功夫,这种功夫就需要采用还原的方法。还原就是让它回到客观事物的原样。还原就出现了矛盾,出现了矛盾再解读。

孙教授的这种解读的确令人耳目一新,在这里"二月春风似剪刀"不是用作比喻,而是拟人。赋予春风以人才能完成的行为,裁剪出"细叶",裁剪出美丽的自然景色。[①] 脱离事物和艺术本质及表现特征的解读,是一种错误的解读。这需要教师有深厚的知识功底和精进的思维和态度。

教师的阅读的个体性体悟缺失。西方的接受美学认为,一部作品是由作者和读者共同完成的,而读者的阅读是因人而异的。或者说,读者的阅读过程充满着个体生命的创造性活动。但是,在语文教学中,最常见的情况是教师对其所讲的文学作品常常没有自己的体悟,照本宣科、人云亦云地复述着对作品的流行解释。教师不能根据自己的人生体验对文学作品进行独到的自我阐述、自我解读,当然也就不能很好地指导学生突破思维惯性,拓展思维空间和指向,让学生获得新的独特的感悟。比如,有的教师在讲述《雷电颂》时,由于自身缺少对作者独特的心理体验的领悟,更因为对文学的隔膜,教学中竟然把一首抒情长诗转化为一一对应的修辞手法进行讲解,让丰富的语言内涵变成了干巴巴的修辞材料。

文学性的缺失,一方面导致学生思想情感贫血,无法拥有丰富的精神空间;另一方面,也影响学生的思维方式和言语方式,进而影响其对世界的认知与感悟。学生的思维方式是简单、单向的,其言语方式也就会越来越形态化、简单化,失去鲜明的个性特征。再者,文学性的缺失,导致学生无法真正形成语文能力。语文能力的培养脱离了丰富而生动的语言积累,失去了深厚的情感和良好的人文素养,只能是空中楼阁。文学不仅给人以"精神",而且对语言能力的发展也是不可或缺的。

---

① 陈堂君.中小学科研向导[M].兰州:甘肃教育出版社,2008:34-35.

四、整体观、系统观的典型缺失

(一) 篇章整体性教学的缺失，让语文的篇章教学失去主体功能和生机

篇章整体性教学的缺失，导致了阅读课堂教学的散乱和文本篇章特征主体功能的丧失。

篇章是具有语言、人文、文学的整体性价值的。字、词、句的有机联系组成了文章这一个整体。意义与表达形式的结合是文章呈现的基本形态。基于文本整体价值的教学才符合作品的基本特点，才是文本教学应有的基本形态，才能对学生进行很好的文本理解能力的培育，才能帮助学生感悟、体验作品，使学生的语言、人文、文学素养得以提升。

在教师为主导的学习过程中，长期以来高中语文阅读教学中有一个主要弊端就是阅读教学的散乱，其核心是提问的散乱，导致篇目阅读理解的散乱。散乱的阅读理解，失去了作品内在因素紧密的、艺术的联系，也严重影响了学生作品鉴赏思维与能力的形成，让学生阅读理解的结构性思维不能较好地形成和发展。有四种语文阅读教学现象需引起高度重视。

1. 缺少主问题

即引领文本学习的问题琐碎，没有纲领性的问题。比如，一位教师在讲授《雷雨》的一个段落时提问："1.从鲁大海说的话来看，他知道鲁侍萍来这里了吗？他若不知道，这句话应该怎样表达？2.'我知道你是罢工闹得最凶的工人'，这反映了鲁大海什么样的思想性格？3.'拜望拜望你'体现了鲁大海对周朴园什么样的态度？4.忽而软、忽而硬反映了周朴园什么样的品性？5.'意气'能否换成'义气'，为什么？6.鲁大海想到了周朴园想花钱收买少数不要脸的败类，但他相信工人是团结的、可靠的，结果其他三个代表还是被周朴园收买了，这说明了什么？……"这些问题的设置既不符合文章情景的联结，也是跳跃式的、零散的，让文章的相关内容不能在主问题的牵引下连接起来理解。这样的散碎提问对帮助学生理解文章情景，培养深入的结构性思维、认识能力，作用甚微。

2. 板块割裂

即教师引导学生学习文章主体内容的几个主要问题相对独立。它主要体现在两个方面。

首先是从内容特点的角度就几个特点进行提问,几个问题的内容彼此割裂,没有联系。如在教学《再别康桥》时,很多老师采用这样的设计:

《再别康桥》的情感美、意境美、音乐美、建筑美分别是怎样体现的?

在这个问题设计里,情感美与意境美紧紧相连,音乐美与建筑美也有关联,将这几美分别教学,割裂了内容间的联系,并且还出现了内容的交叉。

其次是从理解内容组成部分的角度进行提问,问与问之间缺少联系。如《师说》这一课的设计:

1.第一段中"传道授业解惑"是全文的总纲,你同意吗?为什么?2.第二段究竟有几组对比?对比是为了说明什么?试列表说明。3.第三段仅取孔子的言论与事例为据,你认为好不好?为什么?4.论"师道"为何重点放在批判现实上?既是批判,为何语气平和?[①]

这几个提问,前三个问题是就每段的理解重点进行提问,虽然第一个问题从内容角度对全文理解有一定的统摄作用,但第二和第三个问题侧重从形式的角度,且每个问题所涉及的内容理解有一定的独立性;第四个问题就文章主体内容的侧重点进行理解,与前边的内容理解也没有必然联系,所以几个问题相对较为独立。

3. 局部式提问

即根据局部内容提出问题。或是针对某一段落,或是针对某一方面的内容,无论哪种方式,这些问题都是针对部分学习内容的提问,问与问之间缺少联系。局部式提问还有一种方式是跳跃式提问,即教者采用跳跃式理解局部内容的办法提问,问与问之间没有联系。

如一位名师在教学《祝福》时是这样设计的:

1.祥林嫂是否真有其人?为什么她会嫁给一个比她小十岁的男人呢?

---

① 何晓文,程红兵.新课标高中语文必修课教材教学设计[M].上海:华东师范大学出版社,2004:85.

2.为什么那时的人都不同情祥林嫂?为什么他们那么麻木?①

"为什么她会嫁给一个比她小十岁的男人呢"这个问题涉及的内容,是课文一开始回忆祥林嫂相关情节中有关祥林嫂命运的很少的一部分,此问并没有引导学生把握祥林嫂在这段情节里的主体命运,然后就跳向探究她第二次来鲁镇人们不同情她,并探究"他们那么麻木"的原因。很明显,这两个问题间没有联系或者联系不大。有关祥林嫂自身的情节是需要全面把握的,这是理解祥林嫂命运的重要部分。祥林嫂在鲁镇这个环境里的遭遇是她个人命运的延续,她挣扎、毁灭,在此基础上去探究"她为什么死?是什么导致了她的悲惨命运?是什么导致了群众的麻木?",这样的提问顺序才是一种好的教学程序。

4.问题混乱

课堂教学提问存在的另一个重要问题,就是问题的系统性、逻辑性不强。这主要体现在以下两个方面:问题之间主次、轻重不分,问题的引领反而造成学生对文本内容理解的散乱,从而不能让学生体味到要理解的文本内容及相关问题的逻辑性,并把握重难点问题。

比如,一位名师在设计《在马克思墓前的讲话》的教学时,设计了这样两个问题:

1.这篇演讲词的特点是怎样的?2."这个人的逝世,对于欧美战斗着的无产阶级,对于历史科学,都是不可估量的损失"是怎样领起全文的?

这两个问题一个从文体形式上提问,另一个从内容把握的角度提问。很明显,这两个问题主次顺序不当。应将第二个问题放在第一个问题前,在理解文章的主要内容后再思考归结演讲词的特点,一方面顺理成章,另一方面也避免了理解演讲词的特点与学习后面的主题内容时出现交叉。

如一位名师在教学《小狗包弟》时,在"品读课文,把握感情"环节里设置了以下几个主要问题:

1.你读到了一只怎样的包弟?2.你读到了一个怎样的时代?3.你读到了一个怎样的巴金?

---

① 《语文学习》编辑部.名师授课录(高中语文)[M].上海:上海教育出版社,1995:136—139.

这种提问属于板块割裂式提问,虽然这三个主要问题看似很有新意,第二个问题与一般先介绍背景再学文本不同,从文中去找时代因素也是一种高明的做法,但时代、小狗、巴金这三个因素在文中是一个整体,这三个问题把文本内容割裂为三块,理解时又相互交融,容易让学生对文本的理解出现混乱。这些问题间没有逻辑性,如果要对这些提问进行调整,至少可把第二个问题设置在第三个问题之后,作为对一个时代的深入认识与总结的问题来出现,这样条理就清晰了,主次也分明一些了。

上述例子都是一些较高层次的课例设计,可见提问的散乱是一个难以克服的问题。提问散乱导致教学内容的内在联系和文章内容的整体性割裂,削弱了文本语言及内容的内在逻辑对学生语言文学能力和情操应有的影响力,也影响了学生逻辑思维结构的形成。

(二)课程观与系统观的缺失,使语文教学偏离了学科课程特性

1. 课程观宏观认识的缺失:"一棵树上吊死"与"百川归海"

语文课程是一门学习祖国语言文字运用的综合性、实践性课程。这是语文教育界的公论,其属性经久不变。在综合性方面,新课程标准认为工具性与人文性的统一,是语文课程的基本特点;实践性则旨在强调语文课程学习与运用的行为方式。实际上,"文学性"也是语文课程的要素之一,语文课程的基本特点也是这三要素的统一。语文学科的课程目的是通过综合性、实践性课程让学生的人文素养、文学素养以及语言文字理解与运用能力得到全面提升。

可是,新课程改革这么多年,教师的素质、教学方式,以及学生的学习方式与学习效果到底改变了多少?

在政府强力推行新课程改革以后,这么多年来,笔者虽然欣喜地看到一些地区经历一番改革之后,部分教师的教学观念和教学方式有所改变,课程设置比过去灵活、多样一些了,部分教师对学生学习主体性的重视增加了,多了对培养健全人的重视,多了对学生未来的关注,但是,不少语文教师的教学现状并没有多大改变。

北京大学语文教育研究所所长、部编版小学和中学语文教材执行主编温儒敏教授曾在四川省高中语文第一轮新课程及新教材实施的网络培训会上讲,北京第一轮历时三年的新课程改革结束了,教师的教学方式、学生的阅读量并没多大改变。实施新课程改革以来,笔者曾几次到沿海一带课改先行区考察过,也见一些著名学校刚开始搞语文课程改革时轰轰烈烈,后来大多又回到过去搞应试教育的做法中去了。教师们都认为从理论上讲新课程改革对提升学生素养有很大帮助,但不少教师认为推行新课程改革对提高高考、中考成绩有影响。还有部分教师认为,搞新课程改革加重了教师和学生的负担,师生都很累,实施很困难,所以新课程的实施如同隔岸杨柳,可望而不可即。

实际上,着眼于应试板块的语文教学,考试的分数并不高,学习现状死寂,这也是语文教育理论界的公论。重工具性、轻人文性和文学性,导致语文教学在教师处体现为,教学方式单调、教学评价单一、教学效率低下;在学生处具体表现为,学生阅读和思维面狭窄,人文修养不够,思维肤浅,对人生和社会感悟能力差,缺少创造力和长远发展力,文章写作干巴,语文学习兴趣匮乏,学习疲惫、低效。

旧有的语文课程和教法体系存在诸多需进一步改革的地方,这是教育界不争的事实。那么,是不是语文新课程标准及新课程体系的推行就不具有现实性?语文新课程推行中的典型桎梏是什么?语文课程观的缺失,可能才是语文教学改革艰难最基本的原因。

实际上,初高中只是盯住几本语文教材、考试模块与考试成绩,重点以考点学习为提高成绩的主要途径,是在狭窄的范围内跳舞,是在一棵树上吊死。

笔者在一线从教二十多年,高一年级、高二年级阶段会和学生一道在语文的工具性、人文性、文学性中徜徉,培养了很多语文素养优秀的学生,但在高三应试强化阶段,都会悲哀地看见,少部分学生在课堂上学习很疲惫,思维越来越僵化,成绩很难提升。这是为什么?这里的症结在于高考能力的形成主要依赖于基本教材、针对考纲的专题解说与训练,缺少对语文能力形成途径的丰富性、人文性、灵动性的认识,缺少对语文本身和学生心智特点的把握。

较大的阅读量,丰富、宽广的人文素养和思维含量,良好的人格和主动的

学习状态,活跃的、带有文学性的思维,对人生、社会的热情关注,才是不断提升学生认知能力、语文考试能力的法宝。

在推行新课程以后,学习必修教材时,把工具性、人文性、文学性结合起来,把选修课、综合性课程有效地开设起来,和自主学习、研究性学习方式有效地结合起来,这对提升学生的语文素养、改善和培养学生的学习能力有很大的帮助,这才是语文学科能够考出好成绩的重要基础。当学生有浓厚的语文学习与思考的兴趣,丰富、灵动的思维空间,深刻而充分的认知能力和表达能力,会考不出好成绩吗？至少清晰可见的是学生主动性增加,思维含量和灵活性增大,语言敏锐度增加,语言文字运用和写作部分成效很显著。

2. 课程体系建构的科学性不足

课程的科学性、系统性是课程建设的基本任务。语文课程如何全面、系统、科学地体现学科特质、学科能力形成途径,部编版初高中语文教材在课程的主体板块构建上做了很多探索,但还有诸多不足。

语文课程是工具性和人文性的统一,这是对语文课程的基本认识。加进语文课程的文学性这一学科特性,决定了必须建构工具性、人文性、文学性相统一的教学内容体系,其基本思路应先要分别建构工具性、人文性、文学性体系,再在这个基础上将这三者合适地融合起来。语文能力培育体系该怎样建构才能实现语文教学目标？用这个尺度去衡量初高中各种版本的教材,教学内容编排的这些思路是看不分明,抑或说是笼统、随意的。

比如,部编版高中语文教材课程体系很丰富。选择性必修课程有 9 个:"整本书阅读与研讨""当代文化参与""跨媒介阅读与交流""语言积累、梳理与探究""中华传统文化经典研习""中国革命传统作品研习""中国现当代作家作品研习""外国作家作品研习""科学与文化论著研习"。选修课程有 9 个:"整本书阅读与研讨""当代文化参与""跨媒介阅读与交流""汉字汉语专题研讨""中华传统文化专题研讨""中国革命传统作品专题研讨""中国现当代作家作品专题研讨""跨文化专题研讨""学术论著专题研讨"。在这个主体体系和内部体系里,基于学生心理特征、一般思维发展和学科思维发展规律、社会教育的需要,它的工具性、人文素养、文学性到底该怎样具体建构又怎样相互配合、逐级提升,这是教材编写者没有予以深入研究的问题。所以,语文课程的系统性建构还有待科学探索与建构,路途还遥远,下一轮课程改革不知又会如何改变。学科建设若有科学性,其骨架就有一定程度的稳定性,有不断完善的价值和成果。

初中教材加强了"名著选读",增加了综合性学习设计,这是好事。但就教材主体内容安排来看,其系统性的缺乏与高中段是一样的。

3. 选修课程的认知和教学行为不够

教师对选择性必修、任选选修课程的认识和使用主要存在以下不足:(1)认为选择性必修、任选选修课程的开设可有可无。选修课程的开设是新课程实施方案最突出的特点。很多教师认为从理论上讲开设选修课增加了阅读量,对丰富和提高学生素养、培养学生的语文能力有很大帮助,然而部分教师把选修教材当作必修课进行教学,认为没有教师教学生就不能学好。由于课时少,选修课的篇目教师教得很少,学生也就学得很少,于是就有了"选修课程的开设不过是减少了新课程必修篇目,增加了选修篇目,实际上是换汤不换药"这样的说法。(2)在选修课程设置上缺少对学生资源的开发。学生是选修课的无尽资源,选修课必须在充分考虑学生心理及学习需要和特点的基础上进行设定。但选修课脱离学生实际,缺少学生心理的适应性,脱离学生自主选择是普遍现象,所以开设选修课缺少学生的积极响应。(3)教师在操作过程中忽略了对学生学习方式的指导和目标设置、过程监督、结果评价,学习过程中学生间的交流也很不够,选修课等于随意课、空课。选修课所强调的学习方式的改变这一基本要求没有得以落实,所以很多教师认为学习时间不够,选修课程形同虚设。

4. 课程教与学内容体系的系统性认知与教学行为不足

(1)学生阅读能力培养的实践体系缺失

高考语文考试说明将阅读能力分解为理解、分析综合、鉴赏评价、探究四个能力层级。这些能力的培养,在日常篇目教学、任务群学习、群文阅读等教学活动中,都在实施。

可是,日常的教材内容体系和教学法,通过怎样的能力体系结合具体的教学内容,达到每一个层级的能力要求,实现能力点及能力层级的有效提升

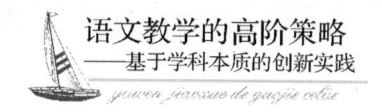

和综合发展，显得笼统、不清晰，导致教学中能力点培养的飘忽、片面，语文教学的专业技术性和科学性体现不出来。所以，学生阅读能力培养的实践体系缺失，使语文教学缺乏学科技术性。

比如实用文考试要求中"理解"这一初级能力要求的第二个能力要求"理解文中重要句子的含义"。在实用文教学篇目和单元学习中，哪些是"重要句子"，"重要句子"有哪些类型，培养理解能力怎样全面、逐步提升，没有仔细探究和进行能力点培养的规划、实施、总结，所以，"理解"里第二点教学的教学法是一本糊涂账。其他板块亦是如此。

（2）必修课程内容教学无单元整体观和能力培育体系

单元内的教学篇目各自独立，一个单元里的学习篇目似乎只是篇目的简单罗列，缺少单元教学观、单元能力泛化是语文教学中的常见现象。即使有单元教学意识，单元教学应该达到什么目标，通过什么系统途径去达到，这也是语文教学中时常被忽略和难以实施的事。比如部编版高中语文"思辨类文章"单元阅读，单元目标是怎样的，目标如何分解到单元内的每篇课文中，能力体系如何建构，篇目与篇目之间如何配合以实现单元能力培育的系统化，等等，这都需要深入研究和实施。这也是解决语文教学无能力体系、随意性强，每篇课文教学一个样等问题的有效途径。

第二节　语文教学中能力形成特性和科学测评的缺失

一、根深蒂固的教的意识和自我陶醉式教学

（一）根深蒂固的教的意识

很多教师教的意识总是不能动摇，不管是在问题的提出与结论解说，还是面对学生在活动中出现的问题，很多教师看见问题就从自己理解的角度谈看法，不愿意放下自己的解说权利，不愿倾听学生们在这一问题上的认识和思路。在教学中往往不管学生的思维基础和现状，不在学情的基础上引导学

生进一步思考,不让学生展开讨论进行思维的碰撞和激励。似乎没有结论性的告知,教师的声望和地位就难以维持;没有教师教学生就不能学好。教师导学、指导的意识薄弱,"引导""看阵""把关"的功能没有适时发挥。

(二)自我陶醉式教学

语文教学是表达自己的认识与感情的活动,所以语文教师的教学是自给自足的教学,是充满快乐的。由于教师在教学前基本都认真备课了,教学内容的设计、把握和传达,基本上都达到了自己认识的最高度,所以教学是在自己的天空愉快地飞翔。也正因为这样,语文教师很难对自己表达自己的认识与感情并陶醉其中的教学内容和活动予以反思或怀疑。所以,很多教师在一节课结束后大都很满足和高兴,认为学生没有学好是因为没有认真听课,认真听课了能力就一定形成了。笔者当教研员好些年,听了不少课,很多教师对旁听者的建议不一定能够真正听进去,主要原因就是教师认为自己的教学是有水平的,自己的传授是很清楚、很好的,这样也可以让学生学好语文。单一传达、以自我实现为主的自我陶醉式教学导致了教师的自我封闭。

实际上,能力的形成由学生自己的学习过程决定,必须经过学生的实践。所以,教学时忽略学生的学习基础、学习生成过程、能力的强化与提升实践,学生的能力难以形成。

根深蒂固的教的意识和自我陶醉式教学是语文教学中的常见问题。

二、阅读教学缺少针对性

阅读教学缺少针对性,这是严重影响学生能力形成、语文教学质量的另一个常见问题。教学的针对性,涉及教学过程中是否面对学情,是否有合适标高以及教法的适应性、心灵的接近程度等问题。语文教学的低效,与教师把握不好合适的教学标高直接相关。

在日常教学中,屡屡看见学生课堂参与不积极,缺少生气,或者热闹浅陋,或者学生感觉到学与不学一个样等现象。其实,在笔者长期听课的过程中,就标高而言,很多高二的课高一的学生能跟着走,甚至初中学生也能跟着走,初一、初二的课小学五六年级也能跟着走。

下面分析缺少合适教学标高的案例。

一堂"经典教学"课①

北京,某校。上课铃声在校园里响出共鸣。

铃声止息,所有的走廊都静悄悄。

这是一所很好的学校。

这是学校里很好的一个班,学生们已坐得整整齐齐。

今天,英美教育专家要来这个班听课。

他们已经来了,他们听到自己的皮鞋在教学楼宽敞的长廊里发出清晰的回响……陪同前来的还有中方教育部门的领导。

大家坐定,教课的老师走进来了。

同学们起立后坐下,老师侧立于黑板前。他的目光没有去巡视全班同学,而是望向窗外。老师的头上已有不少白发,黑板衬出他侧立的剪影……这时刻,你发现,当学生连窃窃私语都没有时,教室里也并非完全安静。

你还能听到翻动书包的声音。一支笔从谁的手上放到桌面……老师仍然侧立,望着窗外,好像在酝酿什么。就这片刻,你听到,静了,更静了,一切声音都没有了,世界静到连听课的外国专家也仿佛不存在了。

这时,老师转过身来从容说道:"现在开始上课。"

老师语言精练,没有废话。老师教态从容,板书时大家听到粉笔在黑板上行走的声音。板书非常漂亮,极有条理。老师提问,学生回答踊跃,而且答得相当有水平。

老师间或又在黑板上写出若干字。黑板上的字渐渐丰满起来,那字大小不一。有些字,老师大笔一挥画上一个圈,或一个框,或一个大三角,看起来错落有致,鳞次栉比,像一个框架图。

整堂课,老师没有擦一下黑板,也不必学生上去擦黑板。板书上没有多余的字,写上去的就是重点,就是学生该抄到笔记本上去的。老师继续提问,学生解答仍然踊跃,仍然不乏精彩。

整个教学过程非常流畅。最后老师说:"今天要讲的就讲完了,同学们回

---

① 王宏甲.中国新教育风暴[M].北京:北京出版社,2004:2—3.

去做一做课本上的习题,巩固一下。"

铃声响了。下课。整堂课看似无懈可击。

这是一位特级教师,他露出了笑容。

同学们都很高兴。陪同外国专家听课的中方教育部门的领导也很高兴。

外国专家听了却说不出话来。"或许他们也很惊叹?等到了会议室再听他们的意见吧!"中方人员想。

到了会议室,我们虚心地请外国同行提意见。

外国同行说话了,他们说:不理解。我们问:为什么?

他们说:学生都答得很好,看起来学生们都会了,为什么还要上这堂课?

这个问题,把中国同行都问住了。

这问题反映的就是当今欧美教育和中国教育的区别。

欧美教育认为,当老师讲得非常完整、完美、无懈可击时,就把学生探索的过程取代了,而取代了探索的过程,就无异于取消了学习能力的获得。

这里还有一个在中国很普遍的问题,就是教学目标的设计不适合学生的情况,不然,怎么会教师一提,学生就会答得很好呢?特级教师张富老师说得好,跳一跳可以摘果实,是最好的高度。很明显,教学过程中要有跳的过程。

从都市到乡村,许多教师达不到这位特级教师的水平,那么还有多少比这更糟糕的教学事实?

陈隆升博士曾在全国范围做了一次大型的语文学情调查:对语文课感兴趣的学生仅占28.5%;78.3%的学生认为教师时常在课堂上花大量时间让自己学习已经懂了的内容。学生说,自己上了语文课和没上语文课一样,没有什么进步。"不上语文课,我是我自己;上过语文课后,我还是原来那个我。""对于语文课,一直以来都是抱着无所谓的心态,想听就听,不想听就干别的事,成绩一直是老样子。"①

这些数据和学生的感言,很明显地看出在教学过程中,教与学的脱节,教师的教学不是在教学生,而是在让学生陪教。

---

① 陈隆升.语文课堂"学情视角"重构[M].上海:上海教育出版社,2012:18.

三、学习过程中学生的主体性及学习方式的缺失

(一)自主、合作、探究学习方式的缺失

2003年普通高中课程标准提出"积极倡导自主、合作、探究的学习方式",这是改革开放以来第一次提出学习方式的重要变革。它在教学中对学生学习方式上的要求是革命性的。一定程度上讲,它也是是否按课标要求进行课程教学的一种评价标准。可是,该标准实施至今,对"自主""合作""探究"这三种学习方式的认识与实践出现了诸多不足,对这三种学习方式的片面认识与处理,形式化的很多,影响了新课程推行的效果。这里谈谈教学中"自主""合作""探究"的误区与肤浅的变革中的主要问题。

1.盲目"自主"

课程标准的自主学习理念主要体现在学生是学习的主体上,在教学过程中教师是学习活动的引导者、组织者、合作者,要求教师充分调动学生自主学习的主动性并对学生自主学习的方法进行指导、对学习过程进行监控。然而在新课程实施过程中,自主学习常被等同于放羊式教学,学生是自由学习的个体或群体,学生产生的问题泛化,自我学习肤浅,学习进程缓慢、拖沓,缺少学生间的交流与促进,教师对学生的看法常偏向于迁就、鼓励,缺少必要的引导和准确全面的认知,课堂重难点不是很突出,学习内容欠落实,课堂标高不够,课堂效率低,以至于很多学生和教师认为自主学习不是一种有效的学习方式,于是又恢复到过去一味以教师为主的学习方法中去。李松林教授在《控制与自主:课堂场域中的权力逻辑》中说:"课堂控制是学生自主的前提条件。"自主学习过程应注重发挥教师的引领作用和学生间的探讨与促进作用,在目标情景的激发下,充分调动学生的内动力和主动性,充分发掘学生问题,深入充分地让学生交流、碰撞,在师生间、学生间的活动中,充分地解决好学生问题,这是提高自主学习的有效性,加强教学针对性、提高课堂学习效率的有效途径。

2."合作"的浮泛

"合作"是一种启迪思维、解决问题、培养交流能力的学习方式,"合作"学

习被教师当作是否进行新课程教学的一种重要尺度。然而在实施过程中,我们常常看见教师抛出问题后,不管学生是否有充分的个人思考,不管学生是否有探究交流的欲望,教师一声令下,立即开展小组讨论。全组是否都参与了讨论,小组内协作得怎样,小组讨论的焦点和深浅度、完整度怎样,学习成果和新问题是什么,结论是否得到全面归结,小组成员间是否有效地合作,等等,都不是很明了,形式化的合作学习很多。还有部分学校的学习小组长期围坐,由于班额大,教师课堂上有效调控的难度也大,时间一长,出现了学生开小差、聊天的现象,反而影响了学习效果。

由于"合作"的形式主义和浮躁风的干扰,语文教学出现了不少缺少深入学习教学目标的华而不实的现象。很多人认为现在的小学、初中语文得了"多动症""浮躁症",高中语文得了"假动症"。特别是在很多的公开课、观摩课上,大家都强调课堂气氛的活跃,为求得"活跃",动不动就合作,有时还将表演、游戏、吹拉弹唱画等手段在课堂上加以运用。可是,课堂上只见热闹,不见沉思;只有热烈,不见有序。这样的课堂教学看上去热热闹闹、手段多样,其实是背离教学目标的、华而不实的、肤浅的。这都是假合作学习以及浮泛的合作展示惹的祸。

3.探究的肤浅与牵强

探究性学习是指学生围绕一定的问题、文本、材料,在教师的帮助和支持下,自主寻求或自主建构答案、意义、理解,获取信息,解决问题。

对教学对象的探究,就一般形式上讲大多是能够做到的,但出现了以下典型问题。

(1)探究肤浅

不对问题进行深入思考与解决,不重视学生的自主探究和学生间的深入碰撞以及教师的适时引导。

(2)抓住教材某一点由此进行牵强附会的联想和讨论

比如,课文里出现了"桥",于是就探究古今中外各式各样的"桥";课文里出现了"四合院",于是就探究"四合院"的历史变迁;课文里出现了"饮食",于是就探究古今中外不同风味的小吃;课文里出现了"言志",于是就探究人生诸多的理想;课文里出现了"载道",于是就探究玄妙高深的"道可道,非常道";课文里出现了音乐家,于是就探究不同风格的音乐人生;课文里出现了《再别康桥》,于是就去探究徐志摩的情感历程……语文探究课就变成了"生活指南课""泛文化课""语文人格教育课""玄学课""表演课""侦探课"。这些现象是新课程推进中关于探究的常见弊端。

语文课里的探究必须紧扣文本这个本体,探究的对象必须和文本紧密相关,内容要切合学生实际,定要走出探究肤浅与漫无边际、胡乱发散的误区。

(二)研究性学习方式的缺失

前面已经阐述了教师对研究性学习的认识和指导、监控不够的问题。教育部2001年就印发了《普通高中"研究性学习"实施指南(试行)》的通知(教基〔2001〕6号),对研究性学习进行了权威阐述,并提出了具体要求。研究性学习是学生在教师的指导下,通过学生自主的专题研究,在研究过程中主动地获取知识、应用知识、建构知识、解决问题,是学生在比较广泛的教育资源的背景下开展自主的、开放的、探究式的学习活动。

研究性学习是全面实施素质教育,培养学生创新精神和实践能力,转变学生的学习方式和教师的教学方式的重要手段。可是,现状通常是学校督促紧,教师指导学生进行的研究活动面很宽或肤浅,流于形式的研究课题、四处抄袭的研究成果很多,学生真正的深入研究与实践极少。研究性学习方式的缺失,是新时代学生学习方式的重要缺失,也是学生学术人品、研究能力、长远发展力的重要缺失。

四、教学和质量测评内容的随意性

教师在教学中能力培育体系不系统、不完整;教师的日常教学与测评脱节;教学内容和测评不严谨;教学内容和测评的阶段性难易度区分不够。这些是教师在教学中教学内容随意性的具体表现。

(一)日常篇目或考点专题教学内容在能力培育体系上的随意性

学习内容的能力培育体系很模糊、随意。比如高考考试说明里的能力要求:"(一)论述类文本阅读……1. 理解:(1)理解文中重要概念的含义;(2)理解文中重要句子的含意",论述文里的重要概念、重要句子有哪些类型,如何理解、如何提升能力层级等学习内容与能力培养体系,通常缺少具体阐述或阐述模糊,教学随意;在教材篇目教学中的理解、分析、鉴赏、探究等能力培养,都显得空泛和随意。

(二)日常质量检测与学习内容脱节

笔者在无数次教学质量测评的案例研究中发现,测评内容没有基于测评之前的教学内容所体现的知识和能力培育的现象很普遍。测试题里,板块内容的知识呈现、思维及能力形态呈现大多没有与之前的教学内容对应。比如,教学内容是诗歌的几类情景分析,后面检测学生的学习质量时,在几类情景分析的知识、思维形态、能力形态(包括能力层级)方面的对应却较少。知识与能力巩固、提升的体现时常很模糊。

(三)教学内容分析和测评内容不严谨

这是教学内容随意的又一重要体现。比如教学内容分析和测评答案不完备、似是而非;同一类型的问题分析和试题答案的内容要素、主要思路前后不一,同类问题前面出现了该怎样去分析的几个要素,后面的教学内容和测评又与前面不一致,导致前后思维方式的探究出现相互削减甚至抵消的现象;更有甚者,教学内容明显错误。

这里以具有阶段终结性评价、广泛影响力和较大训练价值,也作为日常训练的高考语文试题为例,来反映语文学科日常教学与质量测评中的随意性。笔者曾撰写《高考语文主观阅读题答案中的若干问题》一文,发表在由教育部主办的全国中文核心期刊《语文建设》2010年第5期上。这篇文章分类指出了全国高考试题主观题答案中的若干问题,产生了一定的影响。

试题的答案是衡量学生水平的标准,是检测教师教学质量的尺度。主观阅读题在试题中的分值很重,可在试题中,时常出现试题答案不完备甚至错误,同一类型题答案的内容要素和主要思路前后不一等问题。这样的答案,不仅让考生回答的正确内容有的不能得分,还会使考生在考前以这些试题来训练时,感到困惑和难以适从,甚至会降低他们原有的理解鉴赏水平和答题

能力。

这类试题至今还在作为日常训练的内容。以下诸多问题不管是在国家级考试还是日常的片区、学校考试，以及日常一般训练、日常教学篇目教学中都不同程度存在，教师在训练题讲评、日常阅读篇目文本分析中都必须高度注意。

1. 同一类型试题答案的内容要素和主要思路前后不一

(1)诗歌部分

某年某直辖市诗歌第 2 题"本诗运用衬托对比和虚实相生的艺术手法，请简要分析"，参考答案为："远与近、高与低、动与静、抑与扬的衬托对比。前两句实写，后两句以虚为主，虚中有实。"答案答出了手法体现的特点，但没有简要答出远近、高低、动静、抑扬是如何体现的，以及这种手法的作用是什么。这个答案过于简略，不能算"分析"。

如果用这样的答题框架，回答下一年 A 高考片区(为了陈述方便，将这一问题分析重点片区标注为"A")的诗歌题一定吃亏。该年 A 高考片区诗歌试题第 2 题"诗人的心绪集中体现在'乱'字上，全诗是怎样表现的？请简要分析"，参考答案为："本诗以'乱'为诗眼，情景交融，抒写了诗人的家国之思。首联借残月、滴漏、昏暗的灯光暗写诗人心烦意乱；颔联直写身体之病、羁旅之困、怀乡之愁，点明'乱'的部分原因，为进一步写'乱'蓄势；颈联转写忧国之思，以天地凄凉的色彩加以烘托，使烦乱的心情更进一步；尾联用衬托手法，借疏桐蝉鸣将诗人的烦乱渲染到极致。"虽然这个答案疏漏了颈联的"坐""歌""起""看"也写了诗人心烦意乱，但这个答案比较好，符合"分析"的要求。先就"乱"的特点体现、手法、作用几个方面进行了整体概述，然后从内容、手法及作用分析的角度分别陈述。从这里可以看出。该年 A 高考片区试题答案要求"分析"应从内容与形式两个方面进行。

可同为"分析"类的题，用这个答题的大致思路框架来回答 A 高考片区下一年的诗歌题，有的思路又多余。该年 A 高考片区 12 题"(2)这首元散曲主要运用了哪些修辞方法？试作赏析"，参考答案为："①对偶，如'秋月'句对'春花'句等；②比喻，如将'人情'比作'云'，'风景'比为'箭'等；③夸张，将'风景'比为'箭'的同时又兼用了夸张的方法。"这个答案只答出了运用了哪些修辞手法,没将形式与内容结合起来,对手法的运用及作用进行分析,不符合上一年诗歌鉴赏题的答题要求。

再看 A 高考片区再下年的诗歌题。诗歌第 1 小题题干要求答出"入""摩"两字的表达效果,即分析为什么用这两个字,属于分析题型。参考答案:"入"字表现出河的生气,"摩"字突出了山的高峻。这个答案要求考生答出两个词在内容上的一点作用就行了。诗歌的第 2 题:"(2)这首诗丰富的感情蕴含在景物与人物活动的描写之中。结合全诗,对此做简要分析。"参考答案:这首诗前两句用夸张手法写祖国山河的雄阔壮丽,饱含热爱之情,并为进一步抒情做了铺垫;第三句"泪尽"二字将亡国之恨宣泄无遗;第四句一个"望"字写出遗民对南宋军队收复失地的企盼,一个"又"字则曲折地表达出对苟且偷安的南宋朝廷迟迟没有收复失地的失望与埋怨。这个答案很好,对"感情蕴含在景物与人物活动"中的一些内容进行了阐述,并且还结合表达形式进行分析。可见,不同年份的同一类型的题,答题的大致思路都不一样;用 A 高考片区上一年的诗歌鉴赏题的大致答题思路来应对下一年诗歌题的第 2 题就要出问题。

(2)文学类文章阅读

A 高考片区某一年的文学类文章阅读题为:"17.文章用'有什么花朵能比这样的烟花更美丽呢?'收束全文,请对此简要赏析。"参考答案:"作者以这个反问句单设一段,卒章显志。'这样的烟花'不仅有形状、颜色与光亮的美丽,更是和平团圆的象征。这个反问句强烈地表达了作者反对战争、热爱和平的愿望,使文章意蕴深远,激发人们思考。"这道分析题的答案详细,先从内容和形式的角度进行总提,然后进行的分析里有内容、手法及作用的阐述。

A 高考片区下一年的文学类文章阅读题是:"15.文中描述了什刹海四季变化的景色,请加以简要概括,并说说这样写有什么作用。"参考答案:"概括:(1)冬雪皎白,薄冰试步;(2)春天温柔,生机盎然;(3)夏天明媚,夕阳辉煌;(4)秋意渐深,秋荷摇曳。作用:(1)具体表现了什刹海景色之美;(2)表达了作者对什刹海的喜爱之情。"这道分析题的答案只就内容角度回答了"作用"。

A 高考片区再下一年的文学类文章阅读题的第 14 题是:"小说主人公称自己是'实习医院',请谈谈它的意思和表达效果。"参考答案:"'实习医院'是主人公自认为百病缠身的形象表述,它运用比喻达到幽默的效果。"这一道分析题的答案从内容及表达形式上强调了这个短语的表达效果。

从以上阐述中已经可以看出,不同试题里的同一题型答案的内容要素和思路不同。

2. 答案似是而非

A高考片区某一年的高考卷文学类文章试题第15题:"这篇小说的故事情节是怎样展开的?请概括回答。"参考答案是:"以'想象'为线索,以心理活动描写为主要方式来展开故事情节。"撇开这道题应该答出情节顺序简述、顺序特点这两个方面的内容不谈,虽然题目"想象"对全文内容有统领作用,后部分情节与"想象"也有联系,但结合文章"以'想象'为线索"的说法还是略显飘忽,这个说法可调整为"以对自己的疾病进行主观判断为线索";后面的"以心理活动描写为主要方式来展开故事情节"也应改为"以对自己疾病查证过程的叙写、心理活动描写、对比手法为主要方式来展开故事情节"。过程的叙写、对比是文章的主要写作手法之一,不能掉。

3. 答案残缺

某高考片区高考语文试题第19题:"文章第二段说'他是个了不起的人物','他和社会上一般的名人、名流不同'。这样评说梁漱溟的具体理由是什么?"参考答案:"有真知灼见;不只是讲说学问,还将思想付之于具体行动;'平生所志都在为中国未来的发展寻出一条恰当的途径'。"选文《我所认识的梁漱溟》是对梁漱溟的评价性文章,在文章的第二段有一个总结性的句子"从性情、智慧、个人人格各方面来讲,在这种时代,要找这种人,已经不太容易了",提供的答案都出自这段,但后文在谈了他的智慧,他如何将平生所志为中国未来的发展寻出一条恰当的途径、如何将思想付之于具体行动之后,还专门用一段话写了他的风骨与气节,这是作者最敬佩的地方,所以答案还应添上他的人格与性情这个要点。阅读文学类文章,对句子的理解不能只看句子语义的小环境,能前后联系思考的要联系起来。

前文提及的A高考片区文学类文章阅读题第14题,其题干和答案在前已经出现。此答案,意义未答出,表达效果的回答也不够清晰和完备。可调整为:意思是"我"认为可让医学院的学生在自己身上对多种疾病进行实习治疗,"实习医院"是主人公自认为百病缠身的形象表述,它运用比喻写出了自己对疾病的苦涩之感并进行自我调侃,达到了幽默的效果。这个答案注意了形式分析与内容的结合,比较完备。

A高考片区某一年的高考语文试题第17题:"结合小说主旨,你怎样理解医生为'我'开出的'处方'?小说以'处方'作结有何妙处。"参考答案:"这'处方'是针对'我'敏感多疑的心病开出的'心药',目的是劝慰我解除思想负担,轻松愉快地健康生活。小说以幽默的'处方'作结,巧妙地揭示了作品的主旨。"这个答案较好,但对结尾妙处的阐述还有不完备之处,可调整为:"这'处方'是针对'我'敏感多疑的心病开出的'心药',目的是劝慰我解除思想负担,轻松愉快地健康生活。小说以幽默的'处方'作结,与'我'自认为有许多疾病形成对比,也使文章结构跌宕,巧妙有力地揭示了作品的主旨。"这个答案添加了从形式的角度作答的内容,还可答出"主旨",避免了以后学生答题惯用套话,说不具体。

(四)教学内容和测评的阶段性难易度区分不够

高一年级的教学内容初中能完成,高三年级的教学难度与高一高二年级差不多,测评题也一样。这种阶段性难易度区分不够的现象,在语文教学中很普遍。江苏省特级教师张悦群在《中学语文教学参考》2017年第19期的《2017年高考阅读题述评》中说:"最近笔者做了一个试验,让高二学生与初二学生同做2017年三套全国卷的实用类文本阅读题。结果令人十分惊诧,总分36,高二学生平均得分23.7,初二学生平均得分23.3——解答同样的高考阅读题居然只有0.4分之差。"高考试题怎么没能体现学段能力差别?学段能力差别没能体现,同段学生的个体能力是不是也没能很好地区分?导致这些问题的原因是什么?可能阶段性学习能力层级、试题的能力层级和难易度的把控是产生这些大问题的主要原因。

上述问题在日常教学的内容分析和高考试卷、日常训练中是客观存在的,希望能引起广大语文教师和测评出题人的高度关注。

第二章 基于学科本质的阅读教学理念与高阶行动策略

如何克服语文教学中学科特性、能力形成特性的缺失,体现语文课程的工具性、人文性、文学性特性及统一,让学生在真实的语言学习与运用的情境中,通过语言实践活动培养学生理解和运用祖国语言文字的能力?同时,如何发展思维能力,提升思维品质,培育丰厚的文学素养、文化底蕴和正确的价值观,实现学生语文学科核心素养语言建构与运用、思维发展与提升、审美鉴赏与创造、文化传承与理解四个方面的全面培育,体现学科本质?

以下内容紧扣语文学科的学科本质及学科核心素养,对阅读教学的理念与行动进行一些科学探索。

第一节 语言工具性教学中语言阅读教学的本真途径

一、阅读教学中工具性教学的现状及出路简析

工具性是语言的一种基本属性,是语言教学首先要重视的。现实环境中的语言教学常常把作品语言看成一种简单的符号载体,重视语言符号的基本意义、语言的共识性、语言知识和语言的一般表达形式。毋庸讳言,这样的教学在一定程度上体现了语言工具性的特点。

然而,作品语言是对具体情境中作者内心世界和语言艺术的反映,学生语言能力的形成与对作品语言的解读及作品里生活的认识能力、作品语言熏染、思维能力直接相关,所以对作品语言的解读与体悟还要重视词句的背景和情境义、语言逻辑、语言表达的特征及价值、语言内涵的个性化理解,重视

增加阅读数量,等等。只有这样,语言的阅读教学才能从本真出发,真实把握作品语言的本意及价值,才能受到丰厚的语言熏染,从而让语言的工具性学习在阅读体悟这个方面显得真实、全面而深切,所以当前的语言工具性教学必须让肤浅、片面、散碎的语言解读与体悟,狭窄的语言感知本真、丰厚起来。

二、以语言自身功能为本的语言阅读教学本真途径

(一)重视对词句表达背景和情景义,语意、情感的逻辑,语言表达价值的理解和体悟

肤浅、片面、散碎的工具性教学在当前的语言教学中极为明显。从词句背景和情景义、语言逻辑、语言表达价值这三个方面去理解、体悟,并且将对内容与形式的理解融合,是文本语言解读的基本方法。少了这些,语言的深入分析与体悟无从说起;少了这些,学生对现实生活的理解能力要受影响;少了这些,学生会少很多对语言艺术美的感悟,语言、情感及精神的熏染以及生活体验;少了这些,学生的语言认知能力和对生活、语言艺术的表达能力要受影响。

以语言自身功能为本的语言阅读教学本真途径,可采用"一景、一联四合一体法"这个优质策略,重点在"一联四合一体"环节。这种阅读方法是以文章语言自身功能为本进行本真阅读的重要手段。

"一景":即文本语言表述内容的整体背景和情景。这种背景和情景,指各类文章表达的整体情感、认知及社会背景;若是诗歌,则指表达内容的整体情景;若是小说,则是指主要故事;若是散文,是指主要的情与理。

"一联":即文章内容与生活事实、生活情境相联系。通过"一景""一联"可以理解语言的表达背景、文本语言表达内容的角度,加深对内容的生活化认识。

"四合":即词语意与情景义相合,情意及情意逻辑与形式相合,理解体悟与作者内心相合,美的逻辑与感染力相合。

"一体":即在阅读的过程中,在语言理解与体悟的过程中将"四合"合一体悟,从而理解文本语言的表达价值。

这里点明了文章阅读的三个基本步骤：

第一步：在仔细品读之前，了解背景和粗读，把握文本语言表述内容的整体背景、情景，或主要故事，或情与理。

第二步：将文章内容与生活事实、生活情境相联系，展开联想。

第三步："四合一体"，这里既有局部内容理解一体，还有整体性的前后内容联系理解一体。

运用这种"一景、一联四合一体法"进行文本语言的理解体悟，一方面，能够真实把握作品语言的本意及价值，实现语言本身意义及语言功能价值的传达，并且在这个体悟过程中，力求与作者内心，与文章之情意、之形式、之美真正融合，整体感悟，去把握和体味文章的认知与情感逻辑以及作者语言的表达艺术与价值，能切实培养学生的语言理解能力，对学生的情感、生活认知和语言积累与运用能力进行有效、丰厚的熏染，并对学生的生活体验进行有效补充；另一方面，这样的体悟能让学生体会到语言表达的情景在文本内容实现上的整体营构和语言及表达技巧的运用，这将对学生对现实生活的艺术表达及语言运用产生极大的影响。这样的语言体悟，让语言的工具性学习在阅读体悟与语言积累影响方面显得真实、全面、深切而丰厚，这样的整体感悟才是语言的本真感悟与影响。

笔者在第一章第一节中已经分析了《雨霖铃》部分课例。这里继续以此为例，进行"一景、一联四合一体法"的理解体悟尝试。

初读《雨霖铃》后，可以将这首词的意境浓缩为这样一个画面：骤雨的傍晚，寒蝉凄切，江水边的帐旁一对恋人手拉着手恋恋不舍，旁边有船夫在等着开船。这是诗词语言的背景（"一景"）。可就是这样一个看似日常化的生活情景却被诗人书写得感天动地、凄美精湛。以"寒蝉凄切，对长亭晚，骤雨初歇。都门帐饮无绪，留恋处，兰舟催发"两句的解读与体悟为例简略地进行分析。"寒蝉凄切"，蝉的声音凄厉而急促，十分刺耳（"词语意"），这个声音本应是对"离人耳"而来（"一联"），但作者说是冲着离别时的长亭、傍晚的氛围而来，作者没有直说这声音对离人的冲击，让离人感到凄厉、烦躁（"一联"），却说"对长亭晚"，这样表达不仅是离人内心凄厉、烦躁的反映和渲染，把离人内心的痛苦含蓄地表现了出来，还让词的境界中出现了一个意象：晚景中的长

37

亭,拓宽了词的意境,并且这个晚景也说明离人分手时可能缠绵已久,这时词中人物的内心是落寞而绝望的("情景义""作者内心""表达形式""感染力""一联")。而后作者写道"骤雨初歇",揭示了长亭离别时,天在下着大雨,离别前这样的氛围里,外面的声音猛烈,情势紧张,这暗示了离人内心是激荡的,虽然雨势舒缓了,但离别的时刻到了,虽缓实紧,从侧面表达了离人这时内心的痛苦与紧张,喝酒饯别的情绪一点都没有了。正留恋时,久等的船夫在催着上船,要他独上兰舟,离别与留恋这一对矛盾在作者内心汹涌了起来。这时寒蝉还在凄厉地叫着。("一联""情景义""作者内心""表达形式""情意逻辑""美的逻辑""感染力")作者要表达的离别场景通过寒蝉、长亭、骤雨及初歇、晚景、船夫等意象表现了出来,作者的感情得到了含蓄的表达和渲染,离人的内心和词的节奏表现得那样含蓄、沉重而跌宕。

在这段语言分析中,词句的情景义、语意、情感及语意逻辑,以及语言的表达价值,包括表达技巧的美学意义等这些直接关涉语言本意及语言本来价值的因素都得到了重视,不仅实现了语言工具价值的一般传情达意的理解与体悟,而且注重在文本语言表述内容的整体背景和情景下,联系生活事实和情境,词语意与情景义统一,情意逻辑与表达形式统一,与作者内心、与文章美的逻辑及感染力相合,从而实现了语言本身意义及语言功能价值的传达与艺术熏染,让学生在这个过程中很好地完成了文本语言的理解与体悟,培养了学生的语言理解能力,并对他们的情感、生活认知和语言运用能力进行有效熏陶,对生活体验进行有效补充,提高了学生对生活、语言艺术的表达能力。

(二)重视对语言特质的学习

对语言特质把握的缺失是当前工具性教学的又一问题。语言特质即语言的特点,是作者表达出来的语言文体性和语言风格。重视对语言特质的学习,即重视对作品里反映出的生活、思想及与之相对应的语言特点的理解和体悟,这样的语言学习有利于准确把握文章内容,加强学生对生活内涵的准确认识,感受不同的语言表达特质及表达效果,有利于学生根据内容表达的需要,去选择语言风格,从而真实、得体地表达对生活的认识与态度。

了鲜明的地方特色,不落俗套;另一方面,确保了唐臣这个典型的真实性,避免了语言千篇一律或故意拔高"升华"导致的"假大空"。这样的文章语言朴实,生活气息浓烈,个性鲜明,学生仔细体味,就会感受到鲜活的生活语言的力量,会帮助学生冷静地认识现实生活和自己的内心世界,从而提高对朴实的生活现实的表达能力。认识和表达生活的本来面貌,是语言学习和表达的基础,离开了这些,会严重影响学生对生活的认识和表达,会抑制学生的发展。

(三)重视语言的个性化体悟

叶圣陶在《认识国文教学》中说:"旧式教育可以养成记诵很广博的'活书橱',可以养成学舌很巧妙的'人形鹦鹉',可以养成或大或小的官吏以及靠教读为生的'儒生学员'。"这是因为过去的书主要是经义书,学习方式也以记诵为主,很多作品中的生活与现实有很大的距离,书的思想也不容置疑和多思辨,所以过去的教学容易培养出这样一些缺少个性、现实参与能力差的人。如今的教材内容已经生活化,内涵丰富,语言的个性化认识应该成为提高学生语言能力和促进学生个性化发展的必要途径之一。

然而,重共识性、轻个性化却是现代语文教育的常见问题。诚然,语言的意义有共同性、稳定性,这是语言工具性的基本内涵,也是语言的基本功能,但语言含义本身有丰富性、不确定性和表达者未能完全预知的特点,对语言的理解与学生的阅历、知识经验、审美能力、关注重点直接相关,所以学生对语言的理解同时带有个人的、临时的认知特点。同一作品,不同的学生有不同解读;同一学生,不同时间对同一作品有不同解读。可见,个体化的认知是客观存在的。这种个性化体悟,能够辨识出作者蕴含在语言里更深沉、更丰厚的语意,可以看出阅读理解者此时的一些内心特点,可以看出这种个性化认知对阅读者思维空间的扩展,对生活认识的挖掘,对提升语言能力的促进,所以个性化的体悟不仅是对作品认识的深化,还对理解者的思维能力的拓展和语言能力的提升有很大帮助。一定程度上讲,没有个性化的阅读是不真实的阅读。

在实际的语言工具性教学过程中,个性化解读存在点、面两种情况。某一个点,是指文中的某一个句段。比如著名特级教师韩军老师教授《大堰河——我的保姆》时,对"紫色的灵魂"这一争议点的引导,处理得很好。

生:我有个问题,那个"黄土下紫色的灵魂",为什么是"紫色"的灵魂?

师:你是问我,还是问大家?

生:问大家。

师:好,大家谁帮助她回答一下。"呈给你黄土下紫色的灵魂"这个"紫色"到底指什么?

生:我认为紫色是一种痛苦的、压抑的颜色,紫色给人的感觉非常压抑,不痛快。

生:我认为紫色是一种高贵的颜色,比如有的足球队穿的球衣就是紫色的。

生:我记得古代的官服也是紫色的,也是高贵。

生:是指苦涩。我曾看过诗人的访谈录,他在谈到这首诗时说过"紫色"是一种冷色调,引起的人的心理反应是苦涩的。

生:我认为,紫色是红色和蓝色的混合色,红色表示大堰河活着时非常有热情,像火一样,温暖世界,是尊贵的,而蓝色表示她死后非常安详。

师:看来你对颜色非常有研究,你能说说各种颜色的含义吗?比如白色象征什么,绿色象征什么,蓝色象征什么,等等。

生:白色象征纯洁,绿色象征生命,蓝色象征海洋,也表示安静。

师:有道理,你的思路非常独特。并且真的抓住了问题的关键。也就是说,不能单纯强调紫色只代表一方面,紫色实际上是两种意义的综合。

生:老师你的意见呢?

师:老师补充一点学术界的"观点",艾青诗中用了大量颜色,他用颜色的规律一般是,用暖色调代表光明、温暖、信念,用冷色调代表苦难、大地、忧郁,等等。紫色是一种冷色调,所以不能仅仅理解为高贵。

这个课例,韩老师充分调动学生的认知经验和个体性体察,引导学生对"紫色的灵魂"进行的个性化解读很深入、很精彩,语言学习很真实。这种对学生个性化认知的重视,对学生的语言学习是很好的激发,对促进学生主动的语言学习帮助很大。

就某一个面来讲，个性化的理解主要是对主体内容的多角度理解。比如学习莫泊桑的《项链》时，《项链》的主旨是什么？可作如下挖掘、发散：①写玛蒂尔德是一个很爱慕虚荣的人，这篇小说的主题是嘲笑虚荣；②写她的诚信；③揭示事实和外表之间的差异；④写小人物对抗风险的能力比较弱；⑤写她是一个物质欲望比较强烈的人，小说的主题与欲望有关；⑥写玛蒂尔德的悲惨命运，作者流露出一种悲观的宿命观。这些问题会引发学生对相关具体内容的深入理解和对主旨准确、深透的探索，培养学生挖掘、筛选文章有效信息并加以比较的能力，理解语言及作品生活的能力，也有利于培养学生把握主体内容时辨别主次的能力。

当然，学生或许会在个性化解读的过程中出现一些偏差，但只要能自圆其说，就应该允许其说法的存在；只要教师认真引导，不是一棍子打死，对学生的语言学习就有很大帮助。

（四）增加合适的读物和阅读量

一提及阅读，教师就可能要求学生读名著。不可否认，名著是人类文化的宝贵财富，是语言宝库。可事实上，喜欢读名著的学生并不多，一是有些名著里的生活离学生太遥远，二是名著大多篇幅很长，学生很少有空余时间去阅读。与学生生活直接相关联的文质皆美的时文很少，教师也很少提供，所以学生阅读的课外读物很少。狭窄的阅读面决定了学生狭窄的生活视野和思想视野，所以在要求学生读名著的同时，要给学生提供一些与其现实生活距离较近的、适合学生阅读的文质皆美的著作。

提及阅读量，这是老生常谈的问题，但现实问题又不得不再次提出。虽然教材编写者想尽办法增加学生的阅读量，但一定程度上讲，现在学生的教材阅读量还是比较少的。部编版初中语文教材设置的"名著导读""课外古诗词诵读"，部编版高中语文教材设置的部分任务群阅读（如"当代文化参与""跨媒介阅读"）以及其中的整本书阅读、选修课程，等等，常常会因为教师认为教学时间不够而遭到忽视。这些教学内容应该切实实施与学习监督，并且还应该增加一些关联性篇目阅读与探究，以切实增加学生的阅读量，拓展其阅读与认知视野。如果教师不能完成教材设置的全部内容，只是注重其中部分教材篇目,选修课及研究性课程又没有开设好,平常就只教几篇文章,怎么能提高学生素养?就几本教材和几道训练题苦熬一张膏药是当代语文课堂教学的常见现象。

很早以前,上海特级教师黄玉峰老师就在《还我琅琅书声——兼论四十多年来语文教学的误区》一文中提出"读书人要读书"的口号,文中还写了一首打油诗:"学生不读书,教师多演戏,悠悠十二载,腹中空如洗。"语言学习具有广泛性、互补性、语感性、渐进性的特点。缺少阅读面和阅读数量,就要影响语言阅读兴趣、语感形成和语言积累、生活体验和对生活的认识能力、思维内涵、思维和语言的顺达度以及个人语言风格的形成等等,自然就会影响学生语言能力的形成。

第二节 基于文本文学性的高阶阅读教学

一、理解、涵泳内容表达形式的文学性的教学策略

文章的表达形式包括表达方式、表现手法、篇章结构等呈现作品内容的艺术表达载体。表达形式是作品文学性体现的重要方面,涵泳内容表达形式的文学性,不仅会感受到表达形式的艺术价值,还会更多地感受到文本内容的文学美。

(一)理解、涵泳文本语言的文学性

1. 涵泳文本语言音律的文学性

语言是文章内容的表达形式。音律美由汉语言自身的节奏产生。正如朱光潜指出:"起伏可以在长短、高低、轻重三方面见出。"也就是说,语音的长短、高低、强弱构成了语言的节奏,是作者表达内容时要重点考虑组织的范畴。体味语言的音律美,不仅有利于把握文本语言的音乐美,而且还有利于把握文本内容的境界和情感表达。比如,阅读杜甫《秋兴》中的"江间波浪兼天涌",可以这样念:"江间——波浪——兼天——涌。"一方面,从音乐美的角

度,前面三个两字顿显得间隔均衡,最后一字顿表示一种结束,从而形成起伏均衡而结束有力的鲜明的节奏感;另一方面,从诗歌境界的发掘以及情感抒发来看,这样停顿,诗歌意境形象地展示了出来,并且作者的感情也表达得宏大浑厚。现代新诗、散文、小说、实用文等文体的语言表达,都有自身的节奏。语言的长短参差变化形成的语言节奏既凸显了作者要表达的文本意义,还有利于突出作者要表达的思想感情。长期涵泳作品语言的音律美,必然会给读者语言的韵律带来熏陶和积淀。

2. 理解、涵泳文本语言的修辞美

作品语言的修辞美是作品文学性的一种体现。修辞手法主要包括比喻、反复、排比、反问、比拟、夸张等。修辞手法在文本中的运用丰富多彩,使语言的表达生动而有感染力,极大地丰富了作家的语言表现手段和表现力。涵泳作品语言的修辞美,既能让学生感受作品语言表达的魅力,也能让学生的语言素养与表现力慢慢生长。

比如,涵泳比喻,能感受到化平淡为生动、化深奥为浅显、化抽象为具体、化冗长为简洁的艺术魅力。比如通感,它是一种特殊的比喻,是作者在表达时让各种审美感官,如视觉、听觉、嗅觉、触觉等多种感觉互相沟通、互相转化,产生一种感觉超越了本身的局限而领会到属于另一种感觉印象的奇妙的艺术美感,在这种修辞里,文学性体现得很充分。比如,鲁彦的《听潮》中"那声音仿佛是朦胧的月光和玫瑰的晨雾那样温柔;又像是情人的蜜语那样芳醇;低低地,轻轻地,像微风拂过琴弦;像落花飘零在水上",这一连串的比喻将视觉、听觉等感觉器官贯通,把荷塘与月色交融在一起的幽雅、朦胧、幽静、充满生气的物态之美栩栩如生地描摹了出来。体味这样的修辞表达,对读者对景物的审美感知与文学性的表达有很大的帮助。

又比如,拟人能给物赋予人的形态、情感,色彩鲜明,描绘形象,表意丰富,意趣横生,别开生面;借代能以简代繁,以实代虚,以奇代凡,以事代情,生动形象,幽默诙谐;夸张能通过对对象形状、性质等的夸大或缩小来新颖地揭示事物本质;排比能集中内容,增强气势,节奏鲜明,长于抒情,具有较强的感染力;双关能在一定的语言环境中,有意使语句具有双重意义;反语能增强语言的表达效果;顶真能表现客观事物间的递相依存的关系;仿词能用来造成表达上的新鲜感；互文可以使文章的内容更加丰富，使文章表达得更加深刻；等等。

修辞的运用在作品中极为丰富，极大地增强了作品内容的表现力，并成为文学美的重要组成部分。

(二)理解、涵泳文本内容表达方式的文学性

文本内容的表达方式，基础教育界通行的说法是叙述、描写、抒情、议论、说明五种，它们各有其文学性价值。文学作品的表达方式主要是借助叙述、描写、抒情、议论塑造形象、表达意蕴。其中，描写、抒情的文学性较为突出。说明方式主要体现在说明性文本里，生动的说明一样具有文学性。通过涵泳文本内容表达方式的文学性，可以理解和感受表达方式的艺术价值，提高学生的语言认知、审美能力与语言表达能力。

比如描写这种极为常见的表达方式。它用生动形象的语言对人物、事件、环境做具体的描绘和刻画，是文学性的主要表达方式。描写的种类很多，可分为五种类型：1.人物描写与环境描写，人物描写包括外貌描写、心理描写、动作描写、语言描写；环境描写包括社会环境描写和自然景物描写；2.整体描写与细节描写；3.直接描写与间接描写；4.静态描写与动态描写；5.白描。由于它在文本中的特殊表达作用，可使形象逼真传神、生动形象，从而增强艺术感染力。描写的文学性主要体现在描写对象特征的典型性、个性化、新颖、感染力上。

比如，高晓声的《陈奂生上城》："推开房间，看看照出人影的地板，又站住犹豫：'脱不脱鞋？'一转念，忿忿想到：'出了五块钱呢！'再也不怕脏，大摇大摆走了进去，往弹簧太师椅上一坐：'管它，坐瘪了不关我事，出了五元钱呢。'"这里的心理描写和白描，非常生动、恰当地将陈奂生患得患失、狭隘自私的小农心理描写了出来。再比如杜甫的《漫成一首》："江月去人只数尺，风灯照夜欲三更。沙头宿鹭联拳静，船尾跳鱼拨剌鸣。"诗歌从水中月影写起，生动描写了白鹭曲着身子，恬静地夜宿在月照下的沙滩上，船尾大鱼跃出水面而发出拨剌的响声，这里的自然景物描写一动一静，构成了江上月夜宁静的美景。

抒情这种表达方式也有它的文学性体现。在抒发人物思想情感时，它的文学性体现明显，尤其是间接抒情的文学性特点很浓郁。通常，作者在作品中不直接抒发自己的思想情感，而是借助一定的景、事、物来抒情，包括借景抒情、托物抒情、叙事抒情。在这三种抒情方式中，前两种的文学性体现较为明显。比如借景抒情，《春江花月夜》借春江花月夜之美景抒发离愁别绪与人生渺小而短暂的伤感愁情；《春望》中的"国破山河在，城春草木深。感时花溅泪，恨别鸟惊心"，诗人通过对花鸟草木的描写来抒发亡国的忧愤、离散的感伤。在写作中，借景抒情，情以景兴，情景融合，使文章含而不露、蕴藉悠远、情丰意密、深切动人。再比如托物抒情，高尔基的《海燕》没有直接抒发对革命者的颂扬，而是假托海燕在情境中的特征以及作者对海燕的赞美，抒发对英勇顽强的革命者的赞美之情，不仅构思精巧，还含蓄、深沉。

（三）理解、涵泳文本表现手法的文学性

表现手法也会直接体现文本的文学性。表现手法的种类很多，托物起兴、联想、想象、类比、象征、对比、烘托、渲染、借古讽今、以小见大、用典、虚实结合、托物言志等等，都是很常见的艺术表现手法。这里试析几种表现手法的艺术性理解与涵泳。

1.以小见大的文学性价值

在表现大题材时，作者不是叙述描写大事件、大场面，而是着眼于小事情、小景象，通过"小事""小物""小景"来反映大境界、大主题，具有构思精巧、独特的艺术魅力。这种表现手法叫作以小见大。比如刘禹锡的《乌衣巷》："朱雀桥边野草花，乌衣巷口夕阳斜。旧时王谢堂前燕，飞入寻常百姓家。"江山更替，朝代兴衰，人世沧桑让诗人生发多少感慨唱叹！可诗人笔下只有一只轻盈的燕子，一只四百年前高门士族王谢家的燕子，现在却飞进了寻常百姓家中。这极度的艺术夸张，让一只小小的"燕子"成了历史的见证者，也成为诗人感慨人世沧桑、兴亡盛衰的情感媒介，令人浮想联翩，余味无穷。这种艺术手法，表达的角度巧妙、新颖，表达的内容形象、深厚。

2.用典的文学性价值

用典这种表现手法的文学性，通常被教学者疏忽。用典有用事和引用前人诗句两种。用事是指借用历史故事来表达作者的思想感情,包括对现实生活中某些问题的立场和态度、个人的意绪和愿望等等,属于借古抒怀。引用或化用前人诗句的目的是加深诗词中的意境,促使人联想而寻意于言外,所以,用典也有它的文学性。比如,辛弃疾的《永遇乐·京口北固亭怀古》,这首词除了回顾作者43年前南下经历一层外,全是用典。词中"想当年,金戈铁马,气吞万里如虎"这三句,写的是刘裕当年北伐抗敌的英雄气概。作者用典,借赞扬刘裕,讽刺南宋王朝主和派屈辱求和的无耻行径,表现出作者抗金的主张和恢复中原的决心。再比如,姜夔的《扬州慢·淮左名都》:"过春风十里,尽荠麦青青。""春风十里"引用杜牧的诗句,表现往日扬州十里长街的繁荣景况,是虚写;"尽荠麦青青",写词人今日所见的凄凉情形,是实写。这两幅对比鲜明的图景寄寓着词人昔盛今衰的感慨。

3. 虚实结合的文学性价值

虚实结合是指现实的景、事与想象的景、事互相映衬,交织在一起表达同样的情感。比如柳永的《雨霖铃》:"寒蝉凄切,对长亭晚,骤雨初歇。都门帐饮无绪,留恋处兰舟催发。执手相看泪眼,竟无语凝咽……"上片除"念去去,千里烟波,暮霭沉沉楚天阔"外,写的都是眼前的实景实事实情,写词人和心爱的人不忍分别又不得不分别的心情,是实写;"念去去,千里烟波,暮霭沉沉楚天阔。多情自古伤离别,更那堪,冷落清秋节……"写对别后生活的设想,是虚写,着意描绘词人孤独寂寞的心情。虚实结合,淋漓尽致地写出了离别的依依不舍。

4. 托物言志的文学性价值

在作者情、志的指导和统领下,对景物特征进行艺术提炼,在描摹出的事物特征和艺术情境中,融入作者的感情、寄托作者的心志,从而在文本中表现出一种含蓄的文学美。比如,白居易的《杨柳枝词》:"一树春风千万枝,嫩于黄金软于丝。永丰西角荒园里,尽日无人属阿谁?"作者托物言志,写柳树独处荒园无人观赏,抒发人才被埋没的感慨。

5. 象征的文学性价值

通过特定的、容易引起联想的具体形象,表现与之相似或相近的特点的

概念、思想和感情,这种手法就是象征。在文学作品里,时有运用象征手法,借助某些具体植物、动物、物品等的一些特性,委婉曲折地将作者的感情表达出来。其作用首先是它把抽象的事理表现为具体的可感知的形象,再是运用眼前之物寄托深远之意,可以使文章更含蓄和具有深意。比如,李德裕《登崖州城作》中的:"青山似欲留人住,百匝千遭绕郡城。"这两句描写青山环绕,层峦叠嶂,作者所处的郡城正在严密封锁、重重阻隔之中。这看似写封闭之景,实则象征了作者被政敌迫害的景况,书写了作者思归不得的忧伤。

象征是一种托物言志的方式,但它与托物言志不完全等同。因为有的托物言志,"志"的表达是明显的,甚至是在"物"的特征与寄予情意的基础上直抒胸臆,和这种情况相比,象征较为含蓄一些。

(四)理解、涵泳文本篇章结构的文学性

文本篇章结构,是指文本内容材料的宏观组织方式和内部构造形态。不同类型的文学作品有不同的结构表现,抒情性作品的结构主要指画面的组合、节奏的安排;叙事性作品的结构主要指人物活动的选择、事件的安排、情节的调度、环境的布置;戏剧性作品的结构主要指人物动作与对话的选择与安排。虽然文体不同,篇章结构体现有异,但也有很多可以共用的结构技能。文本篇章结构包括起承转合、开门见山、曲笔入题、悬念、过渡、承上启下、照应、伏笔、铺垫、抑扬、张弛、卒章显志、以景结情、总分结构、对比、层层深入、套箱式结构、线索等。这里略述一二。

1.理解、涵泳起承转合结构艺术的文学性

起承转合结构形式在古代诗歌、现代散文和一般议论文里很常见。

(1)理解、涵泳古代诗歌起承转合结构的文学性

在古代诗歌里,起承转合结构的文学性较明显。通过体悟起承转合结构,能深切体会作者的情感及文本结构的跌宕、曲折之美。

起承转合是古典诗词写作结构上的一种技巧,一般指对绝句的四句、律诗的四联在写作上的要求。一般来讲,所谓"起"即开头(绝句的第一句,律诗的开头两句。以下类推);"承"即紧承上句或上联的诗意,进一步描写或铺陈,要承接得自然、紧密;"转"即意思的递进或转折,是指诗的内容宕开一笔,

使诗的内容更加丰富或境界更加开阔;"合"则是对全诗的收束,一般要在此句(联)点出诗意或主题。"合"要收得有力,并传达出诗的思想感情。起承转合既是内容的联系,也是情感的贯通。

根据起承转合的章法特点,从诗句之间的联系上去理解诗意、体悟诗意之美,有利于理解和体悟诗歌结构的文学价值。

比如杜甫的《登高》。1."起"定基调:"起"句为一诗之首句,地位很重要,往往有统帅全诗,奠定基调,渲染气氛、铺垫意境的作用。首联的"风急天高猿啸哀,渚清沙白鸟飞回",开篇便以急风、高天、长啸的猿声,清渚、白沙、盘旋的飞鸟这六个秋天的意象,描绘出了一幅萧瑟、肃杀的三峡秋景图,奠定了全诗低沉的基调。2."承""起"而续:"承"句与"起"句语意接近,关联极为密切。它不是对"起"句简单的重复,而是"起"句的延续、深化,两句之间的意思可互为佐证。在结构上,还有承上启下的作用。颔联"无边落木萧萧下,不尽长江滚滚来"中的"落木"承首联第一句的"风急天高",为仰视所见;"长江"承第二句"渚清沙白",乃俯视所得,无边落木潇潇之声与不尽长江滚滚之势将秋意推向深广,境界更为阔大、旷远,从而使后面抒发的老病孤愁之情也有了更有力的依托。3."转"开生面:"转"是指结构上的转折,往往体现为由物及人、由景及情、由事及理的思路上的转换。前面铺垫蓄势已足,陡然一转,别开生面,让诗歌顿生波澜。颈联"万里悲秋常作客,百年多病独登台",由颔联写景转而抒情,尽情抒发自己羁旅漂泊之苦,晚年抱病登台的孤独。关注"转"句,能使读者尽快明了作者思路,也是体察诗歌主旨的重要线索。元人杨载在谈到绝句的结构安排时说:"大抵起承二句固难,然不过平直叙起为佳,从容承之为是。至如宛转变化工夫,全在第三句,若于此转变得好,则第四句如顺水之舟矣。"所以诗歌的"转"句最为关键。4.妙"合"主旨:"合"是前三句诗意的最后合成,合句一出,中心就明了,它是诗人思想感情抒发的凝结点,常常有点明题旨、收束全诗的作用。尾联两句"艰难苦恨繁霜鬓,潦倒新停浊酒杯"更在前句基础上直抒胸臆,似一吐郁结于胸的不快,又似无可奈何的沉重一叹。一个艰难时世中老病孤愁的诗人形象跃然纸上,令人痛惜!全诗起于"悲"而终于"悲",悲景着笔,悲情落句。所以在结构上,"合"句常呼应开篇,圆合首尾,也是读者了解诗人感情、解读古诗主旨的最重要所在。

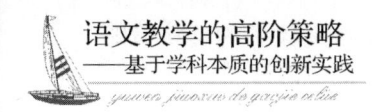

（2）理解、涵泳散文起承转合结构的文学性

这里以巴金的散文《小狗包弟》起承转合的结构艺术为例。在起承转合结构中，"承"和"转"除单独使用外，还常常配合使用。《小狗包弟》在行文的承转上，做得自然巧妙，不露痕迹。文章题为"小狗包弟"，但作者并未开篇就写小狗包弟，而是从一位艺术家和狗的故事写起，接着以听了这个故事，"我"又想起"我曾经养过的那条小狗"承接上文，自然引出对小狗包弟的回忆。艺术家和狗的故事发生在"文革"时期，"我"和包弟的故事也发生在"文革"时期；两只小狗的遭遇又极为相似，所以作者先写艺术家和狗的故事，然后以自己和包弟的故事"承"之，不仅让读者更直接地看到了"文革"的事实，丰富了文章的内容，而且使行文曲折灵动，摇曳生姿。这种"承"，使上下文一气贯通，浑然一体。接着作者回忆了小狗包弟在家中七年的美好生活情景，似乎一切都美好得令人陶醉。回想到动情处，作者说，"现在想起来我还很感动"。然而生活并非永远如此美好，"文革"来了，平静的生活被打碎了，文意也随之突转。但是，作者接下来并没有直接去写"文革"到来后的情形，而是两次写前文中提到的日本作家由起女士的问话"您的小狗怎样"。这样写，看似重复，实则正是作者用来"转"向下文的独具匠心之笔。"您的小狗怎样"，"文革"前，作者可以快乐地回答"包弟很好"；可是，现在，如果由起女士再问起来，"我"该如何回答？因为"我已经没有小狗了"。读文至此，读者不禁要问：小狗包弟到底到哪里去了？这样，文意自然转到下文中对小狗包弟的悲惨遭遇的叙述。可见，由起女士的这句问话，牵动着作者对过去的无限怀恋，以及对自己最终送走小狗包弟的深深自责，用它来"转"入下文，不仅自然巧妙，而且富含深意，为后文中无情地解剖自己埋下伏笔。

2. 理解、涵泳层层深入结构的文学性

层层深入结构是文本内容由浅入深、环环相扣的结构形式，在各类文体中皆有体现。这种结构的文学价值在于使全文内容逐步深入，结构逐步推演、严谨，条理清楚。

这里以词为例。比如晏几道的《阮郎归·旧香残粉似当初》："旧香残粉似当初，人情恨不如。一春犹有数行书，秋来书更疏。衾凤冷，枕鸳孤，愁肠待酒舒。梦魂纵有也成虚，那堪和梦无。"

唐圭璋《唐宋词简释》评此词"上下片结处文笔,皆用层深之法,极为疏隽。"上片前两句说,那人所用的"旧香残粉",还似当初摆放在那儿,睹物思人。可是,那人不恋旧情,离我而去,真是人情不如物啊!"人情恨不如"一句,将人比物,翻进一层,突出那人之无情和我(词人)之有情。后两句,"一春"之中,那人尚写了"数行"字的书信寄来,虽见笔端情之薄,但还有三分慰藉;而眼下秋天"书更疏",还有什么希望呢?这第二句用一个"更"字,是进一层写法,并将春与秋进行对比,突显出"人情恨不如"的怨愤意绪。

下片开头两句,写绣凤的被子"冷"、绣鸳的枕套"孤",意在抒写词人孤冷而愁苦的情怀。如此孤寂,愁肠百结,百无聊赖,能不能借酒浇愁以舒其心?然而借酒浇愁愁更愁,又怎能舒解忧愁?最后两句写不能解忧,只好托之于梦境,寻求恋情,获取暂时的愉悦;但谁知,梦魂纵使有,也是那样的虚无缥缈,何况现在连短暂虚无的梦也没有了呢!凄苦如此,人何以堪?词人用层层深入的意义结构,把相思愁苦表现得一层深似一层,使孤冷凄苦之情更为突显。

3.理解、涵泳对比结构的文学性

对比是一种表现手法,也是一种结构方式。对比使作者的认识及感情表达得更加鲜明。对比结构有横向、纵向、连环式三种。

(1)横向对比结构

比如茅盾的散文《疲倦》运用了多层次的放射性的横式对比结构。全文以代表新兴革命力量的"新生细胞"和象征腐朽没落势力的"干枯的脊髓"做对比,然后又派生出"脊柱"与"脊髓"、"新生细胞"与"年幼细胞"等对比,形象地说明只有推翻反动统治,更换主人,才能返老还童。

(2)纵向对比式结构

比如李约的《过华清宫》:"君王游乐万机轻,一曲霓裳四海兵。玉辇升天人已尽,故宫惟有树长生。"通过昔日霓裳羽衣、歌舞升平,今朝杂树丛生、宫殿荒凉形成强烈的对比,讽刺统治者荒淫误国,感叹王朝兴衰。

再如茅盾的《老乡绅》是写一个人的变化,前半篇写他上午怎样骗人,后半篇写他午后怎样被人骗,揭示了"以谣言杀人,也以谣言被杀"的真理。这样前后对比,寓庄于谐,表面上是滑稽可笑的矛盾形象,实际上是一个欺人自

欺的对立统一体。茅盾在对"老乡绅"丑恶行径的否定评价中表现了憎恨旧社会、疗救国民精神的高尚理想。纵向对比结构前后对照，首尾映衬，能收到比照强烈、变化突兀的艺术效果。

(3) 连环式对比结构

连环式对比结构是若干对比形象环环相扣，前后比照，以揭示事物之间复杂关系的一种结构艺术。茅盾的散文《严霜下的梦》是连环式对比结构的典型。全文以"严霜的梦"与"天明的曙光"对比立意，又以美梦与噩梦交替组接，梦梦相连的连环式对比的艺术结构，文断意续，使梦幻的间断性和思维的跳跃性具有现实的连贯性和内在的逻辑性，在描绘美丑相间、善恶相斗的现实生活过程中，"给人指出人类的目标"和"在人类的灵魂中再燃起理想"。全文开阳阖阴，变化奇绝，笼上一层浓郁的浪漫主义色彩。

第一回梦，先追叙大革命高潮的壮阔情景："悲壮的歌声，激昂的军乐，狂欢的呼喊，春雷似的鼓掌，沉痛的演说"，这"庄严""美妙""热烈"的场面令人陶醉。这是对革命战争的光辉业绩和伟大影响的形象描绘。可是革命回忆的美梦很快被"屋梁凭空掉下来"的噩梦替代了，被"那不名誉的蝙蝠"打破了，写的是变幻的梦境，却是蒋介石发动"四一二"反革命政变的形象写照。

第二回梦，承接上文噩梦而来，惨痛地再现反革命大屠杀的悲剧："男子颈间的血，女人的割破的乳房的血，小孩子心肝的血"，把"青绿的原野，染成了绛赤"。血债要用血来还，作者期望着革命的烈火像地狱的火，像北欧神话中的火焰巨人烧毁三个天神所统治的海冥三界的火一样"卷上天空"，"填平了地面上的一切坎坷，""我也被胶结在这坦荡荡的硬壳下"。在这血与火的对比中，强烈地表达了作者决心焚毁旧世界、渴望革命新高潮的理想。

第三回梦是上文的反连。梦境光怪陆离，丑类粉墨登场。在那动荡的年头，人们失去了母亲"热的活的臂膊"的真理牵引和指点，"在撕碎美丽的身体"，"饱足了兽欲的灰色东西"在"狂笑"，人们在愤怒地呻吟，在"喊叫"。这是大革命失败后残酷现实的艺术折射，其中有对极端机会主义者和蒋介石刽子手清醒的批判，也有作者自己悲观、迷茫等情绪的流露。这样回环反接的结构，比照鲜明的形象，创造了风云变幻的审美意境、峰断云连的审美情绪。

4. 理解、涵泳文本结构张弛的文学性

这是指在文章中将紧张的内容与舒缓的内容适当穿插,使文章有张有弛、节奏鲜明的一种结构技法。这种结构技法在小说中经常使用,散文中运用得也比较普遍。还是以巴金散文《小狗包弟》的结构为例。这篇文章十分出色地运用了这种结构技法。文章开头写一个艺术家与狗的故事,写艺术家被批斗时的惨状:"拳打脚踢,棍棒齐下,不但头破血流,一条腿也给打断了。批斗结束,他走不动,让专政队拖着他游街示众,衣服撕破了,满身是血和泥土,口里发出呻唤。"小狗因亲近艺术家而被打伤致死,这些内容一下子就把读者带入了那个是非不分、黑白颠倒、人性扭曲的混乱年代,让读者置身于充满血腥的紧张气氛当中。接着作者回想自己曾经的养狗经历,写小狗包弟的可爱以及主人对它的态度。它的外貌:"是一条日本种的黄毛小狗,干干净净。"它的动作:"它有什么要求时就立起身子,把两只前脚并在一起不停地作揖。""有时我们在客厅里接待客人或者同老朋友聊天,它会进来作几个揖,讨糖果吃,引起客人发笑。""它看见我们回来,特别是看到萧珊,不住地摇头摆尾"。主人和客人对它的态度:"我的爱人萧珊也喜欢包弟。""在三年困难时期,我们每次到文化俱乐部吃饭,她总要向服务员讨一点骨头回去喂包弟。""又有一次日本作家由起女士访问上海,来我家做客,对日本产的包弟非常喜欢。"所有这些,都一扫前面所写的艺术家和狗血腥的、悲惨遭遇带来的沉重,而让读者从紧张的气氛走入一片绵绵的温馨中。然而,温馨不久,"文革"到来,本来讨人喜欢的包弟顿时成了一家人的包袱。气氛又一次紧张起来,读者的心也不禁为小狗包弟的命运担忧起来。随后写小狗被送到医院做实验用,文章在作者自我无情的解剖中、在读者情绪紧张的纠结中走向事件的尾声、情感的主体和核心。散文的场景和情节虽然不如小说那么复杂,但读者阅读《小狗包弟》时,会体味到短小的篇幅内,简单的故事有张有弛、时缓时急,会深刻地感受到文章结构的波澜多姿、曲折有致的艺术效果,会受到其强烈的文学性的冲击。

5. 从线索处理解、涵泳文本结构的文学性

线索是文本结构的一种形成方式。在文本中,线索是把文章的全部材料

贯穿成一个有机整体的脉络,是作者组织材料的思路在文章中的反映。叙事有种种不同,清代刘熙载在《艺概》中说:惟能线索在手,则错综变化,惟吾所施。线索结构的文学性体现是结构的严谨与构思的机巧。线索结构一般有单线结构、复线结构两种。分述如下。

(1)单线结构

即以一条线索贯穿始终,其结构的文学价值是谨严和清晰。单线结构有多种形态,以人物、事件、事物、行踪、时间变化、感情、某词句等为线索是常见的结构形态。如朱自清的《背影》以父亲的背影为线索,莫泊桑的《项链》以项链为线索,巴金的《灯》以灯光这一象征性事物为线索,柯岩的《汉堡港的变奏》以汉川号远洋货轮装载货物这一事件的发展过程为线索,碧野的《天山景物记》以游踪为线索,唐弢的《琐忆》以鲁迅先生的两句诗"横眉冷对千夫指,俯首甘为孺子牛"为线索,夏衍的《包身工》以包身工一天生活的过程为线索。理清结构思路,便于理解各种材料之间的内在联系;梳理文章,便于理解与体悟文本的主要内容和感情。单线结构形态的文学性价值整体上看较弱,其文学意义主要体现在内容本身上,但以具体或抽象的事物、感情变化、某词句等为线索的结构形态,文学性较多。主要是以具体或抽象的事物、某词句等为线索的结构构思很机巧;以感情变化为线索的结构构思,文意跌宕、引人入胜。

(2)复线结构

即以两条及以上的线索贯穿文本始终,其文学性较强。这在后文的综合性结构的文学性部分予以陈述。

6.理解、涵泳综合性结构的文学性

结构的综合性形态很多。这样去把握,可以更好地理解和涵泳作品在构思上的机巧和丰厚以及特有的文学价值,体会复合型结构的文学性。

(1)复线结构

主要包括主线与副线、明线与暗线的复式结构。由于线索的交织,体现出内容的厚重,其文学性较强。

①主线与副线的复式结构的艺术魅力

这在长篇小说中体现较多。长篇作品中的人物众多,反映的社会生活比较丰富、复杂，情节安排往往是双线或多线发展的，但不管有多少条线索，只能有一条是主线，起主导作用；其他线索只能作为副线，处于辅助地位。主线制约副线，副线紧紧围绕主线展开，并从不同侧面丰富主线，为突出主线服务。比如，曹雪芹的《红楼梦》以贾宝玉的恋爱婚姻悲剧为主线，以众多青年女子的不幸命运为陪衬，让许多条线索错综地交织在一起，形成了一种网状的结构形式，呈现出主次分明、宏大的叙事特征和文学魅力。

②明线与暗线的复式结构的艺术魅力

例如鲁迅的小说《药》的明暗线双线结构。鲁迅把华家买药到吃药作为明线与主线来安排，使小说中愚昧的华家及大众始终处于突出的位置。把夏瑜从被捕到牺牲作为暗线来安排，只是从侧面描写。从大众的不理解、不同情乃至嘲笑的议论中来写夏瑜，这样就使为大众利益牺牲的夏瑜始终处于被忽略的暗处。这样的结构安排和叙事角度，一方面凸显了大众的愚昧冷酷，另一方面暗示了夏瑜的牺牲无价值以及革命者与大众的隔膜。换一种叙事结构显然没有这样的思路利于表达作者的特有认识，产生这样表里结合、委婉深厚的艺术效果。

再比如，巴金的散文《小狗包弟》运用明暗线复式结构的艺术魅力。两条线索贯穿全文：一条是明线——小狗包弟的故事；一条是暗线——"我"对小狗包弟不断变化的感情。明线写了小狗来到"我"家的缘起、名字的来历、在"我"家七年的生活以及"文革"时最终被送走的结局。暗线依明线而设，随着小狗的经历的变化，"我"对它的感情也在不断变化，由小狗初来乃至七年相处的欢快，到"文革"到来时的忧虑，再到送走包弟之初的轻松，最后到送走不久至今的自责、忏悔。明暗两条线相互交织，相依而行，小狗包弟的故事为"我"表达内心深深的自责和忏悔提供了依托；而表达内心的真情，又使得文章有了灵魂，是这篇文章的真正价值所在。正是因为有了这两条线索，才使文章虽曲折变化，但也能脉络清晰，自成条理。

(2) 纵横交错的复式结构

生活是浩瀚的。纵横交错的复式结构是一种精心设计的文本结构方式，能够更好地表现丰富、宏大的社会生活事件。它以纵横交错、经纬组织的方式建构材料，负载丰富、宏大、丰厚而又复杂的内容，在艺术形式上，呈现结严谨、巧妙和文学价值高、文学性强的艺术特征。比如,施耐庵的《水浒传》就是纵横交错的复式结构。这部小说以梁山起义的发生发展和失败的全过程纵贯全篇,其间连缀着一个个相对独立自成整体的主要人物的故事。这些故事自身在结构上既纵横开阖、各具特色,又是整个水浒故事的有机组成部分。

(3)时空交叉结构

一切人都是在一定的时空中活动,一切事都是在一定的时空中演进。为了很好地表现头绪繁多、内容纷繁复杂、各层次之间纵横交错的社会生活事件,以时间为"经",空间为"纬",纵横交叉构成时空交叉结构,是一种很好的文本内容结构方式。这种结构方式,是纵横交错的复式结构的形态之一。

在具体运用中,时空交叉结构以时间顺序为基本线索来展开事件过程的同时,描绘在同一时间发生的、不同空间方位的相关联的故事。这种结构常用于一般记叙文、长篇通讯、报告文学、长篇小说等文体结构。时空关系清楚、事件宏大、事件发展脉络清晰、条理分明,是良好的时空交叉结构呈现的文学性价值。

曾选入高中语文教材的《为了六十一个阶级弟兄》就是一个典型的例子。文章内容写的是二十世纪六十年代发生在北京和山西平陆县两个地方的一件特别让人感动的事。山西平陆县有六十一个民工食物中毒,生命垂危,急需要一种特效急救药,而这种药山西又没有,只有北京王府井大街的一个药店里有,于是紧急联系调运。这中间牵扯到许多部门、单位,涌现出许多感人的人物和事迹,最后终于齐心协力把这件事办好了,将特效药运到山西,把六十一个民工的生命挽救回来了。作者在叙述、描写这件事情时,就采用了时空交叉顺序。全文共分11个部分,每一个部分的小标题都是用时间命名的,而具体的写作内容又是分别发生在北京和山西平陆县两个不同地点的人和事。文章按时间顺序安排材料的同时,又灵活地写出同一时间、不同地点的抢救活动,时间的推移、空间方位的转换,二者交叉、并重发展,再现了全国人民抢救同胞的动人场面,共同演绎出了一曲各方人士大力协作的精神颂歌。这就是时空交叉结构的艺术魅力。

(3)套箱式结构

套箱式结构,即一大箱中套多个小箱,表现为一本散文集或一长篇散文

57

的总主题里还蕴含若干个分主题,或故事中又套故事、物事中又套物事。如韩少功的长篇散文《山南水北》,文中暗含数组篇章,篇章间似无分野,开阖自如,然每个篇章里又若隐若现了相对集中的主题或内容。比如,书中分而抒写的主题或内容有"奇木异人""生灵吾友""淳朴乡情""皈依沉思"等,各篇章的主题或内容各有分野,亦真亦虚,共同构筑了作家在喧嚣时代的精神守望及情怀。

二、理解、涵泳作品情境文学性价值的教学策略

情境是指带有作者认知情感的意境或景象,或者人物活动的情景或场景,是作品的文学性特征之一。它的构成要素是人、自然环境,其中人包括人的本性及社会环境影响下的人的社会性的形态与活动。形象性和情感性是不同艺术作品中关于情境的共同特征,是作品文学性的重要反映。在诗歌和记叙抒情类散文中,情境表现为意境和人物活动场景;在小说和戏剧中,情境表现为人物活动的场景,包括人物呈现的活动形态。这里就意境、人物活动场景这两个情境的主要表现形式探究其中的文学性价值。

(一)理解、涵泳意境的文学性

意境是作者主观的"意"与作品客观呈现的"境"相结合的一种特殊的艺术境界。意境的构成以空间境象及作者的情理为基础,在情与理的驱动下,通过意象营构,主观的情理与客观呈现的境象相互渗透、融通,"情与景汇,意与象通",从而构建情景交融、虚实相生、蕴藉和活跃着自然与人生命律动的诗意空间。这就形成了"意境"。正如文艺理论家童庆炳教授所说:"意境是指抒情性作品中所呈现的那种情景交融、虚实相生的形象系统,及其所诱发和开拓的审美想象空间。它同文学典型一样,也是文学形象的高级形态之一。"[1]由此可见,情景交融、虚实相生是意境的两个主要特征,"形象"的高级境界。通过体味它的构成方式及意蕴,对意境的文学性会有很深的体验。

---

[1] 童庆炳.文学理论教程(第四版)[M].北京:高等教育出版社,2008:217.

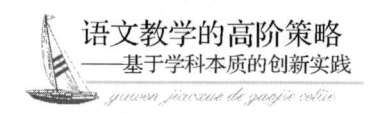

1. 理解、涵泳诗歌意境的文学性

意境是诗歌艺术的核心特征，是诗歌教学需要扣住的艺术本质，也是理解艺术作品和语文教学中的难点。

从景物呈现特征与表达情感的角度去探求作者寄寓的感情，体会情景交融、虚实相生这一表达技巧和艺术境界的文学价值，是寻求诗歌意境的文学魅力的重要途径。

（1）从实景与达情的角度寻求诗歌意境的文学魅力

景象的现实性，是诗歌意境呈现的一种特征。作者通过选择现实景象，将情与景结合并对景象的构成进行艺术提炼和升华，创造出一种以"象"和"境"为直观特征、现实感和抒情性很强、充满艺术美的情景交融境界。这个境界有时是一个呈现自然特征的意境画面，有时是景人结合的现实景象。理解这样的意境，需从意象特点以及意象构成的意境内涵的角度去探求作者蕴含其中的情意，这样就能理解和感受情景交融的艺术境界和艺术表达魅力。

①以实景直抒胸臆，以景衬情

这种表现方式有两种类型：一是实景描写与作者直露的感情抒发交错呈现；另一种是借实景直接抒发作者的感情。这两种类型通过对现实景象的描写抒发作者感情看似直露，实则以景写情，景中含情，以情穿景，以景衬情，在情与景的融合中充满了艺术的魅力。读这类诗，除了从实景中的意象及意境的特征入手之外，还需结合作者感情去揣度与体悟。

第一种类型理解起来较为简单。比如理解苏轼《定风波·莫听穿林打叶声》中的"莫听穿林打叶声，何妨吟啸且徐行。竹杖芒鞋轻胜马，谁怕？一蓑烟雨任平生"，词的意境是风雨中一个人竹杖芒鞋、顶风冒雨、吟啸徐行。这里，"烟雨"以及"穿林打叶声"是景物特征，直接表达作者感情态度的词是"莫听""轻胜马""谁怕""任平生"。作者通过描述自己在风雨中的态度与行为，直白地抒发了不畏风雨、我行我素、不畏坎坷的旷达超逸的胸襟，充满了豪放之气。

第二种类型，比如理解杜甫的《登高》。杜甫写这首诗时已经五十五岁，处境极其困窘。诗的前四句写景，借描述登高所见的秋景直抒胸臆。景的特征是风急、天高、猿啸哀，一派空阔、萧条、凄凉的景象；紧接着"渚清沙白鸟飞回"看似清新舒朗、辽远,但在前句的基调之上,这里的景观实则空旷而又寂寥;"无边落木萧萧下,不尽长江滚滚来",诗人远望茫无边际、萧萧而下的木叶,奔流不息、滚滚而来的江水,秋的萧瑟与汹涌的寒流在无情地冲击着他。"一切景语皆情语",这里的萧条、凄凉、悲哀自然是作者心理的直接体现,这里冲击着他的疾风、萧条、哀鸣、寒流、空阔就是无尽的凄凉与悲哀在作者内心汹涌的反映,更何况"猿啸哀""落木萧萧"都可以直见作者的感情状态。再说,后四句"万里悲秋常作客,百年多病独登台。艰难苦恨繁霜鬓,潦倒新停浊酒杯"直接叙事抒情,围绕身世遭遇,抒发了作者穷困潦倒、年老多病、流寓他乡、难以排遣的悲哀之情,"无限悲凉之意,溢于言外"(《诗薮》),这更可以明确印证前四句景物特征所体现的情韵就是作者内心的反映。前四句的景物描写不仅较为直接地抒发了作者的伤秋、伤己之感,景中蕴情,还为后边的抒情叙事提供了一个宏大空阔、凄寒的背景,渲染烘托了全诗的感情,使作者感情的表达更加沉郁悲凉。

②实景于情的抒发之中,景增情韵

也就是情感抒发中错杂景物描写,情感贯穿了景物。这里的景既扩展了诗的表意空间,又使情的表达更加深厚、具有艺术魅力。比如理解李清照的《声声慢》。作者之情是怎样借景表达出来的?景与情怎样结合?在寻寻觅觅、冷冷清清、凄凄惨惨戚戚之中,乍暖还寒之时,独自饮酒解愁之中,作者写道"怎敌他、晚来风急""雁过也,正伤心,却是旧时相识"。自然景象中扑来的阵阵冷风增加了她身体的寒冷,让她不能承受,实际上也写出了她的心在经历一阵一阵的寒栗;天空中飞来的大雁陡增了她对爱人以及往事的思念,更增加了她对物是人非以及个人孤单、凄凉的伤感。"满地黄花堆积。憔悴损,如今有谁堪摘?"一方面,承前借景直写其孤单与思念;另一方面,那"憔悴损"的"黄花"岂不正是她?"守着窗儿,独自怎生得黑?梧桐更兼细雨,到黄昏、点点滴滴。这次第,怎一个愁字了得!""窗""梧桐""细雨""黄昏"等意象间插于情感的抒发之中。细心品味,作者坐在窗边,苦熬日子,只见细雨以及梧桐树上落下的点点滴滴,岂不是写出了她内心在一点一点地流泪、一点一点地滴血。这些描写,景物的特征以及蕴含的感情很明显。这些不同的特征在情感的抒写之中,从不同的角度和层面把作者的感情铺陈和渲染了出来,景与

情高度融合,并且使词的境界丰富、宏阔,极具艺术表现力和冲击力。

③实景曲写情,景中蕴情

不少诗歌把感情隐含在景物描写之中,情感表达得很含蓄。要探究出蕴藏在里层的情感,体味这种情景交融的表达方式和艺术魅力,除去揣摩景物及情景特征,还应与写作背景结合,若诗中有人物活动,还需将景的特征与人的活动以及内心世界相结合。比如理解李白的《早发白帝城》:"朝辞白帝彩云间,千里江陵一日还。两岸猿声啼不住,轻舟已过万重山。"诗中境界极为宏伟,在宏大峻峭的山间,在汹涌的江陵之上,一个人乘坐轻舟如脱弦之箭,顺流直下。在这辽远宏伟的景象中,全诗以卷轴似的画面作为背景,将人的活动植入其中。境界宏伟、奇绝、奔放,人的活动以及作者的活动、心境的畅快自然与之相通,所以作者是把自己豪放、兴奋、极度畅快的心情寄寓在景飞人驰的画面之中,景情融合,具有极强的艺术冲击力。再结合背景,此诗描述的是诗人被特赦后,放舟江陵而东下的极度喜悦畅快的心情。

④实景反写情,以景反衬情

实景的特征和情味与作者的感情出现反差,以景反衬情感表达,是诗歌情景交融表达技巧中的一种特殊情况。比如杜甫的《蜀相》:"锦官城外柏森森。映阶碧草自春色,隔叶黄鹂空好音",柏树森森,碧草映阶,春色浓郁,树林中的黄鹂好音频传。这是美景,可是"三顾频烦天下计,两朝开济老臣心。出师未捷身先死,长使英雄泪满襟",报国无门之心、雄才难施之愁,让城外这些美景通通披上了凄凉悲哀之情,变为悲伤之境。一个"空"字表达了作者无心赏景的凄苦。全诗乐景与哀愁形成反差、对比,更加突出了作者的凄然与伤痛。

⑤实景曲写理,景理相谐

即借实景的描写来含蓄地表达诗人的情志、理趣,实中写虚,虚实相生,让实景的描写含蓄而隽永,从而体现诗歌意境的另一种艺术美。如宋代文人朱熹《水口行舟》:"昨夜扁舟雨一蓑,满江风浪夜如何?今朝试卷孤篷看,依旧青山绿树多。"诗中实写舟行江上的见闻,是实景,但诗歌写景的目的并不是简单表达对景物的态度,而是隐含一种人生哲理:风雨总是暂时的,风浪终归会平静。一番挫折之后,美好事物的生命力依旧存在、不可遏抑。这里景

61

理相谐,诗歌意境含蕴深厚。

(2)透过虚拟、创构的意境寻求情景交融的艺术魅力

虚拟、创构的意境是明显有别于描写现实景象的创作方式。这种方式构成的意境给人更多的不是"写真"的实感,而是一种特殊的艺术氛围和情韵。它借助想象,从深刻的认知和思想、特殊的体验出发,借助想象构成的意境,着力于"意",产生了独特的艺术魅力。

如王昌龄的《出塞》:"秦时明月汉时关,万里长征人未还。但使龙城飞将在,不教胡马度阴山。"开头第一句"秦时明月汉时关"最为美妙,最耐人寻味。这句诗中的"明月"和"关"这两个词,自然形成了一种雄浑苍茫的独特意境。在"明月"和"关"两个词之前增加"秦""汉"两个时间性限定词,让这句诗从千年以前、万里之外下笔,使读者把眼前明月下的边关同秦代筑关备胡、汉代在关内外与胡人发生一系列战争的悠久历史自然联系起来。这样一来,"万里长征人未还",就不只是当代的人们,而是自秦汉以来世世代代的人们共同的悲剧;希望边境有"不教胡马度阴山"的"龙城飞将",也不只是汉代的人们,而是世世代代的人们共同的愿望。透过这些虚拟、创构的意境,读者能探寻到作者寄寓在这情景里的深厚意蕴和独特的艺术魅力。

(3)从虚实结合之境去寻求情景交融的艺术魅力

①虚景衬实情

虚实景结合是诗歌中意境描述、情景交融的特殊途径,具有厚重中有灵动、别开洞天的美感,耐人寻味,饶有艺术情趣。这种表达方式,往往以虚景衬实情,情景相生。

比如,柳永的《雨霖铃》虚实结合的特点很突出。在上阕"寒蝉凄切,对长亭晚,骤雨初歇"的环境中送别时"执手相看泪眼"。这里的景是客观、凄切的,紧接着"念去去,千里烟波,暮霭沉沉楚天阔",作者通过想象离别而去的环境,实景虚写,虚实景结合。下阕的"今宵酒醒何处?杨柳岸,晓风残月"集中了一系列极易触动离愁的意象,创造出了一个凄清冷落的怀人境界,逼真地刻画出了离人落寞孤凄的心理状态。这时的景是虚景,情是实情。词人运用生动的艺术联想,充分而优美地写出了清秋离别的复杂内心。以虚景写实情,虚景衬实情的表达,情景交融,感人至深。

②虚景与实情对比

即虚景反衬情感表达。虚写诗中的人和景,与作者的实情进行对比,虚实相映,使诗中的相关形象更加鲜明,表达的感情丰富深刻。比如苏轼的《念奴娇·赤壁怀古》中就有虚景与实情的对比。词人虚写想象中周瑜早年得志、雄姿英发、叱咤赤壁的情景,与自己人生蹉跎、早生华发的实情对比,把自己有志报国却壮志难酬的悲伤深厚地表现了出来。

诗词的"虚实相生"艺术,丰富了诗词的意象和审美情趣,开拓诗词的意境,为读者提供了广阔、厚重的审美空间。

前面主要从诗歌意境的角度进行了阐述,因为它的美学特征和文学意义典型性很强。运用这些教学技能和文学体悟方式,去理解、体悟记叙抒情类散文的意境更容易。

2.理解、涵泳记叙抒情类散文意境的文学性

记叙抒情类散文也是有意境的。即便是在记叙类散文中,其中的情景化描写一样具有意境的特征。在写景抒情类散文中,意境的运用尤为突出,其中写景、留白的方式比较多。

散文意境和诗歌意境在本质上都用来将自然、社会和人生融为一体,都追求唐代诗人王昌龄所说的物境、情境和意境的高度结合,都追求通过一个主观内情和客观外境高度交融、虚实相生的具体景象来表达作者的情意。

但是,散文的意境与诗歌相比,有它特有的复杂性。由于它的构成段落更多,内容境界很宽,散文意境的精炼程度常常不及诗歌,但意境在散文中是客观存在的。比如,《为了忘却的记念》:"不是年青的为年老的写记念,而在这三十年中,却使我目睹许多青年的血,层层淤积起来,将我埋得不能呼吸,我只能用这样的笔墨,写几句文章,算是从泥土中挖一个小孔,自己延口残喘,这是怎样的世界呢。夜正长,路也正长,我不如忘却,不说的好罢。但我知道,即使不是我,将来总会有记起他们,再说他们的时候的。"这里的特殊情景就是想象力极为丰富的意境。作者将自己沉于苦痛之中,想象自己被血淤埋,写几句文字"算是从泥土中挖一个小孔,自己延口残喘"。这个特殊情景一样具有情景交融、虚实相生的特点。涵泳这样的散文意境,会体味到散文化的语言中特有的诗意与想象性结合的文学性魅力。再比如,《囚绿记》《故

都的秋》等等，很多散文里都有意境的描写。

(二)理解、涵泳人物活动场景的文学性

场景由人、自然环境构成，"人"包括社会环境影响下人的社会性形态与活动，既有个体的人，也有群体的人。场景是有中心人物活动的生活画面。场景的类型，从对象来分，或以景物描写为重点，或以人物描写为重点，或以景人结合为重点；从规模来分，有一方天地的小场景，有群山万壑、浩大壮观的大场景；从虚实来分，有梦幻场景和现实场景等。

其中的自然环境，是人物活动场景的背景，包括自然气候、山川湖海、动物植物等。自然环境在场景描写中起着交代时间、地点，为人物活动提供背景，烘托作者或人物的感情和心境，推动情节发展的作用。社会环境既包括人物活动的家庭环境，也包括家庭之外的社会生存与人物活动空间。场景描写就是对某时间与地点的人物活动的段落描写，它往往是叙述、描写、抒情等表述方法的综合运用，是自然景色、社会环境、人物活动等描写对象的集中表现。

文本中的场景往往具有特殊的文学价值。如鲁迅的小说《药》，全文按情节顺序，写了买药、吃药、谈药、上坟四个场景。比如忠厚善良、迷信愚昧、爱子如命的华老栓，天不亮就起床去买药这个场景：清晨萧瑟、凄冷的自然环境，急切、紧张、充满希望而又恐惧的华老栓，凶残贪婪的刽子手，竞相"鉴赏"杀人的众多愚昧麻木的看客。自然环境、人物活动构成了一个让人战栗的人物活动和特征描绘的典型场景。这里的自然环境与对麻木和愚昧的群体形象的刻画，以及华老栓、刽子手人物形象的凸显，具有极强的艺术典型性和感染力。再比如杜甫的《兵车行》，这首诗通过一个场景的描写，给读者呈现出一幅大唐帝国穷兵黩武给人民带来严重灾难的历史画卷。这些场景描写具有高度的概括性和艺术性。可见，场景具有画面性、活动性、生动性、典型性等文学性特点。

从场景构成与文学价值的角度理解和体悟，是涵泳人物活动场景的文学性的基本途径。

在阅读教学中，可以引导学生从以下四个方面进行探究。

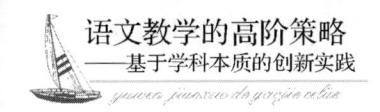

1. 理解、涵泳人与环境的关系及意义的文学性

从点与点、点与面的角度,点面结合是场景构建的常见方式。

"面",即主体人物活动的整体性场景;"点",指场景中需要突出的对重点对象的"特写"。"面"是"点"的活动背景,包括场景中的自然环境、人物的社会活动环境、家庭环境;"点"是"面"的重心,是场景中一个或几个突出的重点,点与面之间、点与点之间构成了一种艺术性的关系。所以,场景描写必须点面同时具备,点与面之间、点与点之间相互作用,艺术呈现才能详略得当。这样才能使场景描写重点突出、主次分明,较好地反映某种自然、社会背景下的人物特征。

如在小说《孔乙己》中,鲁迅将孔乙己放在鲁镇的酒馆中,在这里有掌柜、伙计、各类酒客、邻居小孩等等,这些要素构成了人物生活和行动特定的社会环境,既表现出了群体形象,也为更好地突出主体人物特征提供了背景,点面结合构成了一个特殊的、具有艺术价值的鲁镇生活场景。

有时,"点"也不止一个。比如,《包身工》的场景描写中,既有对包身工群体形象的简略描写,又有对"小福子""芦柴棒"等几个典型人物所受非人虐待的细腻、生动的描写。

自然环境这个"面",在场景描写中很常见,它的文学意义很明显。比如,《药》的最后一个场景是华大妈上坟,这部分的环境描写是凄惨悲凉的:时令虽已是清明,然而天气仍"分外寒冷",丝毫没有春天的气息;"歪歪斜斜"的路旁是"层层叠叠"的丛冢;这里没有生机,只有"支支直立"的枯草发出"一丝发抖的声音";这里没有其他鸟类,只有预兆不祥的乌鸦"缩着头,铁铸一般站着"。这些环境描写极度渲染出了坟场阴冷、悲凉的气氛,景与人构成了一幅触目惊心的悲剧画面。这里的场景在环境描写的烘托下,增强了作品的感染力,使悲剧故事更能打动读者的心,而且也凸显了主题。

人与环境的关系及意义的文学性,如何体悟?可以从人与自然环境、社会生活环境关联的角度,深入体味点与点、点与面之间的艺术联系。

(1)"面"对"点"的烘托

通过从侧面渲染来凸显主要写作对象的表现技法,即常说的陪衬,是揭示"点"与背景关系的艺术手段。这一手段可分为环境烘托与人物烘托。

①环境烘托

环境烘托是指在场景描写中,自然环境这个"面"与人这个"点"的活动的结合,它具有特殊的文学价值。比如,鲁迅在《故乡》里这样描写少年闰土:"深蓝的天空中挂着一轮金黄的圆月,下面是海边的沙地,都种着一望无际的碧绿的西瓜。其间有一个十一二岁的少年,项带银圈,手捏一柄钢叉,向一匹猹尽力地刺去。那猹却将身一扭,反从他的胯下逃走了。"人物与自然环境这个大背景结合,使这个宏大的自然背景烘托出一个少年的英武。

②人物烘托

人物烘托是指人这个"点"与活动环境这个"面"之间的艺术表达中的烘托关系。比如《史记·项羽本纪》中对"巨鹿之战"的描写,司马迁并没有去正面描写战争如何激烈地进行,而是从侧面写其他诸侯的反应:"莫敢纵兵""诸将皆从壁上观""诸侯军无不人人惴恐""无不膝行而前,莫敢仰视"。对其他诸侯的这些侧面描写,淋漓尽致地烘托出了项羽此时的将帅神威。

(2)"面"对"点"、"点"对"点"间的衬托

用类似的事物或反面的、有差别的事物作陪衬,突出主要事物,使之形象和特征更鲜明,这种表现手法叫衬托。烘托与衬托的区别在于两者的表达手段不同。烘托主要通过对该事物(或形象、情感)做外在的侧面的描写来实现,没有反面烘托这一种说法;衬托主要通过对该事物(或形象、情感)和与其相似或相对事物(或形象、情感)的对照映衬来完成。衬托是揭示场景描写中点与面、点与点艺术关系的手段之一。

衬托有正衬和反衬两种。正衬,是描写时通过性质相近或相通的不同对象,以此托彼,使主体更加突出;反衬,是描写时通过形象不同、性质相反的对象,正反相衬,以次托主。

"面"对"点"的正衬,比如鲁迅小说《祝福》中祥林嫂死在寒冬残夜的冰天雪地里这段,作者着笔阴暗的天色、灰白沉重的浓云、满天飞舞的梅花般大的雪花。这环境描写,一方面,通过渲染突出了寒冬的天气特点,为祥林嫂的死创设氛围;另一方面,这恶劣沉寂、死气抑郁、雪花瑟瑟、黑夜茫茫的天气从正面衬托祥林嫂死的悲哀。

"面"对"点"的反衬,比如鲁迅的《药》:"老栓听得儿子不再说话,料他安

心睡了;便出了门,走到街上。街上黑沉沉的一无所有,只有一条灰白的路,看得分明。灯光照着他的两脚,一前一后的走。有时也遇到几只狗,可是一只也没有叫。天气比屋子里冷多了;老栓倒觉爽快,仿佛一旦变了少年,得了神通,有给人生命的本领似的,跨步格外高远。而且路也愈走愈分明,天也愈走愈亮了。"这里寒冷、萧瑟的清晨景象与老栓的心情形成反差。天越寒,读者越能理解老栓急于买药的心情;天越寒,这个背景越能衬托老栓的急切与愚昧。

"点"对"点"的反衬,即场景中相关人物间的反衬。艺术作品场景中,人物间的活动常常出现人物间的反衬。比如《祝福》中,婆婆把出逃谋生的祥林嫂绑架回来,肆意虐待,强行将她卖给山里的贺老六。不管祥林嫂怎样一路地号、骂,死命地挣扎,"出格"地反抗,都无济于事,最后还是"七手八脚地将她和男人反关在新房里"。后来贺老六族中的大伯也没有同情相继死了丈夫和儿子的祥林嫂,依然收了屋子,把她赶出了家门。婆婆和族中大伯的为所欲为反衬出像祥林嫂一样出嫁的女子在封建社会没有地位,没有人身权利,甚至连人格尊严也无法保证的悲惨命运。祥林嫂的反抗与悲惨命运,衬托了族人、婆婆等人物的自私、冷酷与无耻。

2.理解、涵泳场景中情节推动的文学性

情节推动是构建场景的方式之一。通过理解情节发展的推动因素,可以理解、体悟前后内容之间的联系以及联系的巧妙与艺术性价值。

(1)场景描写中景物描写推动情节发展

场景描写中的自然环境不仅给人物提供活动空间,产生烘托或衬托的文学性价值,还可以推动小说情节向前发展。因此,在阅读教学中,引导学生通过理解情节发展的推动因素,可以理解、体悟前后内容之间的联系以及联系的巧妙与艺术性价值。

比如《林教头风雪山神庙》中对"风大雪紧"的描写。这里的描写虽着墨不多,不仅正面烘托了作者的悲剧命运,而且风雪的变化也层层推动着情节的发展:因为风大雪紧,林冲才要喝酒御寒,才会在沽酒途中见到山神庙;因为风大雪紧,草厅才被摇撼、压倒,林冲才被迫到山神庙安身;因为风大雪紧,林冲进了山神庙,才用巨石顶住大门……直到暗中听到仇人陆谦等人的谈话,林冲才奋起杀敌复仇。

(2)场景描写中人物对话推动情节发展

即从场景描写中人物对话对于情节的作用的角度,理解、体味场景构成的文学价值。比如孙犁的小说《荷花淀》,重要的人物对话主要有三处,这三处对话都分别推动了情节的发展。

第一次对话是故事开始时水生和他妻子的对话。这次对话对推动情节发展起到的作用是:简要介绍了故事的背景和环境,体现了水生和他妻子的个性,更重要的是设置了悬念——水生和他所在的队伍作战计划是什么？这从客观上增加了作品的可读性。第二次对话是故事发展时女人们商量出发探夫前后的对话。这次对话对推动情节发展起到的作用是:把这些作者即将赞扬的女性放到故事发展的前台,由她们的"探夫"引出以她们的视角观察到的一场战斗。第三次对话是故事高潮与结局时女人们遇敌前后的对话。这次对话对推动情节发展起到的作用是:表现了女人们由遇敌紧张到学会大胆面对的过程,表现出她们思想的转变,也为作者创造稍带开放成分的结局提供了条件。

(3)从场景描写中情节活动的推动体会其艺术的魅力

这主要是小说场景中情节的推动,这是场面描写中的常见形态。一个活动场景的构成,在特定的环境中常由于人物之间的相互关系造成矛盾冲突,让场面里的情节得以推演。所以,理解小说场景中情节的推动,有利于理解、体悟场景,理解场景推演的实质,从而更好地把握场景及场景构织的文学性价值。

这就需要关注场景里的活动及事件顺序、贯穿场景的线索。在线索方面,常见的有以事物、人物、中心事件等为线索。如莫泊桑的小说《项链》以物为线索,鲁迅的小说《孔乙己》以"我"这个咸亨酒店的小伙计的所见所闻为线索,俄国作家契诃夫的《变色龙》以奥楚蔑洛夫处理狗咬事件为中心,等等。

这里以鲁迅的小说《药》的片段为例:

没有多久,又见几个兵,在那边走动;衣服前后的一个大白圆圈,远地里也看得清楚,走过面前的,并且看出号衣上暗红的镶边。——一阵脚步声响,一眨眼,已经拥过了一大簇人。那三三两两的人,也忽然合作一堆,潮一般向

前赶;将到丁字街口,便突然立住,簇成一个半圆。

老栓也向那边看,却只见一堆人的后背;颈项都伸得很长,仿佛许多鸭,被无形的手捏住了的,向上提着。静了一会,似乎有点声音,便又动摇起来,轰的一声,都向后退;一直散到老栓立着的地方,几乎将他挤倒了。

"喂!一手交钱,一手交货!"一个浑身黑色的人,站在老栓面前,眼光正像两把刀,刺得老栓缩小了一半。那人一只大手,向他摊着;一只手却撮着一个鲜红的馒头,那红的还是一点一点的往下滴。

老栓慌忙摸出洋钱,抖抖的想交给他,却又不敢去接他的东西。那人便焦急起来,嚷道,"怕什么?怎的不拿!"老栓还踌躇着;黑的人便抢过灯笼,一把扯下纸罩,裹了馒头,塞与老栓;一手抓过洋钱,捏一捏,转身去了。嘴里哼着说,"这老东西……"

"这给谁治病的呀?"老栓也似乎听得有人问他,但他并不答应;他的精神,现在只在一个包上,仿佛抱着一个十世单传的婴儿,别的事情,都已置之度外了。

这是华老栓在刑场买人血馒头的场景。在这个场景里,几个兵把刑犯押来,就有三三两两的人合作一堆,潮一般向前进,快到丁字街口时,便突然立住,簇成一个半圆;似乎有点声音,人群便又动摇起来,轰的一声,都向后退。在刑犯被处决后,一个浑身黑色的人拿着蘸着人血的馒头,说"一手交钱,一手交货",就有了老栓慌忙摸出洋钱,抖抖地想交给他,却又不敢去接他的东西,而后那人抢过灯笼,一把扯下纸罩,裹了馒头等情节活动。通过这样的事件发展顺序的体悟,可以清晰地感受、体验事件发生、发展的情景过程。通过把握贯穿其中的线索"药",我们能够体悟到这个场景描写的精练与表现价值:愚昧的群众不同情、不理解革命者的牺牲,愚昧的老栓想拿这浸着革命者鲜血的馒头治疗儿子的病,蛮横的康大叔借机发横财,愚昧的看客以为这样可以治病。"药"贯穿小说的始终,结合文末老栓的儿子还是死了,小栓和夏瑜的母亲在坟场相遇悼念各自的儿子,读者可以通过理解、体悟场景描写中的线索,深刻地认识到夏瑜这类救国的"药"治不了愚昧的中国。

3.从场景描写视角的角度理解、涵泳场景描写的文学性

理解与体悟场景描写的视角,是体悟场景描写文学性的又一手段。场景

69

描写的视角即通过谁的眼睛去看场景。它基本上有三种类型：叙述人视角、人物主观视角和人物旁观视角。

（1）叙述人视角

即从作者的视角去写，这样便于作者直接抒情。比如赵树理《小二黑结婚》中的片段："三仙姑却和大家不同，虽然已经四十五岁，却偏爱当个老来俏，小鞋上仍要绣花，裤腿上仍要镶边，顶门上的头发脱光了，用黑手帕盖起来，只可惜宫粉涂不平脸上的皱纹，看起来好像驴粪蛋上下了霜。"作者在描写老婆子的打扮时寄寓了辛辣的嘲讽。

（2）人物主观视角

即通过作品中的人物的眼睛去看，这样便于表露人物内心的感情，增强场景的真实感。比如茅盾《子夜》里的片段："吴荪甫和赵伯韬决战前做了一个噩梦，醒来后无意在大衣镜前走过的时候一回头，吴荪甫又看见自己的脸上摆明了是一副败相。"从来不肯认输的吴荪甫，此时已判若两人了。

（3）人物旁观视角

即从书中旁观场景的人的视角来写，他未参与事件，他在场景之外观看场景里发生的事。这样写出的是场景的背影、侧影或一角，可见外人的心态。比如罗贯中《三国演义》里的描写："庞统入见孙权。施礼毕，权见其人浓眼掀鼻，黑面短髯，形容古怪，心中不喜。""统见玄德，长揖不拜。玄德见统貌陋，心中亦不悦。"礼贤下士的孙权、刘备见了庞统却都心有所厌，以此突出庞统的极丑相貌。

4. 从场景与场景间的联系理解、体悟场景宏观构建的文学性

即从场景与场景间的表里联系体悟场景宏观构建的文学性。"表"是指场景的顺序联系，"里"是指场景联结的线索。

这里以茅盾的《子夜》小说场景的结构艺术为例。《子夜》是中国"五四"运动以来新文学运动中产生的一部杰出的革命现实主义长篇巨作，是茅盾的代表作。作者通过其网络性的艺术结构表现出错综复杂的社会关系和社会矛盾，这网络式的结构艺术是整部小说的成功之处之一，也奠定了中国社会分析型小说的基础。这种特有的结构，很生动地让小说复杂的矛盾条理清晰地展现出来，很彻底深刻地体现出作者对于中国社会内在性本质矛盾的分

析，实现了作者的创作目的，呈现出动人的小说艺术魅力。

《子夜》场景与场景间的联系所构成的结构体系，是宏大、谨严的。全书共十九章，一、二两章交代人物，揭示线索；此后十七章，一环扣紧一环，头绪繁多而又有条不紊，各有描写重点而又共同服从于全书的中心。这部小说贯穿全书的主线是吴荪甫和赵伯韬之间的矛盾和斗争，处处显示革命力量的蓬勃发展。最后结尾处侧面带出工农红军的日益壮大，以此来对照吴荪甫失败的命运，指出了中国真正的出路所在。《子夜》中无数场景的构建，形成了独特的网络状结构：围绕吴荪甫这个焦点，由民族资产阶级和买办资产阶级的矛盾、资产阶级和工人阶级的矛盾、地主阶级和农民阶级的矛盾这三大矛盾，欲华丝厂、吴公馆、交易所这三大主要活动场所形成了一个立体网状的结构，主次线索、明暗线索交互展开，又互相交织，连锁发展，条理清晰，螺旋式地把小说发展推向顶峰。

小说的开端提出了三条线索，但又以一条枢纽性的主线贯穿始终——以民族工业资本家吴荪甫和买办金融资本家赵伯韬之间的矛盾和斗争，以及吴荪甫发展"事业"的活动为轴心发展。环绕这条主线，《子夜》反映了1930年左右革命深入发展、星火燎原的中国社会的面貌，以同吴荪甫发生直接矛盾的几个方面为描写重点，形成了主线发展和几条支线起伏的网状整体结构。几条支线是以工人罢工、农民革命为主，配合主线合理发展，展现其各种矛盾所在。吴荪甫的活动关联着交易所公债买卖的狂潮起落、上海丝织业的盛衰、裕华丝厂的工人罢工、双桥镇的农民革命。他的家庭和他的社交活动又涉及形形色色的人物。因此，小说相应地形成了上述几条贯穿全篇始终的线索。而在每一条主要线索之中，又穿插了一些小线索。譬如，写裕华丝厂的工人罢工斗争，作者不仅写了工人群众的悲惨生活，也写了资本家的反动面目，资本家走狗的虚伪阴险、黄色工会内部的互相倾轧，以及地下党领导人物的路线分歧，等等。由于作者事先在构思上"用过一番心"（并非凭一时的冲动写的），对每个人物的性格发展以及连带关系都做过周密的通盘的考虑，因此，这部长篇巨著尽管情节复杂，事件浩繁，但线索明晰、繁而不乱，环环相扣、有条不紊，显示出作者驾驭与组织材料的非凡能力和很强的理性色彩。

在主次线索的网状交织发展的支配下，茅盾的这一成功的结构艺术创作还体现在小说的另外两条线索上,即该小说的明线与暗线。小说的明线是民族资本家吴荪甫发展民族工业的雄心和悲剧的结局,以统领整部小说的发展,高低起伏,波澜壮阔;小说的暗线则是当时社会中的三大矛盾,暗地里隐藏的是民族资产阶级和买办资产阶级的斗争,工人阶级和资产阶级的斗争,以及没落的地主阶级和农民阶级的斗争,三种矛盾引发的三种斗争相互交织又有主次。在明、暗线的交织发展中,小说的内在主题得到了升华,小说的历史价值也体现在其中。因为关于这一历史时期的中国社会,由于帝国主义和整个中国的矛盾、帝国主义者相互间的矛盾同时在中国境内发展起来,造成了中国各派反动统治者之间的混战。各种矛盾正是在这种结构下才体现出相互依赖的关联性,而不是相互独立存在的,这也符合了茅盾创作的理性风格。

三、理解、涵泳人物形象的意蕴及文学性价值的教学策略

人物形象作为作品情境中艺术表现的中心,是指文本情境中呈现的具体的、具有艺术概括性的、体现作家审美理想的、具有审美价值的形象特征。作品中的人物形象具有形象性、典型性或象征性特征。如何理解、涵泳人物形象的意蕴及文学性?

1. 理解、涵泳典型人物艺术形象特征的整体性和系统性

典型人物形象的特征具有形象的总特征和丰富多彩的局部性、系统性的特点。

真正的典型人物形象,都具有鲜明的总特征,也就是一个人物性格的最基本方面。由于典型人物形象必须具有贯穿其全部人物活动的总的特征,涵泳人物形象的意蕴及文学性价值,就必须理解、概括出人物形象的总特征,领会人物形象总特征的文学意义。比如阅读鲁迅的《阿Q正传》,就必须把握到阿Q的"精神胜利法"这种人物形象总特征;阅读曹雪芹的《红楼梦》,必须把握到林黛玉的多愁善感、薛宝钗的世故圆滑、王熙凤的心狠手辣等等,这些都是典型的总特征。这些总特征使人物成为独特的"这一个",是人类形象中经过艺术提炼、高度概括的某种代表,成为一个鲜活的富有独特魅力的生命

形态。"这一个"要么具有正面的代表性,要么具有人类生存的警醒性。

典型人物形象还必须具有在总特征制约下的丰富多彩的局部特征和系统性特征。比如鲁迅笔下的阿Q形象。有人发现,阿Q的性格中竟有十组矛盾的特点:质朴愚昧但又圆滑无赖;率真任性而又正统卫道;自尊自大而又自轻自贱;争强好胜但又忍辱屈从;狭隘保守但又盲目趋时;排斥异端而又向往革命;憎恶权势而又趋炎时势;蛮横霸道而又懦弱卑怯;敏感禁忌而又麻木健忘;不满现状但又安于现状。这些特点呈现了丰富多彩的性格内涵。然而阿Q并不是一个精神分裂症患者,所有这些矛盾的特点,都是一个被压迫的奴隶带着其"精神奴役的创伤",在不同的生活境遇里的必然性反应。阿Q的每一种性格特征后面都能透射出一道历史的折光,包含着深厚的历史内涵。典型人物形象就是这样,在鲜明的整体特征和丰富的局部特征的系统展示中,成为一个立体的、完整的人物,显示出无穷的个性魅力。

2.理解、涵泳典型形象的生命形态及文学意义

典型形象是在人的生命形式的基础上提炼、创造出来的艺术形象,呈现出具有艺术概括性、集中性、生动性的生命形态,具有一种特殊的艺术魅力。

(1)理解涵泳典型人物五彩缤纷的生命色彩

典型人物形象的艺术魅力首先在于典型人物以人的生命形态所展现的斑斓的生命色彩。文学作品中给人提供的典型人物的精神世界非常丰富,往往令读者叹为观止。例如《红楼梦》中的林黛玉,她的一颗心显得那样晶莹、高洁、美丽可爱,那是聪慧过人、诗意充盈、柔情万种、富于幻想并向往着美好爱情的少女之心,又是敏感多思、痛苦忧伤、缠绵悱恻、向往着自由和舒展个性的诗人之心,还是一颗饱读诗书、超凡脱俗、俊逸高洁、孤独自傲、宁折不弯的富于东方文化特色的士子之心。然而这颗心仍出自肉眼凡胎支配的世俗环境,因此它有了历史的社会的烙印,使她既有贵族少女的孤僻、乖张,又有着世俗女子的软弱和小性子;使她的恋爱史几乎成了不断地拌嘴、误解和流泪的历史;使她的叛逆和反抗多存在于灵魂的深处,并很难冲破封建礼教的规范,因而只能是无济于事的仅以眼泪和生命相拼的反抗。然而林黛玉灵魂的这一面,从艺术上看,无疑又增添了林黛玉性格的悲剧美,表现了性格的多个侧面,以其性格的世俗性与非世俗性的矛盾,拓展了生命的张力,更显得有

血有肉、丰富多彩，从而具有无穷的艺术魅力。

(2)理解、涵泳典型人物的艺术真实性和新颖性

艺术创造提倡对现实关系的真实描写，希望通过卓越的个性刻画，能揭示出更多的真理，体现出历史的必然趋势。像上述阿Q、林黛玉这样的典型，当他们以扑面而来的艺术特征进入读者视野的时候，便能以他们所揭示的现实关系的真相、真理引起读者的强烈共鸣。由于这些典型所揭示的真理、真相十分深刻，不仅与读者尚处于感性状态的生活体验相一致，而且还能帮助读者提高对生活的体验，从而把握社会生活更深层次的本质，弄清了真相，懂得了真理。于是。读者便会为典型的真实性拍案叫绝，形成一种震撼灵魂的审美激动，产生一种刻骨铭心的艺术感染力，使人终生难忘。巴尔扎克说："获得全世界闻名的不朽的成功的秘密在于真实。"①所以，符合历史尺度的真实性，历来是典型塑造的最高追求，也是典型具有艺术魅力的第一位元素。

文学典型的艺术魅力还来自它的新颖性。新颖性就是典型塑造的独创性。在文学典型的画廊里，绝不允许重复。别林斯基认为，"在真正的艺术作品里，一切形象都是新鲜的，具有独创性的，其中没有哪一个形象重复着另一个形象，每一个形象都凭它所特有的生命而生活着"②。文学典型总是古今唯一的，以鲜活的生命形式呈现的十分独特的"这一个"(黑格尔语)，别林斯基又称它为"熟悉的陌生人"。新颖的东西总是富有魅力的。文学典型的新颖性，也符合文学鉴赏的客观要求。鲁迅曾风趣地说："我本来不大喜欢下地狱，因为不但是满眼只有刀山剑树，看得太单调，苦痛也怕很难当。现在可又有些怕上天堂了。四时皆春，一年到头请你看桃花，你想够多么乏味？即使那桃花有车轮般大，也只能在初上去的时候，暂时吃惊，决不会每天做一首'桃之夭夭'的。"鲁迅的话告诫我们不仅重复丑的东西使人生厌，即使美的事物也不能老是重复，老是让人看雷同的东西，也会失去艺术魅力，所以文学典型总是在追求新颖性，以获取新的审美感。前述的阿Q形象是深刻的，反映了那时社会甚至至今还普遍存在的某类人物的共同特性，但阿Q在小说情境中表现出的个体性是独有的，前述他性格中十组矛盾的特征也是独有的，

---

① 王秋荣.巴尔扎克论文学[M].北京:中国社会科学出版社,1986:143.
② 朱光潜.西方美学史(下卷).北京:商务印书馆,2017:597.

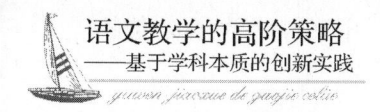

所以这个形象既具有艺术真实性,也具有其新颖性。

文学长廊中的无数典型形象都是如此。理解和涵泳典型人物的艺术真实性和新颖性,是感受情景活动中人物形象的文学性的重要方面。

3. 理解、体悟典型人物具有代表性的价值观特征

典型人物性格的魅力一方面来自作家塑造的灵魂深度,另一方面也是典型人物之所以称为文学典型、反映人类普遍性的共同认知的必备品格取向。这共同认知的价值特征取向,一方面是指典型人物特征是人们所希望具有的特征。比如,林黛玉以她热烈执着的情感表达的对爱情自由的憧憬,是震撼人心的,这种价值取向是人类自身解放愿望的体现。林黛玉不是崔莺莺那样的"爱情鸟",她有的是不把贵族阶级的富贵尊荣、仕途经济放在眼里的富于叛逆的性格。她之所以对贾宝玉一往情深,就是因为宝玉乃是她志同道合的知己。于是这对贵族青年的爱情故事,便具有了追求个人自由幸福的民主化色彩;他们的反叛,也具有了使封建阶级后继无人的意义。而这两者,都符合历史的发展方向,符合人民群众的愿望。此外,林黛玉这样美丽的灵魂、这样美好的爱情却被封建社会和封建家族给绞杀了,这反映了这样的社会和家族的反人性、反人道的性质。这不仅可以激起人们的愤慨,而且可以增强人们对封建社会反动本质的认识。作家就是这样通过对林黛玉的情感和灵魂的细致刻画,显示了一种历史的深度、批判的深度和审美认识的深度。文学典型正是具有了这种灵魂的深度,才使它更为闪光夺目。正是上述性格的丰富性和灵魂的深度,才使典型这种和人类自身一样的生命形式更具有艺术魅力。另一方面,那些不美好的典型人物形象,反映了人们对这种人从价值观上的厌弃和读者阅读后应该产生的自我警醒。比如孔乙己的酸腐、阿Q的精神胜利法等等。

4. 理解、体悟典型人物形象的象征性

文学作品中的典型人物形象,并不只是单一的、完全写实的,有的还具有象征性。典型人物形象的象征性大多体现在现代主义作品之中。现代主义作品往往用象征性的形象揭示现代社会人的生存困境,体现出对现代人命运与人性异化的思考。理解这类作品,既要理解文本形象的表层特征,还需深

入体会文本形象是否具有艺术的象征价值及象征意义。比如奥地利作家弗兰兹·卡夫卡创作的中篇小说《变形记》属于象征派作品,甲虫形象具有象征性文学价值。小说中的甲虫象征被现代社会挤压,丧失了自由、独立的意志,无法自我支配的、工具一样的现代人。甲虫的命运暗示现代社会人的压抑、孤独、冷漠与被抛弃,揭示出现代社会人性的异化以及这种异化后被抛弃的悲惨命运,显示出对现代社会人的生存状态的深沉思考。

四、情感审美体验:文学教育深层耕耘的教学策略

教材里的文学作品大多是经典作品,这里蕴含的文学教育因素非常丰富。刘勰在《文心雕龙·知音》中说:"夫缀文者情动而辞发,观文者披文以入情,沿波讨源,虽幽必显。"因为情感,文学作品得以产生。同时,情感作为作品存在的特质和灵魂,深藏在作品和文学教育的里层。可是,在日常教学中,对于古今中外文学作品的文学教育较为肤浅,其中情感的审美体验显得尤为缺乏。

学生阅读体验肤浅,审美能力、理性自觉、感受力差,感情贫乏,缺少爱心、责任感以及对社会人生的正常感悟和积极关注,生活单调、浮浅,生命力贫弱,写作缺少激情、厚度与力度,文学教育中情感的深层审美体验缺失是重要原因之一。

如何激起情感的审美体验?这里侧重从心理美学的角度,结合中学语文教学实际,予以分析和拓展性探究,以求从另一角度深度再现作品情感的审美体验价值。

文学教育中的情感体验不仅指向文中人物和作者情感的一般的显性体验,还应指向作品蕴含的深层情感,如崇高感、缺失性体验、愧疚感、皈依感、孤独感及其他丰富性、神秘性体验等这一些情感以及情感体现过程的审美。

这些情感以及体现过程的审美体验,不仅能帮助学生深入体会作品人物、事件、情境、态度等内容所蕴含的丰富复杂的情感以及情感逻辑,加深学生对作品以及作者情感的审美体验,让情感受到深厚的熏陶,还可以激活他们的情感审美体验,产生相似性情感以及相关事件的过程性联想,产生情感审美的迁移性体验。通过这样的作品情感审美教育过程,能有效培养学生的

审美能力、深厚的情感内涵，独立、自由、诗意的性情，增强情感的文学性，提升情感及人格境界。可是，在一般文学作品的教学中，对作品所承载的深层的情感审美特质的体验却很少、很浅，甚至没有。

(一)体验和触发缺失性情感审美体验

缺失性体验是指感受主体对精神和物质、生理和心理等的各种感受缺失的体验。①

文学作品的很多内容是作者和作品人物心理缺失的反映。作者的心理缺失是作者创作作品的源泉之一，是产生作品荡及人心内容的重要因素。

学生的经历虽然较为简单，但在学习和成长过程中，学生会产生各种各样的心理缺失。这些缺失是学生成长的宝贵内涵，也是人格生长的必然经历和写作的宝贵素材。

缺失性情感体验不管是对于作者还是学生，它都包括由双向情感（一般情感及社会情感）缺失、认知力和行为缺失、意志和生命力缺失、自身价值缺失、愿景缺失等等丰富复杂的缺失导致的情感缺失体验。

在教学中，对缺失性情感体验的重视，既包括挖掘和体验作品本身含有的丰富复杂的情感缺失以及再现的逻辑过程，让学生与作者、文中人物产生情感缺失共鸣，也包括在学生阅读作品时激发已有的相关缺失性体验、相关事件的过程性联想与体验，从而帮助学生正确体悟作者的缺失性情感体验，增加学生缺失性体验的合理性、健康程度与厚度，增强思维与写作的文学性，对学生认知、情感的发展以及心灵世界、写作内容的丰富产生重要作用。

在日常文学作品教学中，如何从不同角度激发学生的缺失性情感体验并予以强化、提升和开发？

1.体验和触发双向情感缺失产生的缺失性情感体验

爱恨情仇是一个人的基本情感，也是感情的常见形态。它既包括个人喜怒哀乐等一般的属于自然人性的情感，也包括由道义等价值评判产生的社会性情感。双向情感的缺失是文学作品的重要内容。阅读这些作品，真切感受

---

① 童庆炳.现代心理美学[M].北京：中国社会科学出版社，1999：103.

缺失性情感以及再现过程，触发学生相似的缺失性情感体悟，并对其相关事件进行过程性联想与体验，是体验和触发缺失性情感体验的重要途径。

比如，通过阅读《雨巷》体验作者在文中体现的情感失落以及过程，触发学生的爱恋或某种失落感；通过阅读《再别康桥》体验作者对康桥的爱恋与不舍以及情感表达过程，触发学生对自己喜欢的风景或生活场所的爱恋；通过阅读《大堰河——我的保姆》体验作者对大堰河养育之恩的深情倾诉，触发学生对哺育之恩的深切感悟；通过阅读《杜十娘怒沉百宝箱》体验作者对忘恩负义之人的痛恨以及情感表达过程，让学生产生对人的基本道义缺失的痛恨；通过阅读《在马克思墓前的讲话》，体验恩格斯对马克思逝去的哀悼以及哀悼过程，触发学生对身边重要人物离去的哀痛之情；等等。

爱的失落、离别之情、思念之情、感恩之情、悼念之情、道义的失落等等，这些情感缺失，人皆有之。通过阅读这些作品，激活学生对这些缺失性体验的积累，并展开联想，对相关缺失事件进行过程性联想体悟，就能强化、提升和开发利用这些缺失性体验。

2. 体验和触发认知力和行为缺失产生的缺失性情感体验

认知力和行为的欠缺会产生很多的情感缺失。在教学过程中，教师应该帮助学生体验这种缺失的情感，激发学生对同类缺失及产生这种缺失的迁移性拓展的体验。比如，阅读《鸿门宴》，就应让学生体验英雄项羽由于认知力和行为的缺失导致错失时机的感伤，对这个缺失再现过程进行体悟，并触发学生对自己以及他人由于认知力和行为的缺失带来损失的事件和过程展开拓展性情感体验；阅读鲁迅的《拿来主义》，体悟作者对错误认识与行为的理性认识和情感表达过程，体验作者对荒唐行为的嘲笑和正确方式的理智态度，激发学生对愚昧的鄙弃，呼吁采用一种正确的态度和方法，触发学生对某种不良社会文化现象及其产生原因的探究和情感态度。

3. 体验和触发意志和生命力缺失产生的缺失性情感体验

比如阅读《我与地坛》，帮助学生深深体悟残疾给作者带来的无尽痛苦、在他未成才之时母亲早逝带来的伤感，以及对生命无奈的深沉感悟，深深体悟生命力和意志的缺失给史铁生带来的孤苦与绝望。这种缺失性情感体验，是一种宝贵的生命感悟,这种感悟铸就了这篇感慨生命的美文,这独特的经历与情感状态成就了独特的史铁生。在体悟了这种体验后,引导学生展开同类联想,触发其体验因意志缺乏、生命力不足所带来的缺失与伤感,并体悟事件过程。

4.体验和触发自身价值缺失产生的缺失性情感体验

比如,通过阅读《水龙吟·登建赏心亭》,体验作者"栏杆拍遍,无人会,登临意"这种人生存在与价值失落产生的缺失性情感体验以及这种情感的表达过程,并触发自己不得重视或某种存在价值失落带来的缺失情感积累,展开相似联想体验。

5.体验和触发愿景缺失产生的缺失性情感体验

人人都会有因愿景短暂或长久失落而产生的缺失性情感体验,这也是古代诗歌以及现当代散文中的常见内容。比如,通过阅读《短歌行》,深层体验作者因人才缺失、事业难以蓬勃发展带来的伤感,并展开他人相似情感缺失联想,以及由于人际资源不够、自身发展艰难的相似联想拓展体悟。

作品所体现的缺失性体验有很多种类,这里不一一述及。

(二)体验和触发崇高感情感审美体验

崇高感体验是指由自然或社会的某种外在刺激所唤醒的压抑在内心的带有痛楚和振奋成分的激情体验,同时伴有强烈的献身冲动。它大都是创作者遭受心理挫折时的异常体验,是一种内心深处发出的由衷的、诚挚的、高尚的、对立而又充满力量的高峰体验。它以外在的压抑产生的痛感为基础,以自身或人类尊严与勇气的振作为目的,彰显了道德、伦理、人的实践理性的力量。这种体验是作者具有较高人格境界和作品文学性的重要体现,是一种浑厚生命力的反映。

很明显,如果在文学教育的审美体验过程中让学生体验到由对于自身、人类、社会的悲而产生振作,并产生相似崇高感的审美迁移体验,激起学生敢为某种高尚宏伟的追求而献身的激情,那么长时间进行这样的情感体验,学生的人格就会崇高,生命力就会旺盛,文学生命力的素养和不竭的创造动力就会产生,就会在文章中表现出很高的境界和令人感叹的顿悟、责任感与人生力量,文章的内容一定会丰厚而沉重,雄浑而激昂。

在中学教材里,这样的篇目是很多的,如何借助这些作品让学生体验和触发崇高感情感体验呢?

1.体验和触发由对自然的宏伟、壮美、永恒感悟到人生的短暂或自身的渺小、失意或悲剧性命运,感到事业紧迫,进而振作的崇高感情感审美体验

在《滕王阁序》中,作者由"披绣闼,俯雕甍,山原旷其盈视,川泽纡其骇瞩"所见的傍晚壮美景观,以及"天高地迥,觉宇宙之无穷"的自然的辽远,从而产生"兴尽悲来,识盈虚之有数"的人生短暂的感伤,"谁悲失路之人""怀帝阍而不见,奉宣室以何年"的人生失意,以及"时运不齐,命途多舛。冯唐易老,李广难封"的具有历史纵深厚度的同类联想与感慨,产生自己"老当益壮,宁移白首之心?穷且益坚,不坠青云之志。酌贪泉而觉爽,处涸辙以犹欢"的坚定志向和报国决心,这是作者崇高感审美体验的体现。顺着作者跌宕浩瀚的心理路径,反复体验这种崇高情怀,并对作者以及其他人物的相似心理与事件展开联想与体验,学生的崇高感体验就会得到强化,崇高感就会得到培育。

2.体验和触发由自然物的短暂联想到人生命的短暂,进而振作的崇高感情感审美体验

比如,学习曹操的《龟虽寿》,就应注意体悟作者由神龟、腾蛇终有竟时、终为土灰的认识,激起自己"老骥伏枥,志在千里。烈士暮年,壮心不已"的英雄情感。这超脱、豪迈的崇高之情、英雄之心,古往今来激起了无数英雄志士的强烈感慨和共鸣,激起了他们顽强的斗志。

3.体验和触发由自然对人生的压抑、折腾产生征服自然的勇气的崇高感情感审美体验

比如阅读《老人与海》这篇小说,读者都会被深深感动。在学习中,就应对文中自然的险恶给人的激发,并引发的一次次振奋与拼搏,对情节再现过程进行反复体味,在这个体味的过程中深切感受和体验人的伟大与成功,从而激发学生的崇高感,在此基础上,再展开相似联想,并体验崇高情感的体现

过程。

4.体验和触发由社会黑暗、对人的压迫产生的对正义的坚守与无畏追求的崇高感情感审美体验

在鲁迅的《记念刘和珍君》中,由于帝国主义、封建军阀及御用文人的凶残卑劣,年仅22岁的刘和珍在"三一八"惨案中牺牲了。面对渴求真理与进步,有远见卓识、温和善良而又具有爱国热忱、富于斗争精神的青年学生以及其他革命青年惨遭屠杀,作者没有退缩,反而激起了对屠杀者的刻骨痛恨,对反动派和流言家的愤恨控诉,对苟活者、"无恶意的闲人"这类庸人的痛心,以及对死者的沉痛悼念。作者说:"苟活者在淡红的血色中,会依稀看见微茫的希望;真的猛士,将更奋然而前行。"作者面对邪恶对正义的摧残产生的崇高情感深深感染着读者。如果顺着文章悲愤的感情逻辑,尤其是崇高感的体现过程反复进行审美体验,学生的正义感、人生勇气就会得到培育,崇高感就会产生。

5.体验和触发对自身挫折产生精神上振作的崇高感情感审美体验

辛弃疾不仅是著名词人,还是一名爱国武将。在《破阵子·为陈同甫赋壮词以寄之》里,辛弃疾因不能驰骋疆场而"醉里挑灯看剑",可是自身的挫折并没有消除他抗金卫国的意志和决心,一次次产生那样强烈的为国效力的勇气,崇高感让他梦回连营、沙场点兵,即使"可怜白发生",也磨灭不了他对功业的追求。这崇高的报国之心影响了后代无数的文人、英雄。

崇高感情感审美体验还有一些种类。阅读这些作品,对崇高感及其情感再现逻辑进行审美体验,并触发自己对他人相似事件进行过程性联想与体验,崇高感情感审美体验就能强化、升华。

(三)激起愧疚感情感审美体验

个体因自己的某种行为违反内心的道德准则而引起了愧悔、内疚、自责的心理反应,即为愧疚体验。如巴金在"文革"时,为了保全自己,让自己轻松,把心爱的小狗送给医院解剖。后来他在《小狗包弟》一文中沉重地写出了自己的愧疚之情。在教学过程中,对愧疚感以及愧疚的再现过程应该进行反复的情感审美体味,并激活学生的体验积累,激起他们对自己过失的忏悔。这样的情感审美过程,是对作品本身人性的挖掘和审美,是对阅读者正常人性和人格的培育,对学生写作素材、写作激情、审美创造将产生重要影响。

情感审美体验还有一些种类,因为学生的阅历、成长中对于前途勇敢无畏的追求以及精神境界的特殊性,不是学生体验的主体内容,这里不做分析阐述,不予强调。

文学教育中对缺失感、崇高感、愧疚感等情感及情感体现过程进行深层审美体验,并激起相似性情感及相关事件的过程性联想与情感审美的迁移性体验,是增强学生审美能力,培养独立、自由、诗意的性情和深厚、有力的情感内涵,提高写作素养,实现深层文学教育的有效途径。

第三节 基于文本整体性的文本阅读教学

笔者已经在第一章第一节详细列举了散乱的阅读课堂教学如何让语文的篇章教学失去主体功能,让阅读教学尽失生机等问题,那么这些问题应该怎么解决?

一、整体性提问,让阅读教学的引导不再散乱

整体性提问是解决这类问题的一种方法。

什么是整体性提问?即从作品内容整体理解的角度,去设置理解文本的具有系统性的主要问题。如果是几个主要问题,主要问题间应具有一定的逻辑性,并且对问题引发的对文本内容的理解顺序与文本的内容逻辑有一致性。它是一个符合文章内容本身的学习规律的问题系统。通过这样的主要问题来引发学生对课文内容更集中、更系统、更深入的阅读思考和讨论研究,从而强化学生对文章内容的整体理解,以及文本语言、文本内容对学生的整体影响,也能培养学生思维的结构性以及思维能力。可见,要设置好整体性提问应遵循以下原则:1.引一发而动全文;2.问题要有利于学生形成系统的思考;3.力求问题引发的课堂内容学习的逻辑与文章逻辑谐和、一致;4.问

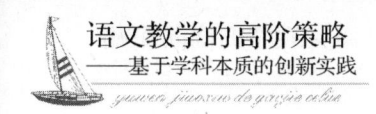

题引发的课堂内容学习的逻辑符合学生学习心理,有利于学生的智力发展及思维结构的形成;5.渐进性,即问题之间具有逐步深入的特点。

(一)一个主要问题式

这种设计既可以从内容或形式的角度进行,也可以从内容与形式结合的角度进行。总之,要通过一个主要问题来引领学生对全文或主要内容的系统理解。从内容的角度,既可以是针对文本全部,也可以是针对文本中的主要内容。比如在对曹操的《短歌行》进行教学时,可从整体内容特点的角度设计这样一个主要问题:文章慷慨悲凉、深沉雄劲的艺术魅力是怎样体现的?要理解好这个问题,学生必须首先对每节内容逐一进行基本意义理解,寻求回答主要问题的因素,然后把全文的相关因素整合起来。这是从全文的角度设计主要问题。

也可以对文本的主要内容进行设计。比如设计人教版《荆轲刺秦王》里准备行刺秦王这一部分的教学,如果按常规,就内容顺序对包括商议计谋、求取信物、准备匕首、配备副手、怒叱太子五个场面采用分层次的办法去把握主要内容,再抓每个场面的故事情节和细节,这样去理解内容和人物,就会显得有些琐碎,因而应选择抓住人物冲突的核心,从这个角度去把握情节和人物特点。如设问:在这些情节中,荆轲与太子丹的分歧表现了荆轲的什么特点?要理解这个问题,学生必须找到荆轲与太子丹的三次分歧,再从中理解荆轲镇定、智勇双全、果敢勇决、义气冲天的性格特征。

还可以从主要内容的分歧点、动情点、深入点、衔接句、总领句以及主要能力点等入手,去设置主要问题,这里不一一例述。

从形式的角度,可以是从表达方式、表现手法、结构特征、语言表达特点等角度入手。比如学习《永遇乐·京口北固亭怀古》,侧重从表现手法的角度设计这样一个问题:借古讽今的手法是怎样体现的,有什么作用?或从内容与形式结合的角度设问:借古讽今的手法对表现主题有什么作用?这些主要问题看似简单,但学生要理解好这些问题,必须对主要问题及文本进行系统思考,从而引发一些下层次的问题的系统思考。如前例,学生必须知道哪些地方借古讽今,古与今各是什么?诗歌内容里前后的借古讽今如何联系在一起,来表达诗歌的主题?这样的学习有利于学生整体把握文本内容,促使学生在文章逻辑中去寻求对内容的理解,接受文本真实、有力的影响,培养学生的阅读理解能力以及思维结构。

(二)几个具有系统性、逻辑性的主要问题式

这种方式需注意主要问题的主次和渐进性排列。问题的系统性、逻辑性不仅体现在主次之间的合理逻辑上,还体现在主要问题之间的逻辑性上。但不管怎样排列,都应该力求学习逻辑与文章逻辑的谐和,注重理解的逻辑性。

比如设计杜甫《兵车行》的主要问题:叙事总纲是哪句?怎么理解到的?诗歌是怎样围绕"点行频"来展开叙写的?这样写的好处是什么?抓住叙事总纲,围绕这个纲领性句子进行渐进性的主要问题设计,可以使诗歌的主要内容在学生的理解中前后勾连成为一个整体。

龙应台的《雨儿》写的是关心患阿尔茨海默症的母亲的故事,这个故事在看似平和的语言中饱含着深沉的痛楚,催人泪下。文章的题目实际上是"女儿",文章以女儿为主要视角,写了女儿对母亲的主动关爱。在作者的主动关爱中,也有母亲对女儿的牵挂、期盼;在作者的关爱中,母亲的病态似有变化,但母亲还是病态的。文中关于母亲的一些言行让读者很难理解。2012年7月在山东举行的一次全国性赛课中,一等奖获得者李爱英老师对《雨儿》进行教学时将问题设计得很精彩。考虑到学生理解的难点以及作者的主题,她的几个主要问题设计既注意了全文内容,突出重难点,又让学生对问题的理解顺乎了文章逻辑:1.女儿是如何爱母亲的,母亲又是如何爱女儿的?2.女儿对母亲的爱产生了什么作用?3.这是一位怎样的母亲?4.主题是什么?第二个问题抓住了众多难以理解的句子的核心,并且这个问题总领了这些难点,让学生对这些难点的前后理解联系成一个整体,引出对母亲特征的把握,进而引出作者关注特殊老年群体以及深挚的母女之爱的人性之美这一主题。李老师的设计很是巧妙和系统,它很考验教师的专业修养和教学设计能力。

提问的散乱导致内容理解的割裂是阅读教学中的主要问题之一,也是教师难以克服的毛病。要解决好这个问题,必须注重文本的整体性研读和文本理解的逻辑性,从文本内容的整体出发,注意重难点问题,从中去寻求一个或

几个问题系统,让学生对文本内容的学习具有整体性,并且力求学习逻辑与文章逻辑一致,让学生对文本的理解本真而系统。这样的教学是高效阅读教学的重要因素,这样的教学文本本身的影响力会更好地发挥。

二、扣住文本阅读肯綮点的深入引联品读

这是从文本内容局部联系的角度进行文本整体性阅读的教学策略和学习策略。每一类文体都有它自身的特点,有的相似文体有相同处,比如记叙文、小说、传记、通信等都有以写人叙事为主的问题。这里以写人叙事文阅读为例,探究如何从局部联系入手,让写人叙事文阅读走向深入。

阅读写人叙事类文本难以找到便捷的深入研读角度,让写人叙事文阅读走向深入,是教师教学准备以及学生自我阅读过程中遇到的常见问题。从文章内容构成要素以及读者评价的角度探寻出的三种深入阅读技巧,是深入理解、探究文本内涵及价值的重要方法。

(一)从矛盾对立处探究

写人叙事的文章,时常会写到人与人、现象与现象的对立与冲突。这是写人叙事文的一个内容特征。抓住这些对立与冲突,就能深入理解、探究文本的人物特征以及内容的深厚含义。

1.从情节的矛盾对立处探究人物特征

人物特征在冲突中会表现得很充分,因此写人叙事文在铺陈内容时总是很注重展示这些冲突的过程。要深入把握人物特征就应抓住这些冲突仔细体味探究。

比如,学习《荆轲刺秦王》第一部分,要理解和探究出荆轲刺秦王在准备阶段所体现的人物特征,抓住荆轲与太子丹的三次分歧,就比较容易。

第一次分歧:太子丹催促荆轲实施刺秦王的计划。当时,秦军破赵,势如破竹,大军压境,燕国危在旦夕。太子丹认为"秦兵旦暮渡易水","日已尽矣"。燕太子为了刺杀秦王,寻找刺客,燕国处士田光推荐了荆轲。荆轲接受了任务,太子丹马上封荆轲为上卿,精心侍奉,可荆轲迟迟未动身,因而催促

荆轲实施行刺秦王的计划,以此抵抗秦军的大举进攻,同时也报"见陵"之仇;可荆轲未行。联系前后文,可以理解到荆轲认为是时机不成熟。

第二次分歧:荆轲要樊於期的头。在如何见秦王这个关键问题上,荆轲提出用樊将军的头与督亢地图为信物骗取秦王信任,可是太子"不忍"杀樊将军。后来,荆轲私见樊於期,并三问樊於期,樊於期慷慨献身。从荆轲提出行动计划可以看出,荆轲具有超人的胆识,很有智谋;从荆轲要到樊於期的头,还可看出荆轲胆大心细,善抓时机,善于做说服工作。

第三次分歧:准备停当,荆轲不动身又引起太子不满。荆轲"有所待",说明荆轲镇定和胸有成竹。遭到太子猜疑,对侠义之士来说,无异于人格侮辱,荆轲忍无可忍,怒叱太子,马上决定起身往秦,这显示了他刚烈、义气冲天的性格。

通过抓住荆轲与太子丹的三次分歧并进行深入分析,探究出了荆轲镇定、智勇双全、果敢、义气冲天的性格特征。

2.从内容的矛盾对立处探究内容蕴藏的深厚含义

写人叙事类文章中大多有矛盾对立的内容。它既可能是文章的主体构成内容,也可能是文中内容的某一个很重要的点。抓住这些内容的矛盾对立处深入探究文本,是获得文本深厚含蕴的一条捷径。比如,《奥斯维辛没有什么新闻》一文,从整体和局部看,都有一些很明显的矛盾对立处。

(1)题目含义和文体对立

文章题目显示"没有什么新闻",可文体又为什么是新闻,文章还获得了新闻最高奖?抓住这个对立点,结合新闻的特征去深入探究,就可能思考出作者这样写作的深厚含义:①"没有什么新闻",其实是说这里发生的臭名昭著的纳粹法西斯行径,世人早已知道,没有什么新的内容;②虽然这里没有什么新闻,但是"我"还是要继续揭露纳粹法西斯的罪行,描写亲眼所见的各种残暴遗迹,写出当下亲眼所见的来参观的人们的沉重心情和参观时的特殊氛围,让世人重温那段残酷的历史,让世人感悟人们至今还痛切的心理。作者别出新意,借现实描写来描述历史、描述今人心态,反映今人"以史为鉴,反对战争,珍惜和平"这个大主题。这篇文章不仅是一篇新闻,还是一篇杰出的新闻,获得新闻界大奖也是情理中的事。

（2）乐景与悲情的对立

奥斯维辛集中营是法西斯残暴地屠杀各国人民的地方，惨无人道。面对这种特殊的情景，善良的人们自然应该怀着悲愤的心情。可是，在文章的开头和结尾，作者却都描写了美景和孩童欢乐的情景。这些乐景描写与悲情协调吗？

这个对立点是探究作者写作深意的切入点。仔细思考、探究作者在篇首和末尾对景物和孩童活动的描写，虽然都有乐境，但是感情态度是不一样的。篇首，作者含着责怨的心情，写了布热津卡太阳和煦、树木繁茂、儿童嬉戏的祥和景象，作者觉得这种祥和之景出现在最令人毛骨悚然的地方，是"一场噩梦"。这是以乐写悲，以乐衬悲。篇末描写走过灾难后的屠场的当今景观，是标志法西斯的彻底失败和人民的胜利，乐境衬悲，乐境含喜。

（3）人物神情的对立

在文章倒数第四段写狱中人的木然之后，为什么又特意写狱中一个姑娘的微笑？这是很明显的对立内容。抓住这个对立点，可以让读者对被屠杀人群有着更全面、深厚的认识。在恐怖的环境里，是这个姑娘感受不到死亡的来临吗？不是。作者抓住这个对立点，特意突出姑娘的特有情态，是要向读者展示人们的不屈、藐视、无畏以及对未来的向往。抓住这个矛盾对立点，就获得了对文本内容细腻、深入的探究。

（二）从情感变化角度去探究

从作者或文中人物情感变化的角度去探究全文的情感主线、作者的核心态度以及作品主体情感产生的原因，是深入探究文本内涵的另一把钥匙。比如，学习《小狗包弟》，文中作家的情感是怎样变化的？悲伤（艺术家与狗的故事）→欢快（与包弟亲密接触）→忧虑（不知如何安排包弟）→轻松（送走了包弟）→沉重（送走之后心不得安）→歉意（至今心不得安）。抓住这个情感变化的顺序进行分析，就可以看出作者的感情主线是愧疚，这也是作者在文中体现出来的核心态度，并且还会发现作者的感情态度前后有对比。抓住对比所反映出的思想感情上的变化，可以深究出这种感情对比产生的实质，也是文章主体情感产生的原因——"文革"对知识分子的迫害和扭曲。

再比如,阅读《兰亭集序》,文章第一段在清丽的境界中,着重写"乐",展现乐情;第二段由乐转入沉思,引出"痛";第三段在古今参悟中引出"悲"。作者的感情路径是"乐"→"痛"→"悲"。抓住这个感情变化过程,就可以深入探究出:"悲"是内容和情感的主线,是内容和情感的核心。在此基础上,进一步追问:这种主体情感产生的原因是什么?仔细研读、思考全文情感变化的内核,通篇着眼于"死生"二字,从而深入探究出作者强烈的生命意识的觉醒、对人类基本情感和生命基本命题的深度关注是产生主体感情的原因。可见,抓住感情变化过程,就可以深入探究出作者的情感主线、核心态度以及作品主体情感产生的原因,从而获得对文本的深入认识。

(三)从争议处去探究

从争议处去辨析、探究事件及人物命运的产生原因,对人物的评价,是深入探究文本内容的另一种重要方法。

1. 从争议处探究事件及人物命运的产生原因

事件及人物命运的产生原因,是理解写人叙事类文章的一个难点。从不同读者不同视角的分析评价中去探究事件及人物命运的产生原因,是一种深入理解文章的方法。

比如,学习《荆轲刺秦王》,对荆轲刺秦王失败的原因,历来有不同的看法。教材篇目中荆轲说:"事所以不成者,乃欲以生劫之,必得约契以报太子也。"荆轲的说法是真实的吗?《史记·刺客列传》记载了这样一件事:当时和荆轲有过交情的著名剑客鲁句践听闻荆轲刺秦王事,曰:"嗟乎,惜哉其不讲于刺剑之术也!"陶渊明《咏荆轲》:"惜哉剑术疏,奇功遂不成。"从这些见解里可以看出,荆轲刺秦王失败似乎与"剑术"不精有关,否则,咫尺之内,可能也不至于让那把见血封喉的匕首飞向了铜柱。如果前面的看法成立,荆轲之说不过是一种托词。

另一种看法是:在"图穷而匕首见"之时,荆轲"左手把秦王之袖,而右手持匕首揕之",以荆轲之沉着冷静,是完全可以突然下手结果秦王性命的,何况教材中说荆轲手持的是一把"血濡缕,人无不立死"的锋利匕首。荆轲没有及时下手,与太子丹制订的抗秦策略有关。《史记·刺客列传》记载:"诚得劫

秦王,使悉反诸侯之侵地,若曹沫之与齐桓公,则大善矣;则不可,因而刺杀之。"荆轲行动之时,优先考虑的是"劫秦王"这一上策,所以错失良机,荆轲其人本是一诺千金之人。

通过对上面不同见解的比较分析,会发现鲁句践、陶渊明是评价性分析,缺少历史事实;后文的分析,有历史事实为证,并且符合情理逻辑。综上所述,"生劫之"之说可信。

2. 从争议处探究人物评价

对作品人物有不同评价,这是作品解读中的常见现象。对争议处的辨析和再思考,是对作品人物价值进行深入探究的具体体现。比如,学习《荆轲刺秦王》这篇课文,如何评价荆轲这个人物?古往今来有很多不同看法。

史学家司马光在《资治通鉴》卷七中写道:"荆轲怀其豢养之私,不顾七族,欲以尺八匕首强燕而弱秦,不亦愚乎!故扬子论之,以要离为蛛蟊之靡,聂政为壮士之靡,荆轲为刺客之靡,皆不可谓之义。"文学家苏洵在《嘉祐集·六国论》中说:"至丹以荆卿为计,始速祸焉。"

但肯定荆轲的人更多,第一个是司马迁,《史记·刺客列传》说:"其立意较然,不欺其志,名垂后世,岂妄也哉!"刘伯承将军挽叶挺诗"勒马黄河悲壮士,挥戈易水哭将军",也含褒奖荆轲之意。应该怎样认识荆轲刺秦王这一行为呢?

荆轲虽不懂得以一人之力难以挽狂澜于既倒的道理,也不懂得秦帝国的统一是历史发展的必然趋势,他的认识有很大的局限,最后以悲剧告终,有它的必然性。但是不管怎样去分析评价,荆轲刺秦王是反抗强暴的正义行动,在国家多事之秋不畏强暴,不怕牺牲,不避艰险,挺身而出的精神和气概是值得称道的。

从写人叙事类文本的矛盾对立体现、情感变化等作品内容的几个构成因素,以及不同人对文中重要方面的不同评价的角度,去探究作品内涵,就可以获得对写人叙事文本的深入认识。

三、文本整体性阅读教学的成功案例及分析

在前文整体、局部理解的基础上,结合本章第一节"二、语言工具性教学

中以语言自身功能为本的语言阅读教学本真途径"的语言体悟方式,文本整体性阅读教学法已经比较完整。

以下是文本整体性阅读教学的成功案例及分析。

《我心归去》课堂实录

(该授课获得2015年四川省高中语文赛课特等奖)

执教者:成都树德中学 袁文

教学设计:

【教学目标】

1. 理解文章思路,揣摩文章语言的形象性和哲思性。

2. 引导学生探究"故乡"的文化内涵,体会文字中灌注的作者主体的思想、感情。

【教学重难点】

理解文章故园之思的文化内涵,体会作者刻骨铭心的故园之思。

【教学方法】

朗读法、自主学习法、讨论交流法、教师点拨法。

学习步骤:

一、导入

师:(上课、起立)每一个人的心里,都有一方魂牵梦萦的土地,无论是辽阔的空间,抑或是悠邈的时间,都不会使这种感情褪色,今天我们一起来走进湖南籍作家韩少功的一篇散文,它的标题叫作——《我心归去》(生齐读)。

我们来看看《说文解字》中对心的解释:

(屏显文字图画、齐读)

心,人心,土藏,在身之中。——东汉·许慎《说文解字》

二、初步感知:从何处归

1. 师:此时韩少功身在何处?从何处归?

生齐:法国。

2. 师:很好。文章中从第一段到哪一段在写法国的生活?

生齐:1~4段。

3. 师:文章开头作者说在法国有一个为时一个月的"家","我"的生活状

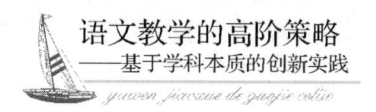

况如何？（屏显）大家来找一找。

（师板书：家）

生1：我拥有很多，拥有两层楼的六间房子、四张床、三个厕所，房子的优美景色……

师：你刚才通过品读数量词了解了"家"的状况。（板书："家"雅静、繁华、静谧［物质的优裕］）

生2：还可以从精神方面来说，第2段第一句，"任何外来者都会突然陷入难耐的冷清"，反射出当时人情的冷漠，反射出"我"在法国感受到内心的孤寂、空虚、冷清。

（师总结并板书：冷清孤独、空虚［内心的孤独］）

生3："我"一个人漂泊在异乡的落寞。

师：你从哪里读到了落寞？

生3：第3段——"你对吊灯作第六或六十次研究，这时候你就可以知道，你差不多开始发疯了。移民的日子是能让人发疯的。"

师：好，宋代有个人叫林景熙，他在无聊时曾"闲坐数流萤"，韩少功则在数吊灯，并研究了六次或六十次，这是怎样的一种状态呢？你再来感受下。

生3：就是一种很闲适的状态。

师：还有没有同学想来交流下？

生4：我从第2段"把你囚禁在一座法语的监狱无处逃遁"中"监狱"这个词看出他在法国的日子非常难熬。第2段最后一句"只有虚空"，我把握住"虚空"一词，可以看出他在法国的日子是很茫然的。

师：你通过"虚空"这个词，抓住比喻，把这样的生活比作"监狱"，请你读一读这个句子。

生4读："电视广播以及行人的谈话全是法语法语法语，把你囚禁在一座法语的监狱无处逃遁。"

师：这句连用3个法语，能不能删除2个？

生4：不能，连用3个法语，表达一种强调。

师：强调，3个强调这是一种反复（师板书：反复），用这种反复传达出？

生4：传达出作者在法国日子的难熬、孤寂。

师:很好,请坐。还有没有同学谈谈对这个句子的品析?

生5:从这个句子中可以体会出作者的空虚。在第2段最后一句"不会有任何光影,只有虚空",可见当时在法国的生活十分的空虚、冷清。

师:前面提到了物质的优裕,和这里的虚空冷清形成了鲜明的对比。(师板书:对比)

师:我想对这个句子进行改动,在3个"法语"中加上逗号,可以吗?

生1:可以。3个法语语气增强,感情增强,但不加逗号感情更强烈,能表达出一种环境冷清对心中的束缚。(师板书:束缚)

师:很好,你点评出了一种"束缚",请带着这种束缚再读一遍这个句子。

(生读,掌声)

师:你的朗读非常好,传达出了韩少功的心声,请坐。

师:初中有篇课文《最后一课》,其中说到,韩麦尔先生认为法语是世界上最美的语言。那为什么面对这么美的语言,韩少功却认为这是一种束缚,倍感冷清呢?

生1:因为法语不是他的母语,母语是最可爱的。

三、归向何处

师:母语是人类的心灵家园,古诗中说过"停船暂借问,或恐是同乡""少小离家老大回,乡音未改鬓毛衰"。由此可见语言的隔阂。物质的富裕、环境的雅静,并不能填满作者心灵的虚空,身在法国,心却不止一次地偷偷归去。李白说:"何处是归程?长亭连短亭。"我们一起来进入韩少功的灵魂驿站,看看韩少功的心要归往何处。

生齐:自己的家,故乡。

(师板书:家,故乡)

师:作者在第5段写自己的家,请齐读第5段。

(配乐齐读)

师:韩少功有一句话打湿了我所有的情感。作者说他在异乡"守候她们睡到天明",我读到的是一个辗转难眠的作者。其实岂止是作者在守望亲人,作者的父亲也在守望着他。他的父亲在他13岁就离开了他,但韩少功说:我断定父亲还活着,就在某个神秘的角落注视着自己的家人。守望中我读出了

无量的亲情。

师：在5～9段中找出4句最能触动你心灵的话，来谈谈故乡是什么。（屏显）

（学生阅读并思考）

生1：第7段的第一句，"故乡存留了我们的童年，或者还有青年和壮年，也就成了我们生命的一部分，成了我们自己。"说明故乡是成长的一部分，是生命的一部分，是血液的一部分，这句话包含了作者对故乡的眷顾之情。

师：你的关键词是？

生1：故乡是生命的一部分。

师：很好（板书：生命）

生2：第6段"但假若你在旅途的夕阳中听到舒伯特的某支独唱曲，使你热泪突然涌流的想象，常常是故乡的小径，故乡的月夜，月夜下的草坡泛着银色的光泽，一只小羊还未归家，或者一只犁头还插在地边等待明天。"（生2深情朗读），这句话说明故乡是最真实地存在于我们的生活生命中，它最朴实；"没有繁华酥骨的都会，没有静谧侵肌的湖泊，没有悲剧般幽深奇诡的城堡，没有绿得能融化你所有思绪的大森林"说明它也是很真实的。

师：你读文本很好，你读出了故乡朴素、朴实，那么你是从哪里读出来的？

生2：小羊、犁头，这是农村生活的画面。还有第8自然段"我当然知道，我会对故乡浮粪四溢的墟场失望，会对故乡拥挤不堪的车厢失望，会对故乡阴沉连日的雨季失望，但那种失望不同于对旅泊之地的失望，那种失望能滴血。血沃之地将真正生长出金麦穗和赶车谣"。（生2深情朗读）虽然故乡浮粪、车厢拥挤，但这些是作者对故乡发出的爱。

师（板书：爱）：刚才这位同学的发言中，提到小羊是农村经常出现的动物，大家想想，我们还可以在农村见到哪些小动物？

生齐：鸡鸭猪狗……

师：作者为什么不写这些，而写一只小羊呢？

生1：因为这只小羊还未归家，作者将小羊比作自己。

师：请带着对故乡的朴实的爱再读一读这句。

（生齐读）

师:作者通过这些朴实的意象、细节化的意象表达出对故乡的一种爱。我用这样一段话对同学们的发言做一个小结,一起来带着感情朗读。

(屏显)季羡林曾说,每个人都有个故乡。韩少功说,没有故乡的人身后一无所有。故乡是亲人,当杜甫在边秋雁声起,兄弟失散时,深念着:"露从今夜白,_____。"故乡美中含悲,当马致远骑一匹瘦马飘零天涯时,感喟道:"古道西风瘦马。夕阳西下,_____。"

故乡存留了我们的童年,当二十年后鲁迅再忆故乡时,清晰地印记着只有一些野草,但那时却是他的乐园,从_____到三味书屋。

四、归处如何?探究故乡的文化内涵:故乡是一个人的血地

师:在刚才的品读中,还有一些大家没有品读出来的故乡的文化内涵,作者蕴含的情感,老师摩挲这些文字时,读出了故乡对他而言是他的血地。韩少功曾说,故乡在我们的血液里悄悄地流动,直到某一天我突然回头,它便涌上我们的心。在作者把异乡和故乡进行对比时,反复出现了一个词:血。它出现在第7段,大家一起读这个句子:

(屏显)故乡比任何旅游景区多了一些东西:你的血、泪,还有汗水。

师:请同学点评同学们读得如何。

生1:没有读出感情。

师:请你示范读一下。

生1再读,师点评:一字一顿读得很好,很有感情。

师:请大家品读一下这个句子。

生1:我们可以把这个句子和7~9自然段结合起来共同理解。首先第7自然段最后一句"任何旅游景区的美都多少有点不够格,只是失血的矫饰"。从故乡与旅游景区的美的对比中我们可以看出,旅游景区的美是一种浮夸的美,它少了一些东西,就是故乡所含有的东西,血、泪,还有汗水。第8自然段"但那种失望不同于对旅泊之地的失望,那种失望能滴血",从中可以看出他对故乡有着回忆与眷念。第9自然段,"故乡意味着我们的付出"。总之,从对比中可以看出故乡含有很多东西——血、泪、汗水,作者希望故乡能有更好的发展,表现了对故乡的眷恋。

师:你的思维、你的发言很好,可以通过前后文的联系来理解,请坐。那

么,有没有同学持有不同观点或有所补充的?

生2:对旅泊之地的失望,是一种情绪,是暂时的;但对故乡的失望,源自内心的挚爱,泪水源于对故乡深刻的爱,所以有血、泪、汗水。

师:你抓住了3个关键词——血、泪、汗水,你如何解读这3个关键词?

生2:故乡带着泪痕和血的悲欢离合,而旅游景区是供游人潇洒散心的,所以,故乡比任何旅游景区多了一些属于悲的东西。

生3:血浓于水,这是一脉相承的亲缘,是永远不会改变的纽带。泪,因作者人在法国,对故乡可望而不可即,有伤心之感。汗水,故乡存留了我们的童年或者还有青年和壮年,在这段时间我们会奋斗,会付出,会奉献。

生4:这三个词写出了作者在故乡的经历,血是伤痛,泪是悲伤的事情。

师引导:泪有时是悲伤的泪,有时是幸福的泪,这是见证了悲欢的泪水。那么我们如何理解血?血是人类的生命,如果给这3个词语加上修饰语,那么我加的是:给予了生命的血液,见证了悲欢的泪水,记录了奋斗的汗水。

师:我们看看韩少功是怎么说的。

(屏显)师生齐读:你没法重新选择……你就再也不可能与它分离。

师:血、泪、汗水见证了我们的悲欢离合,见证了我们的成长,所以我们的生命再也不能与它分离。

请全班男同学齐读(屏显):"但那种失望不同于对旅泊之地的失望,那种失望能滴血。血沃之地将真正生长出金麦穗和赶车谣。"

请一名女同学点评并示范,师生再次齐读。

师:现在小组合作,讨论两个问题:

1.为什么那种失望能滴血?

2.血沃之地能不能改为血流或血滴之地?

生1:"沃"含有肥沃的意思,这块土地被我们的血液和生命浇染,所以很肥沃。

师:有人说,这句话有语病。认为血沃之地只能长出金麦穗,不能长出赶车谣。你认为呢?

生1:不是语病,这是他家乡的特点,金麦穗是农民最喜欢的事物,而赶车谣是生活中经常听到的。

师：那么这两个词语代表了什么？

生1：故乡的象征。

生2：金麦穗，秋天时才有；赶车谣，丰收赶车。收成大好才有金麦穗和赶车谣。

师：你的意思是说，金麦穗象征物质的丰收，赶车谣是一种……

生2：喜悦的心情，它们表达了作者对故乡美好的期望。

师总结：其实，作者在3个句子中用了同一个血、泪、汗水，这样的语言的丰富性表现出他语言的生动性和形象性。那种失望能滴血，正如同学所说，是因为他对故乡有一种爱，也如艾青所说"为什么我的眼里常含泪水？因为我对这土地爱得深沉"。泪水源于对故乡深刻的爱。这种失望含有一种爱，这种爱又含有一种期待。我们的作者就是这样的人。

（屏显）汨罗是韩少功的血地，韩少功，笔名少功、艄公等，湖南长沙人。韩少功初中毕业后就曾到湖南汨罗县（今汨罗市）农村插队，2000年从海南搬到汨罗市过上了隐居生活，2002年获法国文化部颁发的"法兰西文艺骑士勋章"。

师：有一种血叫生命，有一种血叫失望，有一种血叫期待，有一种血叫爱。而故乡之于韩少功更是汨罗的那片江水的爱，两千多年后，汨罗人竟然在最喧嚣、最浮躁、最功利的时代，迎来了一位清醒的思考者和坚守者。韩少功初中毕业后就曾到湖南汨罗县农村插队，2000年从海南搬到汨罗市过上了隐居生活。韩少功成就了一种逆时代而行的生存美学，他转过身去，在汨罗这片土地上踩出了深深的凹痕，割草、种植、写作，他匍匐在汨罗这片土地上，做一位在汨罗江水中生长的民族精神之根的守望者。

五、归处如何？探析故乡的文化内涵：心灵的故乡。

师：其实，汨罗并不是韩少功的出生地，作者为什么要这样做呢？我们一起读一读最后一段。

师生齐读最后一段。

（下课铃响起）

师：由于时间的关系，今天的课我们就上到这里，其实我还有一些想和大家交流的东西。最后一段就能解读我们的问题，最后一段中的故乡，已经由

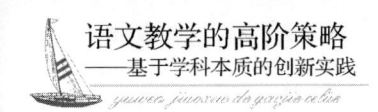

地理意义的故乡变成了心灵的故乡。正如海德格尔所说,我们怀着永世的乡愁去寻找心灵的故乡,而故乡永远在大陆的中央。当我们若干年后,离开我们的家乡的时候,我们要记得韩少功的这篇文章,也希望今天这节课能在大家的心里种上生命的希望。

(屏显)作业:小组合作,自选角度或从以下专题中任选一题展开探究,要求形成研究性小论文:

1. 美的事物总是含着悲的。
2. 出国热的今天,我们如何看待韩少功的寻根文学?
3. 《我心归去》人称变化之我见。
4. 试论韩少功散文语言的犀利与温情。

(屏显)推荐阅读篇目:

柯灵《乡土情结》

刘亮程《今生今世的证据》

韩少功《月亮是别在乡村的一枚徽章》《阳台上的遗憾》《山南水北》

孔见《韩少功评传》

案例分析:走向文学、文化与心灵的深处,是语文教学的高地。这堂课就达到了这个境界。这堂课的格调与境界,除去与选文有直接关系,更主要的是教学设计与教学组织。

它最突出的优点在于:通过整体性、系统性提问与系统探究,教师主导与学生主体、文本的整体价值高度融合。

教师通过"从何处归、归向何处、归处如何"这三个主问题以及在第一个主问题里的"在法国有一个为时一个月的'家','我'的生活状况如何"、第二个主问题里的"在5~9段中找出4句最能触动你心灵的话,来谈谈故乡是什么"、第三个主问题里的"故乡比任何旅游景区多了一些东西:你的血、泪,还有汗水"引出对这三者的理解等一系列枝干问题所组成的问题系统,顺乎文章逻辑,针对学生理解能力现状,引领学生进行了一次完整的、有深度的文本内容体验,实现了文本的文学价值与学生心灵的谐步共振,并且在这个系统的学习过程中解决了系列文本阅读的重难点问题,是一次走向文学、文化深处的心灵之旅。在教师主导的学习活动中,学生对每一个板块的文本内容的理解、体验、探究等也较为充分、深入。

第四节　基于文本科技属性的科学思维高阶培育

一、理念：科普文教学中基于文本科技属性进行科学思维培育

科普文是高中阶段的重要教学内容之一，不仅教材上有教学专题，在阅读训练中也时常出现。对科普文的阅读教学，基于说明的对象及特征、基本内容这些说明文的基本内容范围，以及考试中对这类作品选择题多、深入分析与探究少的现状，日常教学大多局限在阅读理解的基础层面：准确筛选概括信息、理清思路，一般程度分析文意、说明方式这些如何大略来"说"的教学内容。即使有对局部或整体的内容进行一些深入探究，也极少。再是，如果只是从如何承载科技知识的角度进行科普文的教学，即使全面、深入地体现筛选、概括、分析、鉴赏、探究这些语文学科的基本思维与能力，科普文的教学与教育价值还是只停留在浅层的语言工具性教学层面。

语文课程具有发展思辨能力、提升思维品质的重要育人价值，"思维发展与提升"是语文学科的核心素养之一。在语文学习过程中，通过文本语言的学习，让学生获得直觉思维、形象思维、逻辑思维和创造思维发展，以及思维的深刻性、严密性、敏捷性、灵活性、批判性和独创性等思维品质，是语文教学应该承担的重要责任。

科普文作为科技知识的载体，反映了文本的科技属性。它把科学思想和科学精神融于科学知识、科学方法之中，既是某类或某点科学知识的逻辑与结果的呈现，也是作者或研究者思维过程的呈现，还体现了某些科学思想和科学方法。所以，科学性、思想性、知识性是其重要特点，科技思维贯穿其中。

科普文教学应是培育学生科学思维的重要阵地。科普文教学在帮助学生学习科学知识，培养阅读科普文的一般能力之外，让学生体验科学发现与探索的过程，注重引导学生对科学知识的特征与逻辑分析进行再认知与创造，是基础教育阶段切实可行的培育科学思维的基础手段和重要途径，也是提高教师科普文教学境界的重要途径。

二、行动范式:基于文本科技属性的教学行动范式

这里以《动物游戏之谜》①的科学探索为例,就借助科普文,培养学生科学思维中的形象思维,思维的逻辑性、深刻性、批判性、创造性,进行分析与探究。

下面探究科普文本内涵的主要思维框架,它既是科普文本教学的行动范式,也是科普文科学思维培育的一个教学主体模型。

(一)特征的发现、分类、实质探索与体验

认知作者如何发现科学对象的特征,如何对特征进行归类、对现象进行深入探究,这是通过阅读一篇科普文培育科学思维中思维的创造性、逻辑性应该注意的重要问题。同时这也是对科学认知或形象或抽象或形象与抽象结合的思维体验过程,对学生科学思维的开启会起到一定程度的积极作用。

比如《动物游戏之谜》一文,作者选择了在动物野生环境中,在热带丛林里两只叶猴的跳荡与嬉闹,在北极地区的冰雪陡坡里一群北极渡鸦的欢快活动,在美洲巴塔哥尼亚附近的大海里成群的露脊鲸在大风中如何得意扬扬地驶向海岸,靠近海岸又潜回去这三个生动形象的动物特征和情境,从这三类不同地区、不同动物群体活动的相似特征进行举例,借动物学家之口,引出对这些动物特征的某种共性解释:"这些动物是在游戏!"从特征的相似性去探究其实质,是科学思维的一种。并且,这里科学思维的关注空间是宏大的。

在引出这些不同地区、不同动物群体的相似行为的共性特征之后,作者从动物游戏形式类型的角度,介绍了动物行为研究科学家所归纳出的动物游戏类型:单独游戏、战斗游戏、操纵周围事物的游戏。这是对所观察到或学习到的动物特征的深入研究——分类陈述。对众多现象的分类、思考,是科学研究的基本思维方式和深入研究的基础内容之一。和前述的三种动物相似的游戏现象介绍相比,这里涉及更广泛的动物现象和深刻的共性或相似性的

---

① 人民教育出版社课程教材研究所,中学语文课程教材研究开发中心,北京大学中文系语文教育研究所.普通高中课程标准实验教科书 语文3 必修[M].北京:人民教育出版社,2007:58-61.

理性归类分析。

在此基础上,作者再引出近二十年来争议的焦点"动物为什么要进行游戏",介绍了科学家们的"演习说""自娱说""学习说""锻炼说"。这四说,从四个角度对游戏之谜进行了辨析与探索,列举了大量实证。这是对动物游戏这一共性或相似性的更为细腻、深入的科学探索和介绍。如果前面两部分还算科学研究的"表",这里就是科学研究的"里"。

在这些看似纷扰的探究中,哪一种更有道理,或者科学的结论应该是怎样的?文章最后说"研究者们各执己见,众说纷纭",以及需要更加深入地研究这一事实,也对应了题目"之谜"。文章末尾,看似没有结论的文字,却提供了很多思维探索的角度:"动物在游戏行为中表现出来的智能潜力、自我克制能力、创造性、想象力、狡猾、计谋、丰富多彩的通信方式等,都远远超出人们对它们的估计",这句话揭示了探究其谜的途径,即考虑其智能潜力、自我克制能力;"游戏行为有点儿像体育运动,有点儿像演戏,它既无目的,又无结果,在动物行为中即兴发生,没有一定模式,没有不变的规则,内容复杂多变,实在令人捉摸不透",这句话揭示了探究其谜的另一途径,即动物行为的即时性和不确定性。这些看似没有结论的介绍,却将科学思维引向了一个可能更加本真的探究空间:动物的生理性。这与前面的人的理性探索相比,理性探索附加了人的很多生理以及社会性、科学认知经验,有的可能并不那样符合动物事实本身。动物的生理性的探究角度更切近于本身社会性、智能缺少的动物本身。

这些由现象到分类、类型实质的深入探究以及还需要探究的一些疑惑的系统、深入、细腻介绍,不仅让读者从不同角度知道了动物游戏的不同情境、不同动物的众多特征以及科学家们对这些特征的异同处的本质的科学性、逻辑性的探索过程,在个别特征、一般特征的分析把握和类比与归纳分析方面,对事物特征以及科学探索的过程会有一种科学体验。这种对事物形象及情境、事物特征以及科学探索过程的科学体验,对学生的形象思维、逻辑思维等这些科学思维方式是一次很好的启发、熏陶和培养。

(二)特征与逻辑的再认知与创造

对科普文内容中所涉及的对象特征、特征产生的环境、特征实质的认知分析,根据读者的现有观察和在其认知范围内收集到的认知结果进行特征的再发散认知、比较性认知、逻辑分析,是培育科学思维中必需的发散思维、逻辑思维、思维的深刻性与创造性的重要方式。

1.特征的联想认知与比较、创造

触发联想是科普文应该有的教学价值,也是科普文教学的思维培育中的必然要求。在联想与科普文相关内容的基础上,将联想的内容与科普文学习的内容进行比较、深入研究,是培育科学思维,提高科学认知能力的重要途径。

(1)同类联想比较

指从与文章相关内容的时间或空间相同或相近的事物现象的角度进行联想。比如,在热带丛林的叶猴之外,在北极地区的渡鸦之外,在美洲巴塔哥尼亚附近的大海里的露脊鲸之外,还有没有其他动物与之有相同或相似行为;热带丛林叶猴之外的动物,北极地区渡鸦之外的动物,美洲巴塔哥尼亚附近的大海里露脊鲸之外的动物,还有没有与其相同或类似特征;在"演习说""自娱说""学习说""锻炼说"的例说里,还有没有在相似环境下、不同环境下动物的相似特征。通过这样的思维发散,相同或相似行为特征的比较,引导学生获得与科普文内容相同或相似的同类知识。

(2)异类联想比较

指从不同环境、不同动物特征表现进行比较的角度进行联想。比如,在动物的家养环境、与人类社会生活临近的自然环境,这里的动物行为特征与文中的动物行为特征有什么异同;在"演习说""自娱说""学习说""锻炼说"这四说的阐述里,有没有与科学家阐述的环境里动物特征相异的动物表现。然后比较这些相异的动物表现特征,深入认知这些特征说明了什么,实质是什么。仅就"智商"不同动物而言,其活动特征是不同的。比如猴子、猩猩、野猪、兔子、大象、蛇等无数动物在野生环境中的日常行为,其特征有很大的差异。通过这样的异类联想、比较探寻,会发现很多动物特征的不同之处,这对于学生对动物特征新的科学发现以及新的研究会产生很大帮助。

2.质疑、探究与创造

质疑与批判思维直接相连,批判思维与创造思维直接相关。阅读科普文,对于其文中的现象、特征、分析逻辑进行再思考,是培养科学思维的重要途径。

前述的异类联想比较,可以为这些探究打下很好的基础。由于不同读者的再认知不同,认知分析也不一样,这里难以对可能出现的无数再联想特征进行系统的归类、分析、阐述,所以对这篇科普文的内容分析仅从以下两个方面进行探究。

(1)认知联系的分析探究

通过对科普文里特征认知分析的前后联系进行再分析与探究,不仅能够帮助学生深入理解文中认知联系、科学探索思路,还是培养严密、深刻的逻辑思维以及批判性思维、创造性思维等科学思维方式的重要方法。

①特征的认知分类与探究的质疑、再思考

文中,动物学家们按照动物游戏的形式分为单独游戏、战斗游戏、操纵事物的游戏三种。实际上,这个分类以及阐述,不很符合逻辑分类和科学分析严密性的原则。结合全文,"战斗游戏"里叙述"动物亲密地厮打"这一部分内容,单叙述这种"看似战斗激烈"的游戏显得不够,对这种游戏的介绍这里应该以众多动物的群体性游戏为主。"群体性"的提法与前面的"单独游戏"也相对应,所以第二种游戏的名称应该换为"群体游戏"。并且"操纵事物的游戏"应放入动物的"单独游戏"范围,这样可以避免特征分类时产生交融,违反分类标准一致、平行不交叉这一基本原则。

再如,文中引出近二十年来争议的焦点"动物为什么要进行游戏"后,对动物特征的实质进行深入探究时,介绍了科学家们的"演习说""自娱说""学习说""锻炼说"。这四说的认知分类也有交融之嫌:"演习说"是侧重从社会学中关于未来生存的角度提出的假说,"自娱说"是从动物本性这一生理学的角度提出的假说,"学习说"是从关于生存能力需要的角度提出的假说,"锻炼说"是从适应未来生活的角度提出的假说。这四个类型,实际上是从生理的角度和社会学中的生存认知的角度这两个大的方面进行分类的,"演习说"

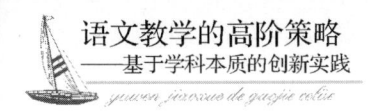

"学习说""锻炼说"皆属于后者这一大类。

②对特征认知的前后联系进行再分析与探究

在文中,动物学家们按照动物游戏的形式分为单独游戏、战斗游戏、操纵事物的游戏,后对动物游戏进行深入探究的时候,列举了四种假说,对这四种假说进行阐述时,并没有注意分析阐说这三类游戏形式里,每一种游戏是否与后四种假说都全部相关,或每一假说是否与前三种游戏类型都相关。比如,单独游戏是否与"演习说""自娱说""学习说""锻炼说"都相关;"演习说"与前三类游戏形式是否都相关;单独游戏、战斗游戏、操纵事物的游戏里,是否都与"演习说""自娱说""学习说""锻炼说"相关。

比如在阐述"演习说"时,文章举例论述了黑猩猩的单独游戏(实际上"用牙齿嚼烂树叶,来汲取手掌中的水"也是操纵外物的游戏);之后阐述"根据这样的发现,一些科学家认为,游戏行为是未来生活的排演或演习,游戏行为使得动物从小就能熟悉未来生活中要掌握的各种'技能',例如追逐、躲藏、搏斗等等,熟悉未来动物社会中将要结成的各种关系。这对于动物将来的生存适应是非常重要的。这种假说可以称为'演习说',基本观点是'游戏是生活的演习'"。

这里还有战斗游戏这一形式,属于群体游戏这一类型,只是没有点明,明确地与前文对应起来。"对于成年动物来说,不存在用游戏来演习生活的需要。他们还指出,有些动物的游戏与生存适应毫无关系,例如河马喜欢玩从水下吹起浮在水面上的树叶的游戏,渡鸦喜欢玩从雪坡上滑梯的游戏等。这些科学家认为,动物游戏是为了'自我娱乐'",这是阐述了个体游戏的"自我娱乐"这一假说。实际上战斗游戏或群体游戏的这种"自我娱乐"也是存在的,文中没能例述。

在"学习说"里,分析了黑猩猩操纵事物的游戏之后,"同样,'捉迷藏'和追逐游戏,也使动物学会利用有利地形保护自己的本领",游戏的实践性很强,"对锻炼动物的速度、敏捷、躲藏能力、争斗能力和利用环境的能力很有效"。这里对应了单独游戏、战斗游戏两种类型。

"锻炼说"的阐述,对应了单独游戏和战斗游戏,操纵事物的游戏没有阐述。可见,游戏类型与实质分析的对应不够完备,科学分析还不够周密。

文章最后写道："这几种假说，哪一种更有道理？动物的游戏，究竟是为了'演习'，为了'自娱'，为了'学习'，还是为了'锻炼'？研究者们各执己见，众说纷纭。而且，目前这些假说都难以圆满解释的问题是，动物在游戏行为中表现出来的智能潜力、自我克制能力、创造性、想象力、狡猾、计谋、丰富多彩的通信方式等，都远远超出人们对它们的估计。英国动物生态学家罗伯特·亨德指出：动物的游戏行为是如此复杂的行为，甚至要给这种游戏行为下一个确切的定义也很不容易。游戏行为有点儿像体育运动，有点儿像演戏，它既无目的，又无结果，在动物行为中即兴发生，没有一定模式，没有不变的规则，内容复杂多变，实在令人捉摸不透。"很明显，作者引述研究者们的话，是为了得出动物的游戏与"智能""生理性"直接相关的结论。但是，作者却没有对这两个角度加以例述，或者说，这两个角度还没有与前边的"四说"结合起来，把科学家们对动物实质的研究进行良好的分类和全面阐述，所以，到文章结尾，全文对动物游戏的阐述显得凌乱，或者说对于动物游戏之谜的探究思路还不清晰。虽然对于复杂的事物属性很难下结论，复杂的展现过程也可以算是一个科学探索的过程，但是对于复杂现象的归类与严密分析，本身就是科学思维应该具有的。

（2）探究中辩证思维的运用

这篇科普文，在引导学生进行科学探究时，对于课文动物游戏的相关理解，还可以从以下辩证思维的角度进行内容与认知探究。

①联系的辩证观

动物与环境的关联还可以进一步联系分析，比如野生环境、饲养环境，或与人类接近的生存环境，相生相克的自然环境偏失后的生存环境，这里动物的"游戏"特征是怎样，其实质是什么？同一环境或不同环境下同类动物的个体差异有些什么？这些都应是对动物游戏进行科学探索应该具有的角度。

②综合性思维

动物游戏之谜的揭示，从前文的分析里可以看出，并不是单一的、简单的，是否具有几种特性的综合，还需要进一步思考。分析与关联分析、综合思维是科学思维的基本思维方式之一。

③发展性思维

动物的特征也是在演变的。随着动物自身在环境中的适应演变,人类对环境的占有与控制,与动物接触的距离缩短、融合,等等,动物的游戏特征与实质都可能会有所演变和不同。

科学思维的内涵很丰富,在日常科普文教学帮助学生学习一般科学知识、培养一般阅读能力的基础上,注重对知识情景和逻辑的体验,培养学生对科学对象特征的发现、分类与严密、深透的探索能力,对科学知识与逻辑分析进行再认知与质疑、批判的思维能力,是培养学生科学思维的形象性、深刻性、严密性、批判性和独创性的基础手段和重要途径。

第五节 基于文本人文性的高阶阅读教学

一、走向人与文化深处的阅读教学本真途径

在第一章第一节"人文性教学的典型缺位"部分,已经阐述了作品教学时文本解读存在的误区。套式思维让文学作品失去了丰厚的文学价值,弱化了作品的人文内涵,忽视了阅读者的思维品质以及人本素养的培育;对作品的解读常常缺少对作品中人物作为人本体的理解与思考;人道主义严重缺位。还原文学教育的人文价值,成为语文教育的当务之急。

除去第一章谈及的剔除作品阐释体系中套式思维对作品人文内涵及读者思维品质、人本素养的忽视,加强人道主义培养等还原作品中人主体的教学策略之外,走向人与文化深处的阅读教学还需注意以下问题。

(一)重视人本身的丰富性和复杂性

人作为作品内容的主体,作品自然就反映了人的本体特性和现实性特征。文学教育自然就应该以人为本,关注人的丰富性和复杂性表现。四川省教育学会前秘书长、研究员纪大海教授在《论教师政策的人性关照》一文中说,人是趋利的、趋上的、趋情的。这三种人性本质上都归于人的本能需求。

趋利性归依于人的生存需求,趋上性归依于人的发展需求,趋情性归依于人的精神生活需要。① 因为生存需要的丰富性,人在生存过程中,对利益、感情以及个人的存在与发展,总是有着本性的需求,并且在现实情境中总是表现出丰富复杂的认识和表现形态。这同时也是一个人理性与本能欲望的个体平衡过程,是品德与生存能力、发展能力的现实写照。

在文学教育中,只有重视人本地位与人的丰富性和复杂性,才符合作品内容本真,才能让读者的心灵与作品靠近,才能让学生理性认知人与生活的丰富性和复杂性,吸取人在复杂社会生活中的生活智慧,培育学生正常的现实生活心理、进取态度与精神,产生积极作用。

以人为本的文学教育应着重于对作品中的人性特征、人在存在与发展过程中的特点体现、人的命运等,重视人的丰富性和复杂性体现。

前面讲述到对作品解读的套式思维,常常忽视文学作品里丰富的人本内涵。脱离人本位导致对作品中人物的理解异化的阅读教学现象比比皆是。

比如,对契诃夫《套中人》中的主人公别里科夫的理解,有的人常用简单的套式思维,判断这个没落社会维护者是一个坏透了、令人极度鄙视的人。这样的理解有很大的合理性,但同时也忽略了主人公的成长环境、生活经历,以及当时生活环境中那种特有的心态和行为的必然性,所以忽略了人的丰富性以及一定程度上合理性存在的悲哀,导致理解的简单化。实际上,这个被世人嘲笑的人,也有他存在的合理性和优点。他受传统文化影响,从个人认知的角度,自觉维护社会和平与安宁,尊重自身的社会地位,懂得自尊自律,他希望把自己的事做好,不愿被人笑话,他努力对环境及他人做出自己认为应该做的事,等等。这应该是一种社会责任感,应该得到认可。

如何重视作品中人物的复杂生存性体现?这里以莫泊桑的《项链》为例,从人本身的角度出发,对主人公生存体现的丰富性和复杂性可以做如下一些理解。

第一,辩证地认识人性的丰富性和玛蒂尔德人性中可敬的地方。玛蒂尔德的虚荣虽然令人厌弃,但她的诚实、守信,面对困难的勇气,用艰苦劳动换

---

① 纪大海.论教师政策的人性关照[J].中国教育学刊,2014(9):85—90.

回自身尊严的诸多人性中可爱的品质是应该得到充分认识和认可的。这让我们明白,人性中的诚实、敢于担当、勇敢、抗争、吃苦耐劳是让人走出困境的途径,哪怕有时受到嘲笑,甚至遭到作弄,但它是非常感人的正面力量,让人深深感怀。同时,我们也免不了为她因不能认识名利场的虚伪、不能调整自己的心态导致自己惨痛失败而深深遗憾。不仅如此,在鞭挞她虚荣心的同时,还应该深入认识到虚荣心的复杂性。人性是趋上的,人都有过好日子的梦想,人都有追求过好日子的倾向和努力,人人都想过上有尊严的日子,与命运抗争是人的本能和人赖以生存与发展的重要因素,虽然不同的社会氛围有不同的表现,但是这些梦想、人的这些本性是无可厚非的,只是玛蒂尔德确实过分了一点,这个贫富悬殊的社会环境确实容易让很多人受到负面影响。从这些地方还可以看出作品对繁华社会里人与命运的复杂性给予了很多关注。如果教育者让学生认识到人不能有奢想,不能有过上好日子的这样一些合理的想法,那就压抑和泯灭了人性,那就会让学生变得伪饰和彷徨。

第二,从人的存在与发展的角度,去思考人的行为与命运的复杂性。应该认识到,人不应该过于执拗地去追求那本不属于自己的生活,否则个人付出的代价可能会是巨大的,并且可能会给与你一道生活的人带来悲剧;还可以认识到,从人的生存与自身价值实现的角度出发,人容易犯错误,人也容易遭到生活或命运的作弄,甚至结局可能会超出人的预想,掌控不好的人生会充满悲剧。从人的存在与发展这个角度去思考,可以看出作者对这类人命运的同情与哀叹,对在滚滚红尘中小人物应该怎样活着的深刻思考。

人具有自身的特点,并具有丰富性和复杂性。在特定的历史阶段,人的体现,既有这个人所经历的前期阶段,也有当下状态的个人与社会痕迹,但不管怎样纷繁复杂的社会活动,都反映了人在生存与发展过程中作为人的本性以及文化、意志、行为等等一些个人化和社会化的特征,体现作者对人的多向关注。文学教育中关注了这一些,才可能对学生本性提升、现实认知能力、理性能力、情感态度、行为能力等产生积极作用。

(二)发掘作品中人的文化性价值——走向人文深处的语文高阶阅读教学理解示例

在第一章人文性缺失部分已经分析过,经典古诗文和现代文的人文教学之所以失去本真,严重偏离作品本身的人文内涵,影响了优秀传统智慧与品格的吸收,影响了学生文化修养和思想素养、思想能力的生长,缺少真实的社会文化、人的特征与价值的角度的教育是一个重要原因。

现行教材篇目的选择很注重突出教材的人文性,编入教材的古代作品大多蕴含着丰厚的民族文化内涵。流传下来的这些作品不仅体现了创作者对生活的感受、理解和愿望,还体现了作者及社会对人的风貌、人的意义、文化精神和社会价值观的看法。

中学生已具有一定程度的文化知识和阅历,学习这些作品,在充分调动学生的生活经验和知识积累的基础上帮助学生对作品进行一般理解之外,还应关注学生思考问题的深度、广度以及个性化阅读,进行广泛、深入的人文探究。

从社会文化、人的特征与价值的角度去探寻,是学习课文篇目和文化传承的很好方法。社会文化既包括作品本身产生的社会文化背景,还包括这些流传下来的作品被赋予的社会文化的历史价值以及社会历史对人及社会的要求;人的特征与价值,既指在作品时代背景中的人物特征,作品特定时期中人本身的真实性和丰富性,也指人物特征在当时及以后所产生的价值影响。

从社会文化、人的特征与价值的角度去学习经典作品,不仅可以加深学生对作品全面、真实的理解,再现和体悟作品真实的人文内容,而且可以丰富学生的思想内涵,对学生进行很好的人文教育,培养学生的思维能力,还可以帮助他们探寻到作品更多的社会背景、作品的真实内涵及在历史上的意义。因此,面对新教材,语文教师不必完全遵从教学参考书上的理解范围以及结论,应多角度地启发学生,拓宽学生的思维空间,丰富学生的思维方式,也可以留下一些未解决的问题。这样,一方面可以使学生更好地受到优秀文化的熏陶,帮助学生弘扬和培育民族精神;另一方面,也发展了学生的思维能力、阅读能力,培养学生求真的品格,为学生的个性发展提供了更大的学习空间,促进了学生独立的思维品质和人格的形成。

下面以《〈诗经〉两首》(《氓》《采薇》)为例,从这两个角度探寻这两首诗歌的价值。

《诗经》里的作品从产生到收集、流传有它的特殊意义。孔子修订过《诗

经》,并用它来教导学生,后来统治者把它当作封建教文之一。"饥者歌其食,劳者歌其事"的写实风格告诉我们《诗经》里蕴含了当时的人及社会的特征。阅读《〈诗经〉两首》,作品中人物的生存背景和生存状态是怎样的?我们应从中吸取什么样的生存智慧?作为儒家训文,它的精神内涵是什么,寄寓了什么样的人文要求,蕴含了什么样的中华民族精神?这样去探究,就会增加对人的意义以及人的精神发展的认识,体味到那时劳动群众的艺术表现才能,体味当时人文的本来面目以及民族文化、民族精神,从而体味古代文化的魅力。

《氓》出自《国风》中的《卫风》,《国风》大致出现在西周后期。"风"是各诸侯国的土风歌谣,大多数是民歌,最富有思想意义和艺术价值。学习《氓》就有必要了解那时的政治文化氛围,若不给学生一个文化背景,学生会认为《氓》里的内容没什么大不了,用现代人的思维去看,生活不好、相处不好就分手,这是人的自由,没有谁会去责备,反而会获得很多人的支持。阅读古代作品还应从社会文化和人的角度去理解当时的文化特征、人的本性、人的社会价值,以及人本性的发展。西周的社会制度有一个重要特点,那就是它的宗法制度①。西周开始讲"礼治",其最根本的内容,首先是规定封建领主制下的等级制度②,再是具有明确的伦理道德内容,讲究亲亲(主要是孝友)、尊尊(道德要求是忠贞)③,同时还有天命观④,这些是统治阶级的需要。那时是否有一夫多妻制,不得而知。

在这种背景之下,诗中抒情女主人公的形象及意义是什么呢?顺着恋爱—婚变—决绝的情节顺序,女主人公倾诉了自己的遭遇,表现了她重感情、专一,纯真善良,懊悔怨恨、孤苦伤悲、激愤,辛劳,坦然、坚强、勇敢这一系列的特点。古代妇女追求自主婚姻和幸福生活的强烈愿望,对男女不平等以及背信弃义的人的强烈不满,在她浩然的人生正气中都得以体现。从她的控诉中得知,她嫁给氓,是氓苦苦追求的结果。她对氓忠诚,可氓为什么对她不忠

---

① 孙叔平.中国哲学史稿[M].上海:上海人民出版社,1980:28.
② 孙叔平.中国哲学史稿[M].上海:上海人民出版社,1980:29.
③ 孙叔平.中国哲学史稿[M].上海:上海人民出版社,1980:30.
④ 孙叔平.中国哲学史稿[M].上海:上海人民出版社,1980:31.

诚呢？你不尊重我的感情，我就不尊重你，就分手。从这里可以看出，女主人公的悔恨多于哀伤，决绝而不留恋。这是对践踏自己感情的人和社会环境的强烈控诉和不满。这是对自我的认可、自我的捍卫，对平等的呼喊，这是人的精神的张扬。烈女之气、人生的正气、自尊之气得到了充分体现。同时，她藐视世俗：分手会给她带来社会压力吗？"兄弟不知"是用以小见大的写法，男主人公的恣意妄为，从这里可以看出其产生背景，这里深含的是男女不平等及宗法制对人们的影响，这是夫权、宗法制、女性无地位的社会文化背景的反映。这些给了女主人公很沉重的苦恼与不满，可是分手了也不是什么羞人的事，也不怕别人怎么去看和评价，自己该怎样去做就怎样去做。这里不仅有真切的人生感受，更有自尊、自强、勇敢的人生气度。在这样的宗法制环境中，一个敢喊、敢做、敢决裂的女人形象，寄寓的是作者及主人公什么样的人生追求？仔细品味这些内容，这里蕴含的是诚信、善始善终、男女平等、忠于爱情、勇敢否决等人文内涵。这样的作品得以流传，是不是劳动人民做真人、做真事的真切愿望的体现，是不是诗中的形象是社会对人格的平等、人的幸福的呼喊？可见，要理解好课文里与这些相关的文字，不仅要结合当时的妇女地位，还要结合当时的社会文化背景、作品流传的意义去分析。不一定要有标准答案，可多角度思考，言之有理就行。

南宋朱熹说这首诗有"报应"说蕴含其中。他在《诗集传》中说道："此淫妇为人所弃，而自叙其事，以道其悔恨之意也。"言辞之间充满了幸灾乐祸与不屑。他把这样一个勤劳善良、忍辱负重的劳动妇女说成"淫妇"，从本质上揭示了这些道貌岸然的文人儒士们是怎样竭力维护男尊女卑的封建男权秩序的。"悔恨之意"在诗中确实存在，但那是女主人公对自己没能认清这个负心男子的卑鄙灵魂的悔恨，绝不是对"淫"的悔恨。

《采薇》出自《小雅》，"雅"是西周王畿地区的正声雅乐，小雅用于贵族宴享，大致在西周后期和周室东迁之初。此诗作于西周时代，具体时段还有争议。当时北方有个民族叫狁，经常入侵周境，这一背景从诗歌中也可以看出。《采薇》一诗的文化背景与前文述及的《氓》基本相同。

这首诗常被理解为对统治者的愤恨，但实际上该怎样理解呢？读完全诗，一种爱国、报国、忠君、思乡的情怀那么浓重、复杂地交融在一起。那么

《采薇》中的抒情男主人公形象是怎样的呢？这首诗赋予了主人公怎样的人格风貌？全诗蕴含了怎样的文化精神呢？先简略理解全诗。

这是《诗经·小雅》中的一首戍边之歌。前三章采用兴的手法、重章叠句的语言形式和双线结构，将薇菜从春到秋、由嫩到老，和戍卒从年初到年末强烈的思归以及复杂的感情结合起来，具有很强的冲击力。"采薇采薇"，从"薇亦作止"至"薇亦刚止"，从春到冬，薇菜是生活的主食。在这艰苦的戍边生活之中，思归之情时时缠绕在主人公的心里。但抒情主人公并没有直接从狭隘的个人主义角度出发，"靡室靡家，玁狁之故。不遑启居，玁狁之故"，"我戍未定，靡使归聘"，他清醒地认识到是外敌入侵才让自己的国家没有了安定，是外敌入侵自己才走到了边疆。戍边未定，家事不谈。这种为国而战不顾个人艰苦、不顾个人在动乱中对家人强烈牵挂的崇高情怀，很让人感慨。"王事靡盬，不遑启处。忧心孔疚，我行不来！"战事不休，征役不休，主人公不能归家。这种忧虑从第二三章来看，既有对边患不绝、战事不已的忧虑，也有对国家纷乱、难以安定、自己难以归家的忧虑、怨愤。对和平的向往、对家人的思念让这种忧虑显得深切而又揪心。

第四章开头写，那是什么花？是棠梨花。作者由此起兴，写到"君子之车""戎车既驾，四牡业业"，这是何等威风；这样辗转作战，"一月三捷"，这是何等美好的记忆。第五章写将帅坐在"四牡骙骙"的车上指挥作战，军队以车为掩护；"岂不日戒，玁狁孔棘"，生活非常艰险，可又能怎么办？玁狁之难很紧急啊！戍卒没有对征战的怨恨，有的是对敌人的仇恨，对形势的清醒认识，有的是国家安全大于个人私事的胸怀和责任。也有人这样理解，在这一部分的歌唱中透露出对苦乐不均的怨恨，认为拉车的马"业业""骙骙"，高大强壮，可见喂养得好，不言而喻，它们的主人吃喝更不会差；而士兵却靠着采集薇菜勉强果腹，个个面带菜色，骨立形销。将帅坐在车上，威风凛凛；而士兵们则整日跟在车后跋涉，满脸尘土，衣衫残破……实际上，这里虽然暗含了将士与士兵的差异，但主人公并没有怨言，而是感到自己军队威风、装备好、战果盛，所以戍卒没有认为将帅这样做不合理。

走在回家的路上，回想当初出征时，依依杨柳随风飘荡；如今返回故里了，却是雪花纷飞。行路迟缓，归乡的路途漫漫，"载饥载渴"，满心的伤感，有

111

谁能体会？为什么归家了，还这么痛苦，行路迟缓？这里不能简单理解为就是政府征战给老百姓带来的苦痛，老百姓怨恨不已。这里的感情是沉重而又复杂的，既有对岁月流逝的感慨，满目萧瑟的伤感，战斗生活所留下的难以抹去的伤痛，也有感慨归乡的路途遥远，饥渴难耐，或许还有对战斗生活和军队、战绩的恋恋不舍，以及对自己不能得勋而归的伤感。

读完全诗，虽然四、五章文势上扬，但整首诗有很浓重的伤感氛围，蕴含在其中的对敌人的仇恨，先国后家、为国效力的精神，对生活艰苦、社会动荡的感伤体现得很充分。这种复杂的感情是个人之情与为国为民、敢于牺牲的英勇精神的融合，是对人真情的尊重，没有政治化、模式化的续写内容与结构，是一种具有很强冲击力的现实主义的人的力量。同时，思归是中国诗歌中的一种传统情怀，也是作品中的一种文化体现。

归纳起来，男主人公的形象特征是：1.一个对家庭和国家都有极强责任感和感情的人，他希望国家太平、安定；2.有理智的大丈夫气概，不恨国家遣外之苦，而怨恨外侮给国家、人民带来的灾难，爱国，为国而战，以自己的国家自豪，体现了凛然的男人之气；3.具有舍生取义、杀身成仁的人格精神；4.一个敢喊敢闹、敢打敢上、刚性中有柔情的汉子；5.诗歌虽反映了等级制的区别，但他认同这种等级制的存在价值。

依据朱熹的看法，小雅一般是宴会上演奏的音乐。雅诗多为贵族和文人的作品，但也有部分来自下层。《采薇》是下层士兵的歌，至少是文人代下层士兵写的。有人认为此诗属于"国风"而错编到"小雅"中去了。如是雅歌，就说明统治者希望借这样的歌，训导贵族们要知道有边患之苦、戍边之责、戍边之难、征战之苦、人民之可敬，这可算是对贵族的劝歌。如是国风，其作品流传的意义又是什么？以故事来写应爱国，应御外，应忠君，应求战功，应先国后家，应有家国之思，不计"君子之车"？这"不计"又是对儒家倡导的等级合理性的宣教吗？可让学生多角度探究，允许学生进行个性化解读。

两首诗分别从女主人公、男主人公的角度铺写了自己对生活、生命质量的认识和感受，如泣如诉，都敢为、敢怨、敢怒，都刚柔相济，这是否含有一种民族文化追求或社会对男、女存在特征及价值的要求呢？两首诗都显示了作为人性情的张扬，都显示出了浩然之气。这不应只看作某个主人公的精神特

112

质,更应该看作老百姓及社会对这些人格精神、人应该具有的一种精神品质的追求。诗歌中也含有对人的一种生存状态的关切与忧虑,对平安生活的向往,这是否也生动地隐含和诠释了儒家讲究"和"的这一规范,以及儒家重人本身存在价值的这一文化要求呢?

二、文学作品教学中高级情操培育的教学策略

高尚情操是成才的首要标志,培养高级情操是走向高尚的必要基础。李石岑先生认为,教育的目的或功用就是提升人的境界,教育者只有明确了这一点,才算是真正理解了人生与教育的关系。[①] 人生境界的提升涉及很多因素,提升的过程也是一个比较漫长、艰难、复杂的过程。

文学作品是对纷繁复杂的人生、社会现实的反映,个体和社会的价值观与呈现形态都围绕人的自然属性与人的社会特征来展开,所以人是文学作品内容的主体,作品蕴含了丰厚的人文内涵,并会对人的本性、社会性特征及表现、生存与发展能力产生深远影响。很明显,文学作品教育对培育情操会产生很大的作用。

著名心理学家、教育家、北京师范大学资深教授林崇德先生说:"高级情操包括道德感、理智感和美感。"[②]教师应如何在文学教育领域,在学生已有情操修养的基础上充分发挥文学作品的教育功能,培育高级情操?

从学生的存在与长远发展的角度出发,在培养一般阅读能力的基础上,让作品丰富的人文内涵与学生心理全面对接,在深入理解与体悟中,由对文本人文意义的认知,使作品一系列人文要求具体化为内在的认知与情感体验的认同,到通过迁移拓宽认知和体验范围,将阅读者对人文的认知经验、情感经验与行为经验不断整合,形成知、情、行相一致的一体化的认知经验,完成认知的提炼、升级和系统化,从而提升学生的阅读与审美能力,培养情感态度、价值观以及对自身、社会的认知与理性评价能力,自我存在、表现与发展的调控能力等人长远发展所必需的一些素养和能力,继而培养道德感、理智感、美感等高级情操与实践能力。

[①] 石中英.教育哲学[M].北京:北京师范大学出版社,2007:101.
[②] 林崇德.中学生心理学[M].北京:中国轻工业出版社,2013:267.

(一)道德感的深化

道德品质决定了一个人成才的方向。"道德感就是将自己或他人的思想、意图和行为举止与一定的社会行为准则作比较时所产生的情感体验。"①这种体验是以道德认知为基础的。体验涉及自己或他人对国家、对社会、对集体、对他人他物、对生存与发展的表现形态等范畴。这里强调的文学教育中人的道德感培育,不是简单强调人必须受制于作品呈现的社会准则,也不是简单强调作品的德育意义,更不是将作品学习政治化,而是在既尊重作品的文学和人文内涵,又尊重阅读者主体人格的基础上,依据公共认可的社会行为准则,在学习文学作品的过程中对作品中的人和阅读者以及他人、社会的道德行为和结果做出评价,进行自律性道德体验和评价性道德体验,并对阅读者道德认知与行为进行调控和提升,从而培育高级情操,让阅读者更能彰显作为人存在的价值,生活得更自由和幸福。虽然中学阶段的道德感进入逐步稳定和成熟的时期,但社会情感、劳动情感、道德情感等,都要到中学阶段,尤其是高中阶段才深刻化,并为中学生的世界观从萌芽到形成奠定很重要的基础。② 在中学阶段如何进行道德感的培育?

1.道德感的感性体验

(1)由作品基本内容到社会准则的感性认知体验

即对阅读作品所产生的义务感、荣誉感、幸福感、耻辱感、愤恨感和人道主义、爱国主义情感等道德感的情感、行为等进行社会准则、道德价值等价值认识。这是道德感知的前提。

(2)激发道德观念与情感体验结合的感性体验

即将社会规则、道德价值与作品的情感和行为形态结合,产生义务感、荣誉感、幸福感、耻辱感、愤恨感和爱国情感等道德感体验。这是在阅读过程中,由某种生动的、可知可感的文学情境、情感、行为表现形态及结果的感知,触发道德感认知引起的情感共鸣和评价性体验。这里既有对行为符合规则

---

① 林崇德.中国独生子女教育百科[M].杭州:浙江人民出版社,1999:884.
② 林崇德.中学生心理学[M].北京:中国轻工业出版社,2013:251-267.

的合理性存在的含有道德理性的喜悦感或满足感，也有对违反规则而产生的遗憾和否定性的情感体验。对人的真善美在作品内容中得到尊重、在矛盾中得以胜利的欣喜，对强暴失败的愉悦，对强暴的憎恨，对弱者的同情，爱心和人道主义的美好，等等，这些都是道德观念与情感体验结合的感性体验。

在这个过程中，阅读的道德感体验与道德认知融合，在个人道德认知水平的指引下进行道德感的体验。通过这样的体验，可以获得对社会规则应该得以存在和坚守的理性认知与体验，从而对阅读者的道德感的形成产生很深的影响，培育道德感。比如，阅读美国亚伯拉罕·迈克尔·罗森塔尔的《奥斯维辛没有什么新闻》，体会作者对法西斯暴行的憎恶；阅读朱自清的《背影》，体会父亲对儿子无微不至的关怀和深切的爱子之心；阅读鲁迅的《孔乙己》，体会作者对旧有的科举制度的愤恨；等等。在道德认知的指引下，这些阅读认知与道德感体验，丰富和增强了学生的道德认知，为理性、深厚的道德感的形成奠定基础，提高了学生对美丑的辨别能力，获得了对应该得以存在和坚守的社会规则的认知。

2. 感性和理性结合，实现伦理性道德情感体验

在前文感性认知与体验的基础上，充分、深入地认识作品中所体现的社会的复杂性和人物情感、行为的形态与结果的产生实质，并与社会规则进行比照，获得全面深刻的道德认知和体验，从而深入认知和体会什么样的情感、行为表现符合社会伦理以及社会规范要求，什么样的形态应该得以否定，获得深沉的道德感知和体验，促进学生道德自律的宽度与深度、自觉程度。

这需要阅读文学作品时对现象的价值实质进行由表及里、辩证的理性认知，在具体情感教育的基础上更深刻地认识道德观念，使其情感体验不断概括、深化，获得充满深刻道德理性的愉悦感和不满感，促进认知能力与伦理道德理性的发展。

比如阅读屈原的《离骚》，在为屈原追求光明、爱国、高洁、忠诚等道德品质感慨时，对屈原投江一行，有必要进行深入认识。中学生正处于情感两极发展的特殊阶段，容易对人对事持偏激态度，如果不加以正确的引导，就很可能对学生情绪的正常发展产生一定的负面作用。从屈原至后来旧时代的爱国者在国破君亡或爱国行为受挫或失败之后，往往采用杀身成仁的方式来自

115

我了断,从表面上看是至死不渝,究其深层次原因,则与封建名节观直接相关。所以,在对屈原产生颂扬、敬重的道德感时,还必须认识到屈原自杀是令人惋惜的事,产生一定程度的否定性道德感,从而让学生认识到对生命的尊重,辩证地看待他人与环境、自身能力,自愿承担人生的艰辛和自身责任,在复杂的人伦环境中从长远出发,调整自己,更务实地去协同环境的改变,力求自身的生存与事业发展,这条道路虽然艰辛,却是正确的发展之道。另一方面,应由社会环境的黑暗产生对昏庸无能的政府的否定性道德评价,并且还应由环境逼人致死产生应为他人着想、成全他人的道德感。

3. 迁移性认知和体验

从学习者的角度来看,迁移是习得的经验得以概括化、系统化的有效途径。通过广泛的迁移,一方面解决了当前的任务或问题,另一方面也使得原有的经验得以改造,更为概括化、系统化,心理结构也更为完善、充实,从而广泛、有效地调节个体活动。[①] 迁移性认知和体验即在前面的感性体验的基础上,联想某些有相似或相反道德意义的人或事的形象或情景时,激起较自觉的道德情感体验。这包括一般拓延性体验、对他人的评价性体验和自律性评价性体验三种情况。通过这样的迁移性认知和体验强化道德理性愉悦感和遗憾、谴责等道德情感,能够加深对社会规则和道德的坚守和质疑的肯定性和否定性认识,丰厚理性的认知和体验。这同时也是把存在于作品中的道德价值内化为自己的一部分,从而有意识地指引以后各种心理活动的过程。

(1)一般拓延性体验

通过相似或相反道德意义的迁移性认知和体验,强化有关爱与恨、遗憾等道德感体验。比如,阅读前文述及的鲁迅的《祝福》,仅仅理解祥林嫂够吗,如果不对当前现实底层生活中类似祥林嫂的人的命运的进行迁移性关注,就不能培养对这类人的关心与同情。所以,对同类人物、事件进行迁移性认知与体悟就能培养对现实的评价性道德感体验。

(2)对他人的评价性体验

通过对他人或社会的相似或相反道德意义的迁移性认知和体验,强化正

---

① 冯忠良,等.教育心理学(第二版)[M].北京:人民教育出版社,2010:276.

义与爱的道德感体验的愉悦感和与此相反的愤恨或不满、遗憾等。比如,阅读莎士比亚的《哈姆雷特》,感知哈姆雷特和克劳狄斯之间你死我活的斗争,联想到当今社会无数集体呈现出的和谐健康、正常发展的人伦氛围,会感受到喜悦的道德感;而联想到当今社会少数集团内为了个人利益或恩仇,不择手段相互倾轧、厮杀时,会产生愤恨的道德感。

(3)自律性评价性体验

通过对自己与作品内容相似或相反道德意义的迁移性认知和体验,将自己与道德规则进行对照,产生道德感体验的愉悦感和与此相反的自责或不满、遗憾等道德感体验。其中,在文学教育的道德感教育中,激起愧疚感的自觉与审视是一种重要方法。愧疚感即个体因自己的某种行为违反内心的道德准则而引起了愧悔、内疚、自责的心理反应。这涉及对国家、对社会、对他人他物、对劳动、对坏人的一种情感态度。例如,学习岳飞的诗作,感受他为国家艰苦付出的努力以及承受的苦难,可以激发学生反思如何为国付出,产生对狭隘的、自私的个人功利、名利之心的愧疚;学习巴金的《小狗包弟》,体悟作者为了保全自己,让自己轻松,把心爱的小狗送给医院解剖后的愧疚,激发学生对他人他物的愧疚之心。在教学过程中,对愧疚感以及愧疚的再现过程应该进行反复的情感审美体味,并激活学生的体验积累,激起他们对自己过失的忏悔。这样的情感审美过程,是对作品本身人性的挖掘和审美,是对阅读者正常人性和人格的培育,对学生的写作素材、写作激情、审美创造将产生重要影响。

通过这些方面的道德认知与体验,就能强化对社会规则的理性认知,强化深刻的有关爱与恨、遗憾等道德感体验,从而培育道德素养。

(二)理智感的培育

理智是人存在与发展的舵手。理智感是人在智力活动中建立在价值观基础上的认识、探求或维护真理与合理的社会规则的需要是否获得满足而产生的情感体验。在文学教育中,理智感包括在阅读作品的过程中,对作品内容中有所发明和创造、追求真理和科学的体现形态所产生的喜悦,对作品中揭露的野蛮、丑陋、谬误和偏见所产生的蔑视,以及由教学情境激发的读者对国家、社会、集体、他人、自己在认识、探求或维护真理、合理的社会规则及自我行为平衡的智力活动过程中获得满足而产生的欣慰与喜悦,未能得以满足产生的痛苦、遗憾、烦恼和迟疑等情感体验。在文学教育中,培育与发展理智感,除去一般的事理性分析,还可以在美育或美感的体验过程中培育理智感,提升理智感的境界。

1. 获得探求的快乐

在文学作品的学习过程中,对作品内容追求真善美、探求科学和民主、克服困难走向进步、有所发明和创造,以及阅读者自身的学习进步所带来的喜悦和愉快,等等,就是一种理性的情感体验。这是一种对人在发展过程中体现出来的正面力量产生的理智感。

这一方面是指对作品内容的探求行为与结果的审美愉悦感,比如阅读海明威的《老人与海》,对老年古巴渔夫在离岸很远的湾流中与一条巨大的马林鱼搏斗时一次次取得胜利产生的一次次不畏艰险、战胜困难的愉悦感;另一方面是阅读者在自身的阅读探求中,感受到的自身进步的深层的审美快乐。比如理解阿Q,他的自欺欺人历来被人们唾弃和嘲笑。对阿Q这个底层人的认识和评价,由于简单的等级观的影响,人们难以认识到阿Q劣性存在的复杂性、丰厚的悲哀内涵以及一定程度的必然性或存在的合理性。如果联系主人公的背景,阅读者自身存在的形态与实质特征,就能体会到王冶秋先生在他的读书随笔中对《阿Q正传》的著名评价:看第一遍,我们会笑得肚子痛;第二遍,才咂出一点不是笑的成分;第三遍,鄙视阿Q的为人;第四遍,鄙弃化为同情;第五遍,同情化为深思的眼泪;第六遍……每一遍的体悟都是一次探求的结果。虽然令人感到不同程度的辛酸,但会产生探求所带来的不断收获的理智愉悦感。

2. 认知、触发并理性调控缺失性认知、情感体验

缺失性体验是一个心理美学概念,在作品、学生学习和日常生活中却时常存在。文学作品的很多内容是作者和作品人物心理缺失的反映。认知和触发缺失性体验,在前面第二节基于文本文学性的高阶阅读教学的"四、情感审美体验:文学教育深层耕耘的教学策略"部分里已有具体阐述,可以参看。

这里从文学作品教学中对缺失性认知、理性认知调控自身缺失性感知,培育理智感的角度,简略地进行一点阐述。

学生在成长过程中会产生各种各样的心理缺失性认知和体验,这是学生理性能力生长过程中的必然现象。如何在文学作品的教学中,借助作品丰富的缺失性认知与情感,培育学生的理智感?

通过文学作品丰富的缺失性认知与情感认知,可以开拓学生缺失性认知的宽度与深度,增加学生对自身缺失性体验的合理性认识,并对这些认知与体验进行正确调校,促进学生的自我认知、自我体验和自我完善,从而拓宽、丰富学生的认知空间,增强学生在复杂生活情景中面临各种缺失时对自己生存与发展的控制能力,培养学生的理性能力,增强和提升理智感,有利于他们沉着、有为地成长。

这包括认知文学作品中由于自然人性的一般情感、社会性情感这双向情感的缺失,认知力和行为缺失,意志和生命力缺失,价值缺失,愿景缺失等引发的系列缺失,丰富缺失性认知经验和相应情况下的理智感,触发自己对相似缺失的认知,并对自己存在的缺失、认知能力进行理性调校和控制,增强正面价值认同和理智素养以及面临各种缺失时的理性能力,是强化和培育理智感的重要途径。

3. 培育稳健的崇高感

中学生的理想化程度比较高,对未来充满憧憬,有勇敢追求未来、道义的热情和勇气。中学生时常产生某些崇高感体验,但由于理智能力不足,使得他们的情感具有两极性。他们不仅在外部情绪上两极性明显,比如强烈、狂暴性与温和、细腻性共存,可变性与固执性共存,①而且人际关系偏激,具有反抗情绪等。在这个成长阶段,由于认知力不足、情绪不稳定、情感较单纯、两极性明显,学生的认知与情感尤其是激情体现是不成熟的,崇高感亟须深化和稳健。否则,中学生就会变得情绪化,不利于他们健康有为地成长。

崇高感是一种美学体验,也是一种理智感体现。在前面第二节基于文本文学性的高阶阅读教学的"四、情感审美体验:文学教育深层耕耘的教学策

———————
① 林崇德.中学生心理学[M].北京:中国轻工业出版社,2013:251.

略"部分里对崇高感的概念,认知、触发崇高感的审美体验已有具体阐述,可以参看。认知文学作品体现出的丰富的崇高感,并以此为参照进行迁移认知,让学生对自身在挫折和振奋时的高峰反应予以正确的认知、校正和丰富,是文学教育中针对学生心理特征,运用崇高感培育理智感的一条基本途径。

文学作品中的崇高感认知与体验的体现极为丰富,认知这些崇高体验,对学生崇高感的认知会产生很大的帮助。比如,认知由对自然的宏伟、壮美、永恒感悟到人生的短暂或自身的渺小、失意或悲剧性命运,感到事业紧迫,进而振作的崇高感;认知由自然物的短暂联想到人生命的短暂,进而振作的崇高感;认知、体验由自然对人生的压抑、折腾产生征服自然的勇气的崇高情感;认知由自然对人生的压抑、折腾产生征服自然的勇气的崇高情感;认知由社会黑暗、对人的压迫产生的对正义的坚守与无畏追求的崇高感;认知对自身挫折产生精神上振作的崇高感。

长时间通过阅读、认知文学作品里这些纷繁复杂的崇高感及其作品认知再现逻辑,以及对自己崇高感的反观与调校,理智能力就会增强,对自己在面临各种痛楚或挫折、振奋时的认知和行为表现进反省,就会增加很多正确的认知,自我调控能力就会增强,学生常有的偏激这一性格特征就会得到优化,人格境界就会提升,学生的认知和情感就会变得深沉,崇高感就会稳健、雄浑而激昂,理智感就会丰厚而沉重。

(三)深刻的优美感

美感是同审美观相联系的,是人的内在心理活动与审美对象的表面形态和深刻含义进行交流或相互作用后的结果,是基于一定评价标准的对现实生活和艺术作品的美的体验。美感的培育和道德感、理智感的培育一样,对作品的阅读分析、体验是重要手段。体验作为美育的途径贯穿于高级情操的培育之中。美感有不同的种类,前述理智感里谈及了缺失感、崇高感等心理美学体验。优美感的培育对于正处于唯美、理想化、情绪化心理特征阶段的中学生来讲,显得尤为重要。

优美感是美感中的一种"赏心悦目"的感受。比如面对小桥流水、曲径通幽、花好月圆、帅哥美女等对象时,感官的快适和精神的愉悦一致,这类感受

就属于优美感。优美的感受是想象力和知性的和谐统一,即和谐一致的美感体验。① 可见,在优美感中,理智的满足与感官的快适是一致的。

可是学生的优美感,除去一般现实感官所得,主要来自另一个天地。在一次对中学生课余学习现状的调查中,我们得知有68%的学生每天要花半小时以上的时间看卡通动漫。很多学生在业余时间很喜欢看这些以形象的个性和唯美为主要特征的书籍,对于处于两极性格特征、特殊的理想化阶段的中学生,在感知敏感区里不仅很重视视觉的唯美,还显得有些虚幻,对帅哥美女容易产生简单冲动的愉悦感和向往感,情感容易偏向两极,又比较随性。所以,培养深刻的优美感既培养了学生的审美认知能力、沉稳的性情、美好情操等这些人必需的长远发展力,它也是这个阶段学生心灵很好的调节剂。

文学作品的审美教育是深化优美感的有效途径。审美理解有三个层次:知性认识的理解、审美意会式理解、理性认识的理解。这实际上是从局部到整体、由表及里、由浅入深的审美学习过程。这三个层次,给语文审美教育厘清了教学次序,也使文学教育符合了学生的审美认识规律。这三个层次从语词意义理解开始,到把语词之间的意义联系起来,体会其情景及意义逻辑,最后探究其美的形态所蕴含的美的实质、表现特色。这个过程,不是简单的"刺激—反应"过程,还涉及情感、想象、理解等多种功能,还需要联系时代、作者等写作背景,是一个由局部到整体、由表及里、由一般到特殊的认识过程。这个审美认知结果与阅读者的有关经验积累、兴趣爱好、认识水平、分析综合能力直接相关。

比如,理解宋代苏轼的《饮湖上初晴后雨》:"水光潋滟晴方好,山色空蒙雨亦奇。欲把西湖比西子,淡妆浓抹总相宜。"知性认识的理解:只是对"水光潋滟""晴""山色空蒙""雨""西湖""西子""淡妆浓抹"等词语的一般含义的理解,割裂了它们之间的意思联系。审美意会式理解:不仅理解以上这些词语,还能把这些词语联合起来,找出它们之间的联系,从整体上把握诗歌的内蕴。把这些意象连起来,就可以理解这首诗写的是:晴天下,水光潋滟,景色优美;下雨时,山色空蒙,也显得很奇妙;这正如西施,不管是淡妆还是浓抹都很好

---

① 康德.判断力批判[M].邓晓芒,译.北京:人民出版社,2002:84.

看。最后两句是作者看景物后的审美联想和评价：这正如西施，不管是淡妆还是浓抹都很好看。全诗写的是作者游览西湖时看见"晴""雨"两种情况下的美景以及作者看到景物后的审美联想和评价。这个阶段主要是由局部到整体的逻辑理解。理性认识的理解：不仅细琢词语含义、理解诗中的意义联系，还要结合写作背景，进一步理解诗的意境、内涵和表达特色，对诗歌美的表现有理性的、深入的认识，这是一个由表及里、由一般到特殊的认识过程。

苏轼在杭州任通判期间，曾写了大量咏西湖景物的诗。联系同题的第一首诗的前两句"朝曦迎客艳重冈，晚雨留人入醉乡"来看，那一天，作者在西湖游宴，早晨阳光艳丽，入暮下起雨来。这首诗写作者看见西湖晴时天光、水光相应，光艳斑斓；下雨时山影空蒙、缥缈，意境奇幻。然后作者突发联想，产生一个奇特的比喻：西湖像西施一样美丽，不管是淡妆还是浓抹，怎样的变换都那样水灵动人。不同的美景、不同的美人装束，不断变换的景人响应，充满了迷离的艺术之美。深入探究，还能发现另一个艺术特色：概括性特别强。他写的不是西湖的一处或一时之景，而是对西湖的全面写照和审美评价，具有超越时间、空间的宏大变换的艺术生命力。

通过这三个层次的审美理解，可以全面、深入地理解文学作品的艺术内容和艺术美，挖掘出作品美的一般特征和个性特征。长时间进行这样的学习，自然就可以增强学生的审美能力，深化学生的美感，让学生变得沉稳，有睿智的理性思维和深刻的鉴别力、较好的美的创造力。

文学作品蕴含了丰厚的人本内涵。文学作品教育应实现文本的人文价值与学生心理的全面对接，让学生在对作品的理解与体悟中，通过感性和理性体验相结合，迁移性认知及其体验，强化对社会规则的理性认知和道德感体验，从而培育道德素养和道德感；通过获得探求的快乐，认知、触发并理性调控缺失性认知和情感体验，培育稳健的崇高感和理智感；通过知性认识、审美意会、理性认识这三个层次理解深化优美感，从而实现文学教育中对学生高级情操的培育。

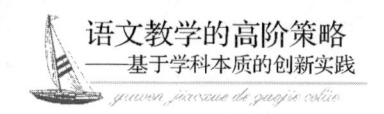

第六节　基于学科特质的拓展和自我生长的教学范式

前文已述语文教学文本具有工具性、人文性特征，大多还具有文学性特性。基于语文能力以个人多样性习得和语言、思维运用为主的特征，语文教学应在文本内容的基础上，拓展教学空间，着力于学生主动的学习实践活动，帮助学生实现语文能力和人文素养的全面提升。

这里提供两种基于文本特质和学科核心素养的教学范式。

一、基于文本特质和核心素养的语文教学拓展范式

语文课堂教学拓展，是在学习文本内容时学习与思考、体验范围的扩大与延伸。它以课本的内涵与表达形式为基础，在教师的引导下，一方面，充分利用文本内涵、文本属性及育人功能，进一步多角度、深入探究文本内涵及表现形式的艺术价值，对课文的思想内容、表达形式等进行多层面的理解、运用的拓展延伸，让学生在开放的课堂教学中强化对文本的理解和对教学目标能力点的掌握，并进行多角度的思考与实践能力迁移，拓宽学生的思维空间，培养学生的认知发散能力，从而培养其语文思维能力、创造性思维能力；另一方面，充分利用文本的人文属性、育人功能，通过文化理解、迁移拓展，学习、剖析文化现象，传承人类文化遗产，关注当代文化生活，理解多元文化，参与先进文化的传播和交流，从而拓展学生的思维空间与思维结构，丰富学生的人文素养，强化学生对人生、社会的思考，培养学生敏锐的思想和探索、创新的能力，提高学生语言的综合应用能力，让语文课堂教学更有活力。

可见，语文课堂教学拓展能发挥文本内含的多功能育人价值，能够提高语文课堂教学效率，培养学生的语文能力、创造思维能力和人文素养。

（一）语文课堂教学拓展要遵循的原则

语文课堂教学拓展是实施新课程标准的一种重要教学形式与手段，它对

课文的学习和学生的素养培育起着重要的辅助作用。但是,把握不好就要影响教学目标的实现,偏离学科特点。因此,在进行课堂教学拓展时就必须遵循一定的原则。

1. 自然延续的原则

语文课堂教学拓展是课本学习空间的扩展,是对教材内容、形式理解的辅助与强化,所以应该建立在课堂教学的自然延伸和自然关联的基础上,既不能喧宾夺主,也不能节外生枝。要很好地运用拓展,就应该在学习课文时有目的、有计划地精心设计,让它的某"点"或者某"面"自然延伸,或者让内容纵向或横向地自然拓展,这样的拓展就会贴近教材学习与学生学习心理的需要。

2. 适度性原则

课堂教学拓展是以课本为范例,完成三维教学目标的一种途径,所以课堂教学的拓展不能与学生的知识面产生太大距离,教师应对所拓展的材料加以适度的开发和利用,将拓展变成教学内容的延伸与深化,否则就主次颠倒了。

3. 以思考与发现、丰富与提升为核心

由于拓展不是基本教学内容的简单延伸,而是以强化学生对教学内容的理解与感受,以及产生相关的联想和认识,从而拓宽感受和思维的面、深度为目的,所以拓展不仅用在课后,还用在课中,思考与发现、丰富与提升是实施拓展的核心。

(二)课堂教学拓展的主要行动策略和范式

1. 内容、思想拓展

(1)补充性拓展

即将文中的内容做补充,或补充细节,或补充分论点,或补充论据,或补充结局,从而加深学生对学习内容的理解,丰富发展学生的思维能力。如学习新闻作品《别了,"不列颠尼亚"》,在完成课文的一般学习后,请同学展开联想,描述中英两国在香港交接仪式结束后,最后一任香港总督彭定康踏上英

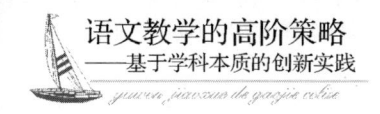

国皇家游轮"不列颠尼亚"离开香港时的心情。如学习了《项链》后,引导学生对文中叙事做顺延发展的拓展:在课文结尾,玛蒂尔德知道借的项链是假的时,表情会怎样?以后的命运会怎样?路瓦栽夫人会怎么处理这件事?

(2)比照式拓展

即把作品的某一特征作为出发点产生相似性的联想;或者从反面去展开联想,通过对比,加深作品内容、思想对学生的影响;或者将对文章内容理解的两种不同看法对比起来分析;或者将自己与课文内容、思想的关联性进行比较,从而拓展思维空间。

①相似性拓展

即让学生以作品的某一特征为出发点产生相似性联想,从而达到对作品内容的深刻感受和理解,深入影响心智的拓展。例如教学《我的空中楼阁》,可以要求学生或寻求与作者构思、语言、塑造的意境相似的作品,或从古代诗词中寻求相似联想,或谈谈自己在繁忙的学习生活中自己心灵的栖息、对自然的态度等。

②相反性拓展

即在学习课文内容时,从反面去展开联想,通过对比,加深作品内容、思想对学生的影响。比如,学习《小狗包弟》时可以这样展开联想:如果巴金不把狗送到医院,他和狗的命运会怎样?如果送医院之前,有人愿意收留包弟,包弟的命运会怎样?

③对比式拓展

即将对文章内容理解的两种不同看法对比起来分析,或者将自己与文中人物的主要特征进行比较,从而拓展思维空间。如《荆轲刺秦王》一文中,荆轲是一个在历史上有争议的人物,在启发学生对荆轲有所认识的基础上,可以把不同的看法罗列出来,供学生思考。比如司马迁《史记·刺客列传》:"自曹沫至荆轲五人,此其义或成或不成,然其立意较然,不欺其志,名垂后世,岂妄也哉!"苏洵《嘉祐集·六国论》:"至丹以荆卿为计,始速祸焉。"等等。到底应该怎么看荆轲,对比性材料会给学生很多启发。

④反思式拓展

即在学习课文时,对自己与课文内容、思想的关联性做拓展。比如,阿Q

在受了气无从排遣时转过身来就掐了一把小尼姑的脸蛋。请问当你遭人欺凌时,你也这样欺负过弱小吗?

(3)多角度理解拓展

通过对具体内容的多角度理解把握作品主旨。比如学习《项链》时,可对"《项链》的主旨是什么?"这一问题做如下挖掘、发散:第一,写玛蒂尔德是一个很爱慕虚荣的人,这篇小说的主题是嘲笑虚荣。第二,写她的诚信。第三,揭示事实和外表之间的差异。第四,写小人物对抗风险的能力比较弱。第五,写她是一个物质欲望比较强烈的人,小说的主题和欲望有关。第六,写玛蒂尔德的悲惨命运,作者流露出一种悲观的宿命观。这些问题会引发学生对相关具体内容的深入理解和对主旨的准确、深透的探索,培养学生的挖掘、比较、筛选文章有效信息的能力,也有利于培养学生思考问题时把握主次的能力。

(4)实质性探究拓展

即对背景、实质特征、作用等进行广泛性、深入性、创新性的探究性拓展。

①背景拓展

这是一种使学生学会挖掘特征产生的深远背景,学会联系地分析背景与作品特征的关系、深入把握作品特征的方法。它是对与作品相关的作家经历、文化思想背景、时代背景、创作动机,以及文本中涉及的人物或故事等的学习与思考。例如学了李白的《蜀道难》后,可要求学生了解李白的经历、所处的时代背景、其作品创作的阶段及特征、心理背景等,对《蜀道难》的创作背景进行广泛性、探究性、创新性的拓展,从而更好地把握作品的特征及产生的原因。

②作用拓展

即通过对作品产生的意义进行深入挖掘,从而对学生的思想、情操、行为方式产生影响。例如学习了《氓》,女主人公的遭遇和性格特征给了你什么样的启发?作为当代女性,应该怎样来处理男女关系,让自己生活得更好?

③评价式拓展

即要求学生用历史的眼光和现代观念审视作品的内容、思想倾向和艺术特征,对作品的内容、形式进行实质性探究与评价的拓展,从而深入把握作品

的特征,培养学生探究、创新、表达的能力。比如学完《琵琶行》后可引导学生思考:人物命运深层的社会背景是什么?该作品的特征是什么,意义是什么?如何看待白居易的行为?

(5)经历变换式拓展

即将文中主人公所处的时空等做变换,或将自己融入作品,设身处地地去理解内容的拓展。比如将《孔雀东南飞》中的叙事做时空改变,让学生想象"刘兰芝如果生活在今天,她的命运会怎样?"。再比如,学习《陈奂生上城》,陈奂生在招待所狭隘的报复以及精神胜利法常被学生笑话,但静下心来,设身处地地体味这个情景,如果你是陈奂生,你又会怎样呢?这样就会加深学生对人物言行合理性的认识,减少对陈奂生的很多不良看法,多一些对人物的同情。

(6)文化意义的探寻

即对文中蕴含的文化意义做深入的探讨与拓展,从而增强学生的文化意识,增强学生对文化现象的剖析能力,使之重视人类文化遗产的传承,关注当代文化生活,积极参与先进文化的传播和交流。

①原点式文化探寻

原点思维是从事物的原点出发,从而找出问题答案的一种思维方式。在对荆轲形象的探究中,司马光在《资治通鉴》中说"荆轲怀其豢养之私,不顾七族,欲以尺八匕首强燕而弱秦,不亦愚乎!",朱熹认为"轲匹夫之勇,其事无足言",近代龚自珍赞扬他"江湖侠骨"。这三人的看法集中为一点就是:这是一个有江湖义气的人,报一时信任、重托之恩,极别人"豢养"之情,滥杀他人,这是江湖人粗鄙的文化特征,当然不值一提。可是更多的人认为,荆轲虽不懂得以一人之力难以挽狂澜于既倒的道理,也不懂得秦帝国的统一是历史发展的必然趋势,但他不畏强暴,不怕牺牲,在国家多事之秋挺身而出、不避艰险的精神和气概是值得称道的。千百年来,荆轲被受压迫的人敬仰,其原因在于他站在斗争的最前列,激励了无数的仁人志士为反抗强权、推翻黑暗统治而英勇斗争,他的身上体现的是中华民族坚守承诺、不畏强敌、临危不惧的英勇精神,体现出的是勇于牺牲、慷慨赴死的爱国情怀。

②纵式文化探寻

即对文化现象进行纵向的比较、思考，获得对文化脉络的认识，从而丰富学生的文化思维，提高学生对文化现象的认识能力。王羲之在《兰亭集序》中描述了生命的不同状态，抒发了自己高旷的宇宙情怀。但是，他的生命观不同于老庄的道家思想。在王羲之看来，对生的执着、对死的排斥是人所共有的感情，是客观存在的，"一死生为虚诞，齐彭殇为妄作"。这就彻底否定了老庄的齐生死的观点，而树立了自己"死生亦大矣"的生命意识。从这种思想的变化里，我们不仅能看到深入中国人骨髓的天人合一的思想，还能看出有着深厚儒学修养的文人，儒学思想占据着思想的主流。

③横式文化探寻

即对不同文化特质进行横向探寻。比如学习伟大的现实主义诗人杜甫的作品，挖掘潜藏在作品中的文化思想时，就有必要去探寻同时代的浪漫主义诗人李白的文化特质。杜甫是一个入世很深的儒学追随者，一身与现实苦难相伴，依旧忧国忧民。而在李白流传下来的九百多篇诗中，有入世、建功立业之心的很多，同时也有不少作品流露出道家人生如梦、及时行乐和儒家"穷则独善其身"的消极情绪。对两者进行比较，就可以拓宽学生的思维空间和思维结构，就可以探寻出不同的文化特质会有不同的作品出现这一道理。

④综合式文化探寻

即以文本文化思想为基础，进行纵向、横向的文化探寻。比如，1957年，杨振宁与李政道获得诺贝尔物理学奖。在授奖仪式上，杨振宁做了充满激情的演讲。他在演讲结尾时说，他在科学研究上的成功，是中国文化和西方文化融合的产物。学习人教版高中语文选修教材中的《杨振宁：合璧中西科学文化的骄子》一文时就应该去探究是哪些中国文化、西方文化给了杨振宁帮助，他前后的思想和人格发生了怎样的变化。通过这样纵横结合的探寻，从中会发现中西文化各自的长处，以及它们对创造力的影响等，从而帮助学生重视人类文化遗产的传承，尊重和理解多元文化，拓宽思想的境界。

2.技巧应用式拓展

凡是课本中运用的表达技巧，都可以引导学生学以致用。如思维方式、构思方式、表现手法与技巧等，都可以在拓展中让学生应用到自己的语文学习中。如《药》的其中一部分描写:听说红眼睛阿义在狱中给了夏瑜两个嘴巴,驼背忽然高兴起来,一会儿后,花白胡子恍然大悟似地说"疯话,简直是发了疯了",二十多岁的人也跟着恍然大悟地说"发了疯了"。这些语言把当时那些闲散的普通人的冷漠、愚昧、趋炎附势、自以为是的特点形象深刻地揭示了出来。学了这篇文章,可给学生提供一次拓展训练:写一段揭示当今中国部分人自私、狡黠、冷漠特征的文字,要求用几个典型人物的典型对话以及他们的细节描写、情景描写来体现。这次训练,不仅从语言运用方面提出了明确要求,还提高了学生理解生活情景、情境中的语言,以及根据具体情景锤炼语言、运用语言的能力,既有浓浓的"语文味",也融入了深刻的思想教育。

3.活动式拓展

即通过活动去培养学生兴趣和加强能力培养的拓展。这种拓展常与写作或口头表达交流的训练配合进行。比如,学习完现代诗歌单元,可以开展"少年情怀都是诗"的拓展活动,要求学生赏诗、写诗、评诗、诵诗,形成系列活动;学了《梳理与探究·奇妙的对联》,可以开展读对联—写对联—赏对联—改对联的系列活动;学了小说单元,可展开写故事—说故事—评故事的系列活动;等等。通过这些活动,可以实现能力迁移,扩大思维空间,培养学生的综合素质。

二、基于学科核心素养及长远发展的自我生长教学范式

语文是一门基础学科,它的认知与思维、审美与创造、情感与价值观、语言理解与表达等,既是语文的基本能力、核心素养,也是一个人长远发展的基础素养。由于语言思维与能力具有自我习得与个体性运用的特征,所以语文教学应该高度注重学生自主的语言实践活动,促进学生学科核心素养及长远发展力的自我生长。

语文学科的研究性学习是学生的语言与思维实践、素养自我生长的重要活动,是实现学生语文能力培养的重要方式。语文学科的研究性学习通过自身主动的研究性学习实践,能够激发和保持学生学习语文的兴趣和热情,以及解决问题的自我探索能力、与他人的合作能力,让学生在自我建构认知、思

维、人文素养、语言素养的过程中，切实培养其审美鉴赏能力、思维能力、语言建构与运用能力，从而获得语言知识与语言能力，思维方法与思维品质，情感、态度与价值观，实现语文能力的全面发展和人的素养的全面丰富，培养学生长远发展的自趋力和发展力。

(一) 语文学科的研究性学习对学生心理的激发

现实的语文教育常常以少量的教材篇目和试题为轴心，把学生从早到晚死死地套着，学生的感受能力贫乏，对学习语文缺乏兴趣，缺乏知识自主建构与主动探索实践的体验，缺少深入的思考和创造力、持久的学习潜力。

实施研究性学习，是一场对传统学习方式的革命。语文的研究性学习注重以学生的现实生活、已有的学科知识和思维能力、学生的直接经验和体验为基础，以学生的兴趣为出发点去发掘课程资源，主动完成研究任务。研究性学习任务，它既可以以教材内容为依托，也可以不在语文教材、知识能力的序列中构建课程模式，不仅要求突破传统、单一的认知性课程目标，还要求把认知目标、能力目标、情感目标提到并列的重要地位。其目的在于通过主动的实践体验，让学生建构知识，培养收集、分析和利用信息的能力，获得亲身参与研究探索的体验，学会分享与合作，从而培养学生发现问题和解决问题的能力，培养科学态度和科学道德，使学生的智育、情意都得到发展。

显然，语文的研究性学习对学生心理的影响是巨大的，它对习惯性的学习心理起着很强的激发作用，这不但巩固和强化了其正常的学习心理，而且激励着学生积极地对自己的学习心理进行调试，实实在在地去主动求取学业和事业的成功。它的心理激发作用在以下几个方面尤为突出。

1. 变迟钝的语言感觉为清新的语言气息的体验

长期的语文讲读、与学生心理距离很大的教材体系以及学生被动接受的一体化的语文学习，带给他们的不是敏捷的语言能力，而是迟钝的、艰难的、片面的语言感受，以至于很多学生对语言文字持漠然的态度。在日常生活中，他们不能感受生动有力的语言，不能准确领悟语言的含义和韵味，不能辨识规范的语言美，而对一些时尚的、不很规范的语言反而感到新鲜，接受起来很快。这是因为长期以来学生不喜欢课本语言和教师单方面的硬性灌输而

形成的结果。语文的研究性学习的开展,对学生而言是一剂催化剂。它的问题的设置是建立在学生对语文的自我兴趣上的,是学生自己去发现与自己要去探究的问题。由于这都与学生的兴趣及知识、体验有关,又是自我完成,所以这种自我要求之下的学习和钻研是自觉的、有目的的。这就会让他们真切地感受到语言的灵动、丰富和蕴藉,这再也不是过去学生所常感受到的语言的索然无味,而是扑面而来的清新的语言感觉,从而改变了学生过去一见文字就头疼、麻木的学习状况,并对语言所负载的内容有了主动的学习兴趣,这无疑对他们是很大的激励。

2. 变被动的学习为主动的质疑

语文研究性学习是尊重每一个学生独特的兴趣、爱好的,它适应每一个学生个性化和智力发展的实际需要,为学生的自主发挥开辟了广阔的空间。这种开放,将学生的需要、动机和兴趣置于核心地位,由每一个学生自主地选择学习的目标、内容及方式,进而实现目标的个体指向。这种学习活动已经是主体积极参与的一种源自内在需要的活动,是学生不断地提高心智能力、积累经验,不断地更新自我、充实自我的过程。自然,它强调让学生在对问题的研究实践中去发现和探究问题,不断创造、体验和感受自己所研究的对象,从而发展实践能力和创新能力。在这个过程中,主动性是语文研究性学习得以开展和继续的灵魂。

被动的学习已经被放下了,研究性学习的宽松气氛,让学生能够确定自己感兴趣的东西,这就激发了他们的主动性,使其有目的地学习和探究。这种学习方式的结果和意义与平常读书、听讲座和听教师讲课有了很大的不同,它使学生对收获产生了新的喜悦。并且,由于解决问题的需要,学生会提出自己的发现及问题,会相互交流初期发现,会多方求证,会相互问难、答辩、探讨,所以,学生会主动地去思考问题、提出问题。研究性学习的这种自主性、成就感、交互性和激励性,不仅打破了过去教学的沉闷环境以及学生封闭、沉滞的学习心理,而且使学生个体的沉闷和肤浅的感受变为了创造的喜悦和深刻的感受,促使浅表的喜悦走向深层的快乐,从而深深地激励了学生,对学生产生了深远的影响,为其学习体验的积累和实践能力、创新能力的锻炼开辟了道路。

3. 变狭窄的阅读为多向的深入的阅读

过去的学习活动中,学生咬住不放的就只有那么几本书,并且大多是被限制在课堂内,所以学生不爱读书,对阅读没有兴趣。研究性学习逼迫学生广泛地去阅读,广泛地去获取信息,并且去认真分析、归纳,这广阔而实用的空间改变了学生对外部信息的态度,改变了学生勉强的学习态势,获得的是对外部信息新鲜的吸纳心理以及博览群书、广泛探究的兴趣,从而激励了学生改变封闭的自我,走向更广阔和深厚的空间。

4. 变恣意的语文行为和评价为理性的知、德、能的追求

在所有的学科中,学生对语文可能是最容易说坏话的,对语文教师以及语文课本的评价也最随意。究其原因,除了批评语文界,同时也应当责怪学生缺少思辨和品评的能力。通常情况下,在教师讲解和训练时,学生感觉自己的收获不够明显或模糊,所获得的一些思维启发和能力训练也不足珍贵,即使是获得了一些深入以及新颖的认识,那种喜悦的感受还是有些平淡。在学生看来,语文的课后学习也很不实在,政治、历史、英语有背的东西,数理化有计算的东西,好像语文在课后能够获得的实在的东西很少或不很明显,语文的学习好像是可有可无的。有人说:终身受益的东西从来是看不见的,比如学生内在的情感、人格和态度、思维品质等方面的影响。自然,学生是很难认识到这些的。但是,研究性学习的开展,让学生自己去解决自以为可以解决的问题,去做一些必须进行的学习和钻研,他们由此才知道语文学习听别人讲来似乎简单,自己做起来实在是很难,并且会深深地认识到语言的锤炼是一件艰苦的工作,思维的获得还必须有广泛持久的积累和深入的磨砺。再者,为了保证研究性学习的有效开展,指导教师要对学生研究性学习的过程及结果进行系列评价,这就让学生深深地认识到在平常的语文学习中,教师的一些理解或启发听来就能懂或者多想一想就能明白,这些都是教师较好的语文功夫的反映,从而改变了学生的语文评价态度以及学习语文的心理和行为;对于教师的教育或者启发,就会认识深刻、感受真切,就会虚心学习、注意潜移默化,这对学生的理性的知、德、能产生很大的影响,从而促使和激励了学生意志和情感的强化。

5. 合作意识

孤立的学习是过去学习中的常见毛病。研究性语文学习活动让学生懂得了学习的差异性及合作的重要性,让学生知道了研究是有必要与人合作的,生存是必须与人合作的,这种实践就让学生深刻地感受到自身孤立地做事是难以做好的,即使是生存也难以继续。这对学生来讲无疑是一次合作心理和生存技能的深刻教育。

很明显,语文的研究性学习非常突出地强调了情感目标,强调经验、兴趣、情感和意志的培养,这对学生的心理会产生极大的影响,也会有效地改变他们的心理定式,使他们学会控制和调节内心活动,激励他们积极、踏实地追求人生和事业的发展,提高修养,提高将来的生存质量。

(二)语文研究性学习的特征及组织方式

1. 语文研究性学习的特征

教育部在《普通高中"研究性学习"实施指南(试行)》(教基〔2001〕6号)中指出:研究性学习是学生在教师指导下,从自然、社会和生活中选择和确定专题进行研究,并在研究过程中主动地获取知识、应用知识、解决问题的学习活动。研究性学习与社会实践、社区服务、劳动技术教育共同构成"综合实践活动",作为必修课程列入《全日制普通高级中学课程计划(试验修订稿)》。自此,研究性学习成为学校课程的常设内容。

语文研究性学习是指学生在教师的指导下,根据自己的兴趣、爱好和条件,主动地模仿或遵循科学研究的一般过程,选择语文研究专题,独立或分小组开展研究,通过收集文献资料、自主合作探究等实践手段,主动地获取知识、解决问题,并撰写研究报告或研究论文,从而达到培育学生自主解决问题、深度学习的思维能力,获得这个专题方向的深入认识,自主建构相关知识、能力、成果的目的。

作为一种课程,语文研究性学习也可称为语文研究性课程。从教学论的角度,最主要的目的是改变学生单一的知识接受性的学习方式,它超越了学生已掌握的学科知识和课堂教学的局限,为学生提供了开放的学习环境,强调学生的直接经验和间接经验相结合的学习,强调综合运用所学知识和技能,引入综合学习、实践学习、参与学习、生活学习、探究学习等方法,自主地展开类似科学研究的过程,从而获得深入的实践体验,培育自主探究的实践能力和创新精神。

可见,语文研究性学习是学生在教师指导下,围绕要解决的问题完成研究内容的确定、方法的选择以及为解决问题主动探索新知、形成研究成果,相互合作和交流的学习过程,具有开放性、探究性、实践性和个性化的特点。

(1)开放性

语文研究性学习的内容,立足于研究、解决学生在语文学习过程中,需要解决的或关注的一些语文学习对象或其他相关问题,涉及的范围很广泛。它既可以是教材篇目,某作家、某作品,某种语文能力培育的途径探索,也可以是某个方面的文史哲结合的综合探究,等等。并且,由于学习需要不同,研究视角的确定、研究目标的定位、切入口的选择、研究过程的设计、研究方法和研究手段的运用以及结果的表达等可以各不相同,具有很大的灵活性,为学习者、指导者发挥个性特长和才能提供了广阔的空间,从而形成一个开放的学习过程。

(2)探究性

在语文研究性学习过程中,学习内容是在教师的指导下,学生参与确定研究课题,主动地发现问题,积极地寻求解决问题的方法,探求结论,整个过程是一个学生自主探究的过程。因此,语文研究性学习有自主探究解决问题的特点。

(3)实践性

语文研究性学习强调知识、理论与研究对象的联系,要求学生亲自参与实践活动,达成目标,所以研究性学习是以学生主动实践为主的活动方式。

(4)个性化

由于选题以及学生运用知识、建构知识、自主解决问题的个体性,研究内容的探索性,理解的多角度性,使得语文研究性学习的过程及结果呈现丰富的个性化特征。

2.语文研究性学习的实施

在开展研究性学习的过程中,教师和学生的角色都具有新的特点,教育内容的呈现方式、学生的学习方式、教师的教学方式,以及师生互动的形式都发生了较大变化。

(1)语文研究性学习的选题

①就内容范围选题

〈1〉课文相关学习内容的研究性探究

这可以是某篇课文的作者、内容的相关性研究。比如,学完苏轼的《赤壁赋》,可以给学生一个自主研究任务,让学生从儒、佛、道三家思想在文中体现的角度,分析总结苏轼在这篇文章中体现的文化心理;学完李清照的《如梦令·昨夜雨疏风骤》,要求学生阅读李清照的词,研究李清照借景抒情的特点等。

〈2〉某作家、作品的专题研究

比如学习杜甫的诗,可以设置杜甫诗的内容研究、杜甫诗的表达形式研究,或某段政治生活与他的某些诗的关联研究,等等。目的是拓宽学生对作家、作品的某一点、某一面,或全部内容的深入认识。

②就内容系统选题

选题既可以是散点的,也可以是系统的。上述"就内容范围选题"里的例子,就是散点选题。系统选题,是指研究性学习的选题具有系统性。教师根据师生的专业情况和学习需要,确定系列选题。

这方面的选题与实施,深圳特级教师吴泓是典型代表,在全国产生了很大的影响。他突破一学期一本语文"教科书"的藩篱,选入并整合大量与专题相关的阅读材料,组合成专题学习课程。这系列的专题学习,就是学生的语文研究性学习。

十多年来,吴泓的语文课上没有大量练习题,没有模拟试卷,没有课后作业,有的就是读原著、讨论、写心得体会。他上课,没有特定教科书,也不讲课,仅以经典阅读贯穿全过程,从不规定硬性课后作业。他在完成语文研究性学习专题期间,重点培养学生独立思考、敢于质疑并发表自己独到见解的能力和品质。其系列专题介绍见后面的"(三)成功案例展示"。

(2)语文研究性学习的组织形式

主要有三种类型：个人独立研究、小组合作研究、个人研究与全班集体讨论相结合。

个人独立研究可以采用"开放式作业"的形式，即先由教师指定或与同学合作选定研究性学习任务，各自相对独立地开展研究活动，完成研究性学习的作业。

合作研究包括小组合作研究、个人研究与全班集体讨论相结合两类。小组合作研究是经常采用的组织形式。小组合作研究一般由3～6名学生组成课题组，由语文教师担任指导教师。研究过程中，课题组成员各有独立的任务，既有分工，又有合作，各展所长，协作互补。

采用个人研究与全班集体讨论相结合的形式，需要全班同学围绕同一个研究主题，各自收集资料、开展探究活动、得出结论或形成观点，再通过全班集体讨论或辩论，分享初步的研究成果，由此推动同学们在各自原有成果的基础上进行深化研究，之后或进入第二轮研讨，或就此完成各自的研究性学习成果论文。

(3)语文研究性学习实施的一般程序

语文研究性学习的实施一般可分三个阶段：问题提出阶段、研究实践阶段和成果呈现阶段。在学习过程中，这三个阶段并不是截然分开的，而是相互交叉和交互推进。

在研究实践阶段，若是合作研究，需要成员完成任务分工后再进行研究实践；在成果呈现阶段，若是合作研究，则需要成员呈现各自成果与交流，再深入研究、总结。

研究性学习的三个阶段是相互交融的。即在提出研究的主要问题时，有可能含有对研究内容的尝试性分析和部分成果的交流；在研究实践阶段，也是不断地提出问题，对阶段问题进行实践与解决；在成果呈现阶段，可能还有问题的提出、问题的再探究、成果的再梳理等。

(4)撰写研究性学习成果

这包括研究性学习专题报告、与一般教学内容直接结合的研究性学习成果呈现两类。

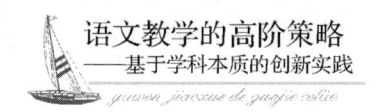

研究性学习专题报告一般分成五个主要部分。第一,研究背景。第二,研究目的。第三,研究方法:①通过图书馆、新华书店、档案馆、网络等渠道搜集资料的文献分析法。经过文献分析与整理,得出初步的研究基础。②合作研究法等等。第四,研究意义。第五,研究步骤:确定选题—小组分工—开展研究过程—梳理成果及研究结果写作—展示成果或结题报告论证。

与一般教学内容直接结合的研究性学习成果撰写,一般需要完成以下两个方面的内容:文献分析与整理,得出初步的研究基础;成果产生的进程与结果展示或交流报告。这类研究性学习结果的形式是多样的,它可以是一篇研究论文、一块展板、一场主题演讲、一次口头报告、一份研究笔记,也可以是一项活动设计方案,等等。

(5)教师的作用

在研究性学习的过程中,教师不再是学习过程的主导者和具体的实施者,而是学生自主完成学习任务的指导者。通过这种以学生自主学习为主,教师指导、监控、完善为辅的学习方式,能有效促进学生能力的自我生成与自我发展。教师的作用主要体现为:

①在可以自选主题或支题的情况下,指导学生结合自身情况定选题。

②指导学生组成学习小组,完成研究性学习实施方案。

③在学生相关学习资源匮乏的情况下,帮助学生寻找和给学生提供必要的参考资料。

④在学生研究性学习的过程中,教师予以指导、监控,确保学习过程有效进行。

⑤辅助学生深入完成学习成果,对学生的研究方法以及内容的理解、归纳、阐述等进行全面指导。

⑥组织学生进行成果交流与最后的成果展示。

(三)成功案例展示

1.课文延伸性研究性学习成果示例

四川省特级教师、成都市石室中学北湖校区副校长赵清芳老师在与学生一道学完《逍遥游》之后,以"学生眼中的庄子"为主题,让学生进行研究性学习,要求学生谈自己对庄子的看法。学生对庄子的研究性学习,成果丰硕、个体性突出。

(1)学生眼中的庄子(上)

以下三位学生的习作,均着眼于庄子在今日社会的现实意义。以今日之视角,观古人之思想,虽有脱离时代背景之嫌,但不妨从"古为今用"的角度观之。

庄子:我不想和他们关在一个笼子里

成都石室中学(北湖校区)高2019届8班　崔思玘

区区白鷃,腾跃而上,也只在蓬蒿之间。

南徙之鹏,水击三千里,还要借助云月的大风。

当大鹏在九万里的高空俯瞰万物,白鷃却笑道:"彼且奚适也。"

无关乎大,生命皆有局限,关在一个个笼子里,从这个笼子出来,又到另一个笼子,无穷无尽。许多人只看见别人的笼子,却看不见自己的笼子。而庄子,看见了所有的笼子。

当多数人在功与名、富与贵的笼子里推攘着,叫嚣着,争得你死我活,他想了想:没有谁规定他必须待在这里,于是他走了出去,走到了另一个笼子里。

没有人规定我们的生活方式,然而身旁的人都高呼着同一个口号,随波逐流,就使我们禁锢了自己的思想。有时候,我们不妨想一想:我为什么在这里?

天下莫大于秋毫之末,而太山为小;莫寿于殇子,而彭祖为夭。庄子质问着生命中的理所当然,但有所局限,有所凭借,站在笼子里,是人开了七窍后,生命之所以为生命的代价。

能看清这个代价,选择自己想待的笼子,也是一种莫大的自由。

冷眼以待,热心以生

成都石室中学(北湖校区)高2019届8班　贾开熠

庄子很难懂。在那个百家争鸣的时代能有独特之处,必有其原因。拒不入仕,是对生活的冷眼;逍遥自在,是对生活的热肠。冷眼以待,热心以生,是大成之性也。

冷眼以待。我们应对生活抱有一种审视的姿态。冷眼以待的"冷"是冷静，是理性，是对周遭事物沉淀下来的沉着分析。在角落观察一切是理性的体现，是智慧的深层次发酵。

热心以生。我们不论有如何困境，都没人能干预我们对生活的热情态度。鲲化为鹏，有着起飞的受限，有着眼界的受限，也有生命的局限。但鹏依旧振翅而起，怀着自己对自由的无限崇尚，跨越半疆。热心以生的"热"是热情，是感性，是对生活无比的乐趣与热情，是在肉体受限后依旧可以冲破桎梏的美好态度。

冷眼以待是理性的使者，热心以生是感性的化身。理性与感性的完美结合是人最理想的境界。庄周拒不入仕，冷眼相待于世界，却化为鲲鹏，逍遥自在游于梦里，对生活抱以鹏向南徙的乐观态度与自在精神；鲁迅执己见，在孤军奋战之时保持冷眼相待的理性，却依旧在呐喊中对生活抱有无限激情；史铁生残疾后愈发理性，高度的冷静造就文坛大家，却依旧在与病魔的斗争中表达出生命的积极与乐观。

庄周在两千年前便化作鲲鹏，在拒仕中理性观察，在放飞自我中感性生活。纵使有起飞的受限、眼界的局限、时间高度的受限，依然要乐于生、热爱生。中学生所做的，不正是如此吗？

社会中的庄子

成都石室中学（北湖校区）高 2019 届 8 班 万博文

许多文章都说"庄子是人心灵的慰藉，灵魂的港湾"，又坦言绝大多数人一生向上攀登，拥挤竞争而全不似庄子安贫乐道，以逍遥为乐。人们既与庄子走着相反的路，却又向往庄子，这是矛盾的，但社会恰在矛盾冲突中进步，正如没有矛盾冲突就没有戏剧一样。

社会上不能全是庄子。容易想象，全是庄子的社会，逍遥无比，人人天天钓钓鱼，游游乐，各无所依，各无所靠，这样也算不上社会。

社会上也不能没有庄子。撞得头破血流之后，退后一步看哪里？如鲍鹏山先生所说，在我们无路可走的时候，去找庄子吧，在港湾里休憩。

思想源于人、作用于人，也就是最初源于社会，最终作用于社会。所以，只要这个社会还有像庄子一样的人，那便说明，这个社会依然需要庄子。

(2) 学生眼中的庄子(中)

这三位学生的习作,均着眼于对庄子思想的一种否定。虽然个别观点略显稚嫩,但不失为学生个人的独立思考。

"圣人"与"怪人"

成都石室中学(北湖校区)高2019届8班　徐鸿博

庄子的思想,放在如今飞速发展的社会中,除了供给文学研究,对社会的贡献几乎为零。一个远离群体,毫无奉献之人,几乎算是透明。

庄子同样如此,每月在濮水边钓鱼,不管是非,即便整日感慨,又不愿付诸实际,把自己塑造成局外人。用今天的话来讲,他就是没有社会意识的一个人,有,也只是在心里。对集体,他与普通人无异,却时刻摆出清高的圣人样,想受到膜拜。最终,落得一个心灵的圣人,自娱自乐。

他的思想,流传到如今,便成了失败者的挡箭牌,尤其是那些自视甚高之人。失败了,没关系,不是我的问题,是世道不行,于是整日游手好闲,做个懒人。还好全都仅存在于脑中,什么都不做,没成为蛀虫。随着庄子名声远扬,他的思想就成了供失败者们品鉴的鸡汤,喝多了,变成毒药,自己成了废人。

庄子思想是根本无法实用主义化的,因为没有使用之心。任何有意义的事,它都不让你做。去思想的幻想中翱翔吧,随便你是坐着,躺着,你都可以绝云天,飞八万里,想飞多远飞多远,最终成为饱满精神与懒惰躯体的结合。

庄子的高明之处,在于他留下了著作。一般人作怪,仅能影响一时,逝后便消散,难以为害万世。但庄子不一样,他把自己附载在书与思想上,延续了几千年,让更多的人变成和他一样的"无为圣人"。

"圣人"与"怪人",只多了一个"忄",庄子便是思考过了量。

个体生命与集体

成都石室中学(北湖校区)高2019届8班　余沛文

如今有越来越多的人站出来推崇庄子,甚至不惜把其他诸子贬得一文不值,只管把庄子推向顶峰,对此,我始终不是很懂:究竟,庄子关于自由的讨论和对个体生命的认识,对于现世有什么意义?

首先,值得肯定的是,一个人活在世上,对于"人"的认识是必要的,而庄子思想中人的自由正是对人最本质的认识。但是,个体活在集体当中,是不

可能有绝对自由的——万事都有一定的规则。人活在世上,可以有精神自由的——没人能管得了你的思想,所以人在思想上可以不必随主流,前提是不违背道德法则。但人的行为必须要符合主流认知,当然这里是指大范围上的主流,即不损害集体利益。如果真要像庄子说的完全自由,人人都自由躬耕于田野之上,无人做官,无人掌权,那社会生产一定是乱了套了,个人最基本的生活需求都满足不了,何谈自由?人不可离开物质而光谈精神生活,也就不能离开集体而生活,而在集体中生活则不可能有绝对的自由。

其次,庄子对于个体生命的认识,我是不敢苟同的。他在关于生命的思考中太强调个体化,他认为生命价值的最高体现就是超然的心和自由的人——始终是个体高于一切。庄子一向是瞧不起官位的,他认为这种"权"和"利"是对人生命的束缚。但是,谁说为官之人就一定是贪婪虚妄之人呢?只是一些人的道德败坏,何苦以偏概全,视其为一丘之貉呢?且士人为官,意在报国,为官一方,则造福一方。他们尽其才,终其一生的作为和追求,在庄子眼中竟全成了追名逐利!要是所有人都去学习庄子的思想,真没了这些"追名逐利"的人,那集体利益又该由谁来保障?人类社会又如何进步?

所以,庄子对于个体和生命的认识,以及"无为而治"的追求,放在集体中,是难以成为主流的,也是不必、甚至不能成为主流的。

逍遥者不逍遥

成都石室中学(北湖校区)高2019届8班　韩佳为

一个人若是牵挂太多,内心可谓是负债累累。而一个人若是只追求那逍遥自在无牵无挂,那更只是一场徒劳无功的跋山涉水。

庄周所追求的,说得好听点是逍遥,说得露骨一点是超脱。他想在这世间任何事都只靠自己完成而"无所待":大风起时,他可负青天而覆山河;北海不动大风不起时,他可借自身直上九万里。这个青天白日梦做得让人可敬又可怜;身为凡人却梦想着神人圣人的境界,他将理想编织成垂天之翼。可是,当没有谁来将他托起时,羽翼是圆梦的帆还是现实的锁?

庄周和鲁迅都用冷峻的目光和炽热的胸怀审视和期望着自己所处的社会。但鲁迅像一个工程师,他将他理想的中国当代社会形象化成一张图纸,然后一生都以那图纸为目标改造着社会。庄周更像一个画家,他的画技甚至比鲁迅更高更精妙,笔下的格局甚至更宏大。但他画完也就画完了,这位意象派画家望着自己的画作成日兴叹,迈不进自己心中的乌托邦一步。

而最令庄周这类人痛苦的是,他的理想是最近又最远的镜花水月,是最清晰又最模糊的空中楼阁,一生可见不可触。佛门出世求超脱而得者尚且寥寥,他这种入世而求超脱者只能是羁绊最深的人。

庄周想在这世上求得逍遥,但他不付诸行动只是空喊口号,最终理想与现实的距离令他的灵魂越来越沉重。他就是一个自我矛盾的叙述者,却还哭喊着自己的不幸。怎去得逍遥?能得谁同情?

他的理想或许高尚,他的精神或许照耀千古。但对于他自身,在理想的光环和无法摆脱的现实的冗杂交织不清下,他的追求只是——

作茧自缚!!

(3)学生眼中的庄子(下)

这三篇学生习作,则是学生对庄子其人及其思想的一种评论与观察。

庄子的冷与热

成都石室中学(北湖校区)高 2019 届 8 班　李思懿

太多人都认为庄子洒脱逍遥,并予这世间以最冷峻、最锋利的眼光,但他却是有温度的。我总觉得他的温度只不过未温暖过这个时代与世界而已。他以冷言刺穿世界,却以烈火燃烧心灵。

庄子,名周,蒙人也。曾为漆园吏,与梁惠王、齐宣王同时,少有大志,博学审问,通晓百家。也许正是因为生活在礼崩乐坏、利字当头、诸侯攻伐的战国年代,庄子的格局与智慧又非寻常人所能及,他的眼界与见识便筑起了他与世界、与时代厚重的铜墙铁壁。他看透现实,鄙视现状,对虚伪的孔孟儒学与所谓的君子高风、功名利禄以最刺耳的讽刺,却无力改变现实,这是太多智者的悲哀。长江水、黄河浪,从古至今淘尽多少辛酸悲苦的滋味;高楼亭台,百年兴亡,听过多少愤懑无奈的叹息。

但在这当中庄子又与他们不同。别人愿以一己孤心做最后的奋斗,他却顺其自然。他人愿以一人之下万人之上的尊位激言雄辩,整顿河山,自为卿相,还世间一个朗朗乾坤;他却拒为楚相,曳尾于涂,只求个清静无为。别人在意声名、家国,他却早已将这些东西排除内心之外。他要做鲲,翻搅江海;

他要做鹏,翱翔九天。虽然这在现实中无法实现,可庄子毕竟是那样一个理想主义者,对世界的冷使得他更加不羁地驰骋在幻想的精神家园里,并为此倾注所有的热血与丹心。

寒江彻骨,下面却暖流涌动。

冷与热,热与寒,或许我亦未懂。

适性而来,随性而去

成都石室中学(北湖校区)高2019届8班　冷敏蓉

庄周身上有一种超凡脱俗的"冷",那种"冷"并不是拒人千里的冷漠,而是一种将世俗置之度外的从容和淡然。

庄周的思想和自然万物是最为贴切的。他在人与自然的密不可分的关系中寻找到了那片心灵的宁静与安然,运用不可思议的比喻和想象写下的文字,充分体现了他的超脱和随性。

所以,也可以说庄周是一位沉浸在自己思想里的狂热想象者。他不在意周围、世俗的眼光和评价。他的思想中有一种"顺其自然"的从容,但并非是"船到桥头自然直"的颓废和听天由命。在他的字里行间里,是大胆比喻背后的深刻生活态度的真实写照,是率性散漫架构背后的执着追求。在他清冷、与世隔绝形象的背后,是一颗火热又执着的心。

适性而来,随性而去。万物本就是受到束缚和限制的,但生活态度却可以冲破外界带来的枷锁,解放孤苦无依的灵魂,为贫乏的内心世界带来希望和满足。那么,这世上又有什么是我牵挂的呢?又有什么是我不可割舍的呢?空归来、空归去,世间唯我一人从容。万物将息、万物复苏都不会因为我而改变。

世间只留一阵清风。

埋

成都石室中学(北湖校区)高2019届8班　朱雨璐

就同黛玉"埋香冢飞燕泣残红"一样,庄子将原有的世俗追求埋了,最后,干脆把一切追求都埋了。他化蛹为蝶,破茧重生,他埋掉追求,却又长出双翼,独游无穷。

埋掉什么,至少证明他曾有过什么。他也曾汲汲数数,不满于小官,又不愿意做大官。他也曾怀有中庸之道,追求做材与不材的中间人——只是终不遂愿,卡在"出世"与"入世"两条路间碰了壁,才全然放下了在封建社会下必然生长出的对官帽的热衷。

埋掉什么,也足以看出他追求的是什么。尽管庄子的"无所求"看似缥缈,但这也正是他唯一的追求——只是他不愿把这叫作追求。世人眼中的希望只是庄子眼中的累赘罢了。他终于觉得累了,便在毅然埋掉那些杂念之后一心奔向九万里长空了。他唯一的追求便是"无所求"的自由。

有人说庄子是在追求真正的人性,确实如此,他不是生而无累,更不是生而伟大,他只是解脱了官场,解脱了世俗,去寻找梦中的自由了。

埋掉那已腐烂在世间的庸俗吧,让自己解脱,也许也是对复杂世间的解脱。

2.专题研究性学习成果示例

全国著名特级特级教师、深圳市宝安区教育专家工作站工作室主持人、深圳市教育科研专家工作室主持人吴泓,从2001年开始尝试带领学生进行专题学习,以经典阅读贯穿全过程。2003年,他把专题学习延伸到了网络。在他十余年探索与实践专题学习的过程中,他设置的"生成思想"专题共有四组、三十多个。

第一组:

1.感受其芬芳,接受其哺养:读《诗经》

2.路漫漫其修远兮,吾将上下而求索:读《楚辞》

3.寂寞圣哲:读《论语》(选读《墨子》《庄子》《韩非子》)

4.日月清朗,千古风流:读《世说新语》

5.桃源梦境与归去来兮:读陶潜

6.李杜文章在,光焰万丈长:读李白或杜甫

7.一片江山尽姓韩:读韩愈

8.世事一场大梦,人生几度秋凉:读苏轼

9.一民之生重天下:读王安石

10.末世悲歌伤红楼:读《红楼梦》

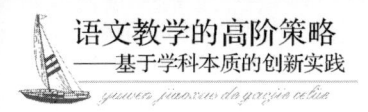

第二组：

1. 百年寻梦：读蒋廷黻《中国近代史》

2. 走进鲁迅的世界：读《呐喊》《彷徨》

3. 以一种悲悯的眼光来俯视这群地上的人们：读《雷雨》

4. 苦难与忧思铸就的诗魂：读穆旦

5. 生命是忧伤的：读《边城》

6. 生命是一袭华美的袍：读张爱玲

7. 女性的天空是低的：读萧红

8. 人生的局促与困顿：读《围城》

9. 读"中国当代诗歌"（1979年至2009年）

第三组：

1. 文艺复兴时期伟大的戏剧家：读莎士比亚

2. 人类苦难的"百科全书"：读雨果

3. 为人类的苦难而忧伤：读托尔斯泰

4. 人生来就不是为了被打败的：读海明威

5. 魔幻与现实的世纪孤独：读《百年孤独》

6. 揭示人类现实生活中的困境：读卡夫卡

7. 一部女性的心灵史：读伍尔夫

8. 生命就是一种等待：读《等待戈多》

9. 置身于阳光与苦难之间：读加缪

10. 唯有大地上歌声如风：读里尔克

第四组：

1. 张艺谋电影

2. 侯孝贤电影

3. 赖声川戏剧（注：这一组专题原是专为传媒班学生而设，后来改为每一届学生可选其一）

通观"生成思想"四组专题，第一、第二组遵循的是中国古典文学（历史）和现代文学（历史）经典并重的原则。第三组遵循的是外国文学的文艺复兴、人文主义、现实主义、现代主义和后现代主义作家、作品兼顾的原则。从文体上看,四组专题又遵循着诗歌、散文、小说、戏剧、影视文学并举的原则。

在专题实施的具体过程中,"生成思想"各个专题可以随时调整、替换或添加。如他根据学生情况,在实施中将高一、高二年级的"生成思想"专题调整为:

高一上学期:《诗经》、《边城》、海明威、中国当代诗歌(1979年至2009年)。

高一下学期:《论语》、莎士比亚、屈原与《楚辞》、《雷雨》。

高二上学期:蒋廷黻《中国近代史》,鲁迅《呐喊》、《彷徨》,苏轼,《红楼梦》。

高二下学期:伍尔夫、李白或杜甫、加缪或卡夫卡、王安石或韩愈。

第二编　基于学科本质的写作教学理念与高阶行动策略探索

第一章　写作教学的典型桎梏

第一节　教材、教法的典型桎梏及分析

2007年,著名语文教育专家、上海师范大学博士生导师王荣生教授在《语文教学通讯》B刊第12期中痛切地感慨"这早就不是秘密:在我国中小学的语文课里,几乎没有写作教学"。这种现实至今还在基础教育界普遍、严重存在,严重影响写作教学效率和写作教学的学科地位。

语文教育专家、浙江大学教育学院博士后、杭州师范大学人文学院教授叶黎明女士在《写作教学内容新论》一书中说:"当我们聚焦课堂的时候,不难发现一个具有普遍性与长期性的问题,那便是课堂写作教学的缺失。换句话说,写作教学的主要问题,不在于教师教了什么,而在于教师普遍没有教什么;不在于为应试而教,而在于如果不应试就不知道该教什么。"

写作教学是语文教学的半壁河山。可是,笔者在一线从教二十四年,从事专业教研数年,几乎是无不痛心地看到,写作教学不仅没有一个科学化的教材体系引领,教师本身对作文教学的认识和专业基本功、日常教学的科学

性严重缺乏。

写作教学内容及教学的现状,可以用这样的词语来简单概括:偏颇、肤浅、散碎、混乱不堪。它的主要弊端体现在以下三个方面。

一、教学内容构建的科学方向缺失

重视写作技能轻视写作核心素养培育,不符合学生写作能力的形成和生长规律。内容的主体要素缺失导致写作教学内容建构宏观设计的科学方向缺失。

(一)缺少思维方式培育

思维方式是写作能力形成与发展的基础。当前的写作教材和写作教学没有符合思维发展规律的、系统的思维教学,即使有,也只是一点零散的、单纯的技能思维教学。

1. 教材内容的整体设计缺少适宜的思维培育

教材内容的整体设计没能与学生的思维特点和思维发展需要、思维发展规律相适应,从而使写作教学内容在思维方式的培育上缺少适应性和科学性。

2016年版部编版初中语文教材里的写作学习内容设置,七、八年级侧重于记叙文、说明文的写作,九年级开始学习议论文。这个思路遵循了初中阶段以形象思维为主,形象思维向抽象思维过渡这一思维发展的一般规律,与中学初期学生的思维特点和思维发展需要、思维发展的一般规律大致相适应,其具体内容设置注意了写作专项技能的集中学习和强化,一定程度上符合文体写作能力形成的规律。可是,思维发展的综合发展性这一特点在教材的整体设计上没有得到体现。

各种版本的高中段语文教材里的写作学习内容,在这些方面的缺陷很多。这里以至今高中段写作学习内容编排最好的人教版实验教材为分析范例。

就整体思路来看,这套高中教材大致如初中阶段一样,一、二年级的写作

学习内容分别设计为培养学生记叙抒情类文体、议论文类文体的写作能力。但是，从与高中学生的思维特征、思维和写作能力的发展需要、思维发展规律相适应这一教育心理学原则来看，这个设计的科学性很欠缺。

15～17岁是抽象逻辑思维发展趋于初步定型或成熟的时期。① 这个阶段，抽象逻辑思维不仅占优势，而且处于主导地位。这意味着在这个阶段，青少年的抽象思维发展很快，思维或认知正趋向成熟。那么，至迟在高一年级要开始加强抽象思维的培养。但是这套人教版高一教材里这些直接关联形象思维的学习内容，即使附带有对抽象思维的一点培育，也是零散、肤浅的。显然，这样的内容安排忽略了高一学生这一思维特征。到高二，教材把学习内容转向培养议论文写作能力，这与学生的心理特征在一定程度上吻合。可是，高二上（第三册）的学习内容，除去"选取立论的角度"，其余选择和使用论据、论证、学习议论中的记叙等内容，侧重于议论文写作的一般技能，可看作以巩固、适度提升初中段已基本形成的技能为主，没有较多地关注学生抽象思维方式的培养。直至第四册学习横向、纵向展开议论，反驳、辩证分析时，才开始学习一些辩证思维方式。这里的学习内容程序，也没有遵循抽象思维由形式逻辑思维向辩证思维发展这一思维发展的基本规律，并且抽象思维方式的培养也不系统。可见，高二阶段对学生抽象思维的培养很简略、片面，并且高一及高二上的写作学习内容，抑制了这一阶段学生应有的抽象思维发展。这样的内容安排，还会出现一个结果，即学生在高一时培养出来的叙事描写抒情类的写作能力在高二这一年可能退化，甚至可能会化为乌有，高二期间依旧应当在一定程度上发展的叙事抒情心理与素养，尤其是因议论能力增强而丰厚的抒情心理与表达会得到抑制。再是，全年单一的文体写作训练忽视了学生认知与表达的个性化、多样性特点，忽视了思维的综合发展特性，忽视了写作技能及写作思维相互渗透及综合发展这一写作思维发展规律。所以，高一、高二这种写作教学内容的整体设计，很多都未能与学生的思维特点、思维和写作能力的发展相适应，这两年的学习较大程度存在相互制约、相互拆台的不良现象。

---

① 林崇德.中学生心理学[M].北京：中国轻工业出版社，2013：40.

2.思维教学的具体内容缺乏,导致写作教学成为脱离思维方式参与的一般技术性教学

比如,部编版初中语文教科书七年级上"学会记事""写人要抓住特点""思路要清晰""如何突出中心"这四个写作学习专题,"记事""写人""思路""中心"如何与学生思维的主体特征、写作的基础思维和形象思维相结合,教材里没有阐述。再比如,人教版高中语文第三册"第一单元:选取立论的角度""第二单元:学习选择和使用论据""第三单元:学习论证"。高中生正值抽象思维发展的关键期,形式逻辑思维是走向辩证思维的必经之路,形式逻辑思维与立论、论据、论证直接相关联,可是在这些章节里,如何遵循形式逻辑的概念、判断,逻辑规律的运用法则,以及演绎、归纳、类比的逻辑推理思维方式等,没有一点阐述。人教版高中语文第四册"第一单元:学习横向展开议论""第二单元:学习纵向展开议论""第三单元:学习反驳""第四单元:学习辩证分析"这四个单元的写作学习内容,都是与辩证思维方式直接相关联的,第三单元还直接与批判思维相关联。可是,前两个单元的写作学习内容里没有辩证思维方式的学习,第三单元没有批判思维方式的学习内容,第四单元的辩证分析与第一单元的联系分析、第二单元的发展分析有诸多交融。整体来看,在初高中教材的写作学习内容里,写作技能的学习与思维学习脱节,导致写作学习成了单纯的技术性学习,脱离了写作能力发展和学习内容构建的正确轨道。

(二)学生人文素养和个体性培育缺失,使写作素养培育缺少根基

1.缺少人文认知培育,让写作缺少根基

写作能力与学生的人格、思想素养、审美能力直接相关,人文认知是写作得以产生的基础,可见写作教学应该充分注重人文素养的培育。但是这一点,在教材编写者那里没有得到重视。

部编版初中语文教科书里的写作学习内容,没有人文素养的内容。比如七年级上册:热爱生活,热爱写作—学会记事—写人要抓住特点—思路要清晰—如何突出中心—发挥联想和想象;七年级下册:写出人物的精神—学习抒情—抓住细节—怎样选材—文从字顺—语言简明。这些基本都是一般的写作技术性教学,没有人文素养培育的系统安排。八、九年级的写作学习内容情况亦同此。

在人教版高中语文的教材里,每一个写作学习专题设置都有简略的"话题探讨",但内容很单薄、零散,编写者的原意是简略触发学生对这个话题的一点认知或引出"写法借鉴",但人文认知的系统培育非常欠缺,即使有一点写作话题触发,也很简略。这直接导致了学生没有内涵,写不出文章。

在部编版高中语文的教材里,每一写作学习专题设置没有人文专项理解与认知深化,比如第一册第三单元"单元学习任务:用言语直抵听众心灵——学写演讲稿"、第六单元"单元学习任务:明确对象,有的放矢——学写写景抒情散文"。这里的写作学习,都局限在技术性教学的范围。

2.缺失个体性培育,使写作失去了动力和能力发展

几乎是一体化的简单写作教学内容、写作的模式化或零散的技能教学,是日常写作教学内容和教学的主要形态,没有个体性生长的系列人文滋养和写作个体性的培育。写作教育个体性培育的缺失,让学生失去了写作的动力,让写作变得虚假,让编造成为常见的写作行为,自然也就让学生的写作能力失去发展。

偏重写作技能教学,主体内容设计角度单一,写作能力生成与发展的主体要素很多没有得到考虑,导致教学内容构建的科学方向缺失,是多年来写作教学内容设计的痼疾。

二、教学内容的系统性缺失

写作教学的具体内容简略、零散、残缺,使写作教学内容的系统性和教学价值严重缺乏。

基础教育阶段的几种语文教材版本,人教版的写作学习内容体系设置得好一些。虽然各学段写作教学内容和特点不一,但是系统性缺失这一共性是明显的。由于大部分地区各学段统一使用人教版的语文教材,所以这里以人教版写作学习内容为例。

(一)主体内容组成板块间系统性不足

1.人文素养培育缺少系统性、全面性和内容厚度

写作是建立在认知与思维含量的基础上的。人文内涵的丰富与发展,是与写作能力直接相关的重要内容。

前述部编版初中语文教科书、部编版高中语文教科书里的写作学习内容,没有人文素养的内容。人教版高中写作学习内容里设置了部分人文点,是人教版对写作教材建设的本真构想和贡献,但是这些人文点的设置零散不系统、缺少人文认知的广度和厚度,值得研究,应该予以完善。

比如,人教版高中必修第一册,第一至第四专题的专题名"心音共鸣　写触动心灵的人和事""园丁赞歌　记叙要选好角度""人性光辉　写人要凸显个性""黄河九曲　写事要有点波澜",从主体看,专题名的前部分可算是人文内容点的设计。虽然第一、第四人文点在教材中的人文信息不明朗,但还是可以理解为第一人文点拟强调与外界沟通,第四人文点强调对生活复杂性的认知。可是,这四个人文点并没有遵循平行并列中视角一致、互不交叉的规则。比如"心音共鸣""园丁赞歌"与"人性光辉"三者间有明显的内容交融,"心音共鸣""黄河九曲"两者侧重于认知和写作方法,"园丁赞歌""人性光辉"侧重于态度和写作内容,所以这四个人文点的安排欠精致,系统安排不足,并且这些人文点的内容面很窄。其余几册在这些点上的设计,存在的问题与此类似。教师在日常写作教学中组构内容时,时常疏忽人文启发,只重技能学习。

就整体构思来看,这些较为零散的人文点的设置与适应高中生的心理特征与心理发展需要,尤其是对丰富复杂的社会、人生、自然的认识需求与思维能力的发展,让认知能力与写作素养得以全面丰富与发展的差距较大。

2.写作能力学习主体序列安排不当

比如部编版初中语文教科书里的部分写作学习内容。八年级上册第三写作专题"学习景物描写"应放在七年级上册第二专题"学会记事"的前边。由于说出事物特征是叙述事物发生发展过程或事件的基础,描写是对事物特

征的描绘,重在形象性,是形象特征认知与再现的形象思维能力的直接体现,所以描写应是记叙文写作的第一技能。加之对景物的描写比对人物的描写简单,对景物形象的把握也更容易,比较适合从小学刚进入初中段学习写作的学生。记事是对事物动态,如人物经历、事件状态或过程、空间背景及转换、环境特征及变化等的述说,重在过程性的陈述,是对形象思维所把握的事物特征的进一步概括与提炼,所以在写作能力训练中,序列记事应该放在景物、人物描写之后。并且,七年级下册"写出人物的精神""学习抒情""抓住细节"这三个写作专题,"抓住细节"和"写出人物的精神"可以合并为"人物描写","学习抒情"不应放于"写出人物的精神"和"抓住细节"这两个专题之间,可将"抓住细节"放于"写出人物的精神"专题之前,因为抓住细节既利于写出人物的精神,也利于抒情的深入和丰厚。

比如人教版高中语文教材,在必修第一册第三专题"写人要凸显个性"和第四专题"写事要有点波澜"中,已经学习了很多的描写手法,可是第二册第二专题才安排"学习描写"。一方面,前后写作学习内容交叉,专题内容设置显得条理不清;另一方面,为什么不先培养一些描写技能,再综合运用这些基本能力在写作中凸显人物个性、把事写得更生动?第二册第一专题"写景要抓住特征"安排在第二专题"学习描写"前,难道是写景只需要抓住特征,不用描写?第二册第三专题"学习抒情",抒情能力的形成与哪些因素有关,需要形象思维与抽象思维的结合,也就是说还需建立在理性认知(议论)的基础上。再比如,第三册第四专题学习"议论中的记叙",是解决事实论据的问题,为什么放在第二、第三专题学习选择和使用论据、论证之后?第四册第三单元"学习反驳"、第四单元"学习辩证分析",在辩证分析学习之后再学习反驳,不是能使反驳的内涵更全面、深刻、稳健吗?所以辩证学习内容应该放在反驳学习之前。

并且,教材里主体技能的内容设计欠缺。比如,学习各文体的专题技能之前应有文体学习,为以后专题学习里的文章形成奠基;记叙文写作学习里还应有场景描写;议论文学习里应把形式逻辑思维分析当基础、辩证分析当重点,对思维方式及写作分析、论证方式,还应增添大量的内容。

日常写作教学中,教师自己组构教学内容时,上述问题十分明显,零散、技术化的套式教学尤为突出。

(二)写作教材各板块的具体内容简略、零散、残缺

这是基础教育阶段写作教材里的普遍现象。这种缺失,导致写作教材具体内容的实践指导性差,使写作教学失去了良好的教与学的基础条件。

1.教学主体板块的具体内容简略、较为零散

(1)教材里的写作教学内容简略

比如,至今教材中写作学习内容设置得最好的人教版高中写作学习内容,每册由四个专题组成,每个专题又由"话题探讨""写法借鉴""写作练习"三部分组成,每个专题内容近3页,内容很简略。

"话题探讨"主要是对与写作的人文话题和写作能力点相关的少数几个名人或学生的写作现象的简略叙述,目的是借此引发学生对这个人文方向及写作能力点的思考与感悟。这些简略的人文指引,难以引导学生对这个人文点进行深度思考。"写法借鉴"是几个体现能力点的简短文段及文段分析。"写作练习"由五道训练题组成,大多涉及不同的角度。这三个部分的总页码一般占2页半。可见,对于怎样充分地认识人文点、写法的丰富性等方面,教材里没有较多阐述与示例。

并且,每一个专题内容的重点学习内容"写法借鉴"里,技能知识不仅简略,还很欠缺,显得零散。其呈现体例常是简略引入后,简略地指出文段的写法体现,再简单地用一小自然段概述一两种手法。比如,第二册专题"亲近自然 写景要抓住特征"中的"写法借鉴"的内容框架:1.关于写景要抓住景物特点的一个自然段简述+老舍《济南的冬天》的景物描写范例;2.写景要突出感情的两行简述+以宗璞的《紫藤萝瀑布》为例如何体现感情。内容共计1页多一点。写景怎样抓住特征、怎样采用表现手法构成一个情景交融的情景,没有得到具体阐述。

再比如第五册学习写得深刻、充实、有文采这三个专题,方向设置很好,但由于学习内容的简略,实用性很不强,导致这三个专题的学习很空泛。以"缘事析理 学习写得深刻"这一专题的内容设置为例,如何引领学生写深刻,该有怎样的学习序列?其中"写法借鉴"的写作能力体系、"话题探讨"中人

文辅助该怎样去建构,还差很多内容。

(2)教师自行设置的写作教学内容大多简略、零散、混乱、功利化

在笔者多年的教学观察中,一线教师对教材中写作教学内容的补充常常随意、零散、简略。进入高三年级,学习完教材以后,作文学习内容的设置更是零散、混乱,大多简单追求审题、结构、开头结尾等简单功利化的教学,所以在写作教学中,教学内容随意性很大,内容零散、混乱、功利化。

2.写作技能学习缺少具体、科学的知能体系,已有内容残缺

这是教材中的常见现象。比如人教版高中语文教材第二册"亲近自然 写景要抓住特征"中"写法借鉴"的主体内容:关于写作技能,教材只简略提及郁达夫《故都的秋》、老舍《济南的冬天》两篇文章里有描写,但是是怎样描写的,让学生在观察、选择组构、描写技能方面借鉴一些什么,没有述及。

上述"一""二"对全国主要教材版本人教版以及当前高中作文教学现状的简略分析,可以确知写作教学效率低下的主要原因。其他教材版本主要问题与此基本相同,具体内容问题更大,这里不做阐述。

三、教师对作文教学的认识和基本功缺乏

笔者在长期的一线语文教学观察中,几乎是无不痛心地看到,作文教学是语文教学的小拼盘。作文教学基本上是在语言基础教育和阅读教学中穿插走一下过场,简单晃几下就结束。没有见到多少教师有合适的写作能力训练序列,没有见到多少教师能很好地修改学生作文,很少见到一个班有一小批写手。原因是什么?除去没有一个科学化的教材体系引领,教师本身对作文教学的认识和基本功不够也是重要原因。

(一)教师对学生作文应试能力与人文素养、写作能力有效培养之间的关系认识不够

在日常教学中,作文的应试教育技巧是教学最重要的内容,这是一种侧重于技术化的教学,也是趋于功利的教学。如何审题、如何开头、如何结构、如何结尾、如何加名言警句等等,这是初一到高三,尤其是初三、高三的常见作文教学内容。很明显,应试作文的套头是日常作文教学追求的第一目标。

还有勤奋者,对应试作文呈现的特点研究很深入,甚至有研究到应试作文全文多少段,怎样分段,哪些段最好多少字这个程度。如果把学满分作文、学范本作文当作画画,那就大错特错,汇百川而成江海才是正道。学生没有丰厚的人文思想、没有激情、没有很好的语言基础、没有文学才能,怎么能写出一流的应试作文来呢?难道学生写作可以像操作木偶、拼积木一样?再是很少看见教师给学生补充一些富含人文认知和文学性的美文佳作。不管是对德育、智育、美育的哪一些方面都应该补充,哪怕是名言、名段都需要。这就是先有江水再有河道的道理。所以,教师应该清楚地认识到作文能力的形成与哪些因素有直接关系。

(二)教师不能自构一个合理的写作能力序列

这是一个不争的教学事实。在日常教学中,针对某一点的教学,单从技能的角度,也大多是肤浅、随意的。为什么教学内容这么凌乱、肤浅、随性,就是没能建构起一个建立在学科能力形成和学生能力发展需要之上的内容体系。所以,怎样与学生心理特征和心理发展相适应,怎样有侧重地培养学生的人文素养和文学素养,怎样构建符合写作技能生长规律的学习体系,怎样构建叙事、抒情、议理同步发展的作文能力训练,怎样让学生在写作中自我驱动与完善、发展,是当前教材编写者、语文教师构建写作学习内容体系的一个重要任务。

(三)教师关于能力形成的实践性和时间性认识不足

在无数次的调研中,我们发现,教师对学生大多很埋怨,最通常的话是:某某能力点刚讲了学生就用不来。比如,刚刚进行了文体训练,学生的写作文体还是不对;前几天才上了一堂怎样列分论点,构思总分式结构的课,可是没两天,很多学生就用不来;等等。细加调查,教师讲授多,学生过手不足是核心问题。其症结是,教师对能力形成需要实践和时间认识不充分。文体能力一节课就能形成?学生在学习中出现的问题,教师是不是都处理好了?每一种列分论点的角度,每位学生是不是都反复训练、实践,分列正确了?不仅如此,还要丰富学生的事理认知,这样碰上一些人文方向思维角度才可能打

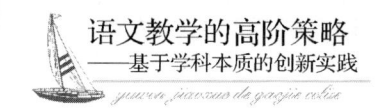

开。凡此等等。培养写作能力需要学生过手,学生过手的结果需要正确处理,写作能力的形成需要反复实践,需要通过一段时间的努力才能稳固。这需要教师有充分的认识。前文谈及的这些都是技术化教学。如果这样的技术化教学都不能做好,深层的基于人文发展的作文写作能力培养就更难进行。

(四)教师不能修改好学生作文

笔者在一个文科特尖班听到的一堂作文评讲课,让我很有感触。在教师归类指出学生的系列作文问题之后,教师开始评讲一位女生的优秀作文。这位女生是一位文科优生,是一个才女。据了解,这位学生家学渊源,从小受到很好的文化熏陶。教师在评讲她的作文时说,得了 54 分,还例说了哪些优点真是了不得。评讲结束,这位学生按捺不住,站起来说:"老师,谢谢您的夸奖。我还差 6 分才满分,请您说说我的问题在哪里,帮我修正一下。"这位教师当场就被噎住了,结巴两下后指出了一个大而空的问题,没能在这篇文章的基础上提出具体的处理意见。像这样的例子举不胜举。为什么教师不拿一些典型病文来处理?为什么教师不仔细评改学生作文?为什么教师不怎么请学生到办公室做具体的作文指导?一句话,教师不敢,碰上作文中的具体问题处理不了。

(五)训练求次数,不求质量

这也是作文教学中的通病。需要作文教学了,讲一些技法和作文要求后,就让学生写作,简单评改和评讲后,又写下一篇作文。很少有教师认识到,写好一篇作文比草率地写几篇文章对提高作文能力更重要。正如,修不好一座房子,难道还能修好很多房屋?帮助学生针对一个题目反复写作,不断完善这篇文章,是提升写作能力的重要方法。教师必须认识到,一万次的原地踏步是在倒退,不是在前行。

由于教材和教师教学的落后现状,作文教学的效率很低,教师对学生的写作学习指导常常误入歧途,让绝大多数学生对充满创造力和吸引魔力的写作学习失望、怨烦,让学生的思维变得僵化。

第二节　学生心理困乏特征及原因探析

认知困乏、模糊、矛盾、记忆微少、情感贫乏、害怕写作是中学生写作心理困乏的基本特征。

这些特征是怎样形成的？这些形成因素是怎样影响写作的？

一、家庭、学校、社会文化氛围对学生写作心理的影响

家庭、学校、社会是学生精神营养的重要来源，它们对孩子的思维角度、人格状况、思想修养有着深刻的影响。

良好的家庭环境和社会文化氛围有利于学生感受人生、社会、自然的美好，易让学生对人生和社会有正确的认识，对社会有积极的参与意识，对未来充满憧憬。这种状态有利于学生形成正确的价值观和行为习惯；有利于学生积累许多美好的材料，获得优美感；有利于学生发现自己、他人、社会的不足，克服困难，甚至产生征服困难的崇高感，产生积极向上的悲剧性感受。这些都为写作提供了很好的条件。

可是，当今的家庭，幼辈基本上是独生子女，他们从小就受到众多长辈的呵护和关爱，很少有同辈人间的亲情交往。加之，民主和法治程度不够的社会空间，金钱至上的社会价值观，贫富悬殊、分配不公、生存艰难的社会现实等因素，严重影响了学生对他人、对社会的关心，学生形成了自私、冷漠、迷茫、消沉、利欲心强、缺少正义感、缺少同情心等人格特征，严重影响了学生对写作素材的寻找、主题的确立、才情的形成。

学校是学生成长的另一个重要环境，学生的大部分时间都在学校度过。可是在很多地方，这里并不是有利于培养学生写作才能的环境。学生在学校，课本学业的成绩竞争异常激烈。每门学科趋向答案的单一思维，很大的作业量，频繁的考试，各种竞赛，教师的严格要求与管理，家庭的过度期望，较高的自我期望，等等，这些来自升学的苛酷要求与管理，甚至还有将来就业的忧虑，不管是成绩优异的学生还是成绩差一些的学生，都会感到一种难以摆脱的巨大压力，这种压力使每个学生都产生了不同程度的心理焦虑。在这样

的环境中,学生的视野被牢牢限制在课本之内,紧张的学习生活影响了学生对人生、社会的认识、态度与感情,抑制了学生非智力因素的发展。枯涩的内心世界怎么能有丰富生动的生活认识和感受呢?

　　从写作心理美学的角度,这些心理现象都是一种缺失性体验。缺失性体验是指感受主体对精神和物质、生理和心理等的各种感受缺失的体验。由于从小学开始直至高考结束,学生的学业负担一直很重,班级名次或成绩优劣对学生存在价值的评判,长幼间教育和需求方面的矛盾,同辈间缺乏亲情与心理交流,学生的各种活动和能力实现环境不够,生理欲望实现的缺乏,等等,很多学生的心智成长在这个单一的学习教材的环境里受到很大程度的压抑,很多学生产生了各种各样的心理缺失。

　　按常理,一个主体为克服缺失、求得满足会调动自己的各种心智力量去维持内心的平衡,从而激发认知与创造的活力。但是,由于学生的文化底蕴和思想修养较浅薄,缺少鉴别和选择的能力,在很多家庭都有看电视连续剧、看明星表演、看时尚潮流的背景里,每位家庭成员都沉迷于手机内容的背景下,很多学生一有空余时间,或心情一时不好,就去看电视或电脑上、手机里不需要多少意志力、不需要花费多少心思,且显得热热闹闹的娱乐节目,沉迷在浅俗的娱乐、追星、言情甚至暴力内容之中;还有的学生由于社会文化市场的混乱,沉迷于游戏、卡通书、成人通俗书、网上的情色内容之中,以此来消遣和慰藉自我。其中凶杀畸形恋的卡通书、色情小说、凶杀与色情结合的武打小说、电子游戏、网络色情视频对学生的不良影响尤其巨大。这一系列活动平抑了学生正常的缺失性寻求,很大程度上形成了学生封闭与孤僻、浮躁与浅陋、媚俗与滥情、随性与虚幻、简单与粗暴,注重感官享受,意志脆弱,无聊与颓废等人格特征。这些粗制滥造的作品、感官化的表达、视频影像还严重钝化了学生的语言阅读能力以及对丰富内心世界的体察与表达能力,是形成学生低下的文字感受能力的因素之一。在这样的背景之下,学生就是对生活有一些感受,也是肤浅、随性、感官化的,并且很多感受也不会清楚、不会具体,更难以谈上合理,这些感受自然就难以很好地表达出来。这无疑将学生推向了深渊。

　　写作是对生活的深入认识和审美表达。有了这些心理误区和心理特征,就难以体察对于自己、别人以及社会的责任和义务、态度与感情;就不会产生对自己的清楚认识和对别人的关注、尊敬与歉疚；就会漠视生活中那么多可歌可泣的故事以及那么多自己、别人对于生活的丰富感受与认知；就难以抓住这一代人的特征，产生对社会与自身的深沉独特的认识，写出典型性；就难以产生写作常常需要的丰富的灵性与感情，写出文质皆美的文章，自然就更不会积极主动地追求文章境界。这类人沉溺在自我环境中，感受是情绪化的，是模糊的。由于没有丰富的生活积累，当他们看到一个作文题目时，就不能敏锐、真切地想起生活中那么多的人与事、情与理，加之作文的要求与自己的思想又有很多不谐调，甚至矛盾的地方，于是写作时要么把自己限定在自我范围之内，要么大而空地谈谈他人、他事，要么就胡编乱造。写作是需要丰富的认知与感情的，狭隘浮躁的内心世界怎么能发现并写出好的文章来呢？

其实，当心理产生缺失性体验需求时，也可以静下心来，持一种积极的心态，回想自己的不足，自己的愿望和现实的距离；思考他人的命运，他人的言行与社会责任间的关系；思考对于社会的积极参与，这样就会激发对于人生的积极追求，产生许多写作需要的典型宝贵的材料和主题。南宋诗人陆游的"心在天山，身老沧州"这一强烈的缺失性体验，不是让他总是回想过去的战斗情景，形成了他奇异的认知现象吗？他作一幅草书，也觉得是在与敌人作战："酒为旗鼓笔刀槊，势从天落银河倾……须臾收卷复把酒，如见万里烟尘清"（《题醉中所作草书卷后》）。这些诗句是多么感动人。当心理产生缺失性体验需求时，还可以阅读一些文学类作品，通过丰富、真切、深刻的感知激发，开掘自己的资源宝库，丰富自己的文学感受，提高对生活的认知以及语言的阅读与表达能力。

性情上的孤僻、封闭，本是一种孤独体验，这也很利于写作。人类史上不是无数的文学家往往都是在孤独中写作并结出硕果吗？自屈原的《离骚》至鲁迅的作品，孤独的主题在文学史上几乎没有中断过。西方现代派文学则更是一个孤独者的世界。这一普遍性主题，向我们昭示了孤独体验与艺术创造之间的联系。他们因为独特而孤独，他们以孤独为乐，因孤独而智慧。如果学生能够把握孤独，不去胡乱平衡，保持对人生的积极追求，并在对社会、他人的关注中自我反省，体悟自身孤独的独特性与代表性，并且在实际生活中坚持不懈地观察和感受，试想，这么多独立的个体，这么长的时段，该会产生多少奇特的艺术表达呢？

注重感官享受，这也不算很不好的事情，这容易让人获得优美感。可是，学生在面对小桥流水、花好月圆、美女帅哥、赏心悦目的事物时，为什么会被表面上的一些美态或美感所吸引，不能深入认识这些对象的实质，又缺少用文字去勾画这些感受的能力呢？这是对这个美的对象认识感受不充分，这是优美感的缺乏。优美感的缺乏，让学生的写作基本上失去了半壁河山。

　　当教师给学生讲他们缺少这些的时候，又有多少人产生一种悲凉的感情，又有多少人产生了一种改变自我、提升自我的强烈愿望？这众多的不足也反映了一代人思想修养与人格上的缺陷。由于缺失性体验平衡的误区，还导致了崇高感的丧失。这种丧失是一种巨大的写作心理内涵的缺失，一种高尚人格的丧失。崇高感是对人、对社会的一种深沉感知和强烈感情。不管是对于人的同情与支持、对于人类在社会进程中的悲剧性存在、对人类积极抗争的感叹与颂扬，还是由此而产生的悲剧美感，这些崇高感都是对人、对社会的一种深沉感知和强烈感情。这种崇高感的体验不仅维护了人类社会的正常发展和提升，也与创作有着密切的联系。由于崇高体验的缺乏，中学生缺少了在挫折和痛楚中对于人生奥秘的顿悟，对人类社会的存在现实的感知，对未来的憧憬和超越外物、高翔远引的追求。崇高感是人生的一种高峰体验，它是写作的重要根基，它会生成广阔深厚而又独特的文章源泉，然而当代中学生却普遍缺少了。用心去感受自我、他人以及人类社会在人类进程中的喜悦、困顿、痛苦、觉醒与奋斗，在丰富真切的体悟与表达中，用一种真实、积极、高尚、雄浑的力度去唱响人类进步的节律，这时学生的写作心理该是怎样的浩瀚和宝贵。

　　缺失性体验的误区以及由此导致的崇高感的缺乏，使学生缺少了写作所需要的真实、丰厚的内涵，写作让他们虚伪而痛苦。正确地平衡缺失性体验，能够提升学生的精神境界，能够为学生的写作提供广袤、肥沃的土地。

　　当然，学生也有优势，比如：对形象美的感受，重自我价值，表现欲强，想象力丰富。但由于随性和内心的荒漠，以自我为中心，心胸狭窄，意志力缺乏，等等，都使这些优点变成了对写作无用的东西。

　　文章是不能随意无目的地抒写的，它要求写出对于社会、人生的深入、积极、独特的认知，写出超我之所在。这自然与学生的心理积累有很大的距离。所以学生一遇到一些正统的写作要求，就认知困乏、矛盾，记忆微少，感情沮衰,写作让他们虚伪而痛苦。

二、学科学习心理及写作指导、评价不当

大多数学生认为语文知识和能力前后联系不是很紧密,语文学习的态度与分数不成正比,自我完成语文试题又时常感觉没多大难度,认为在所有学科中语文最容易获得一定的分数,考试作文得分差距又不大,加之课文内容与学生阅读心理需求有一定的距离,所以在众多学科的压力以及学习的整体心理焦虑之下,很多学生懈怠、厌倦语文学习,不重视写作。

从语文教育者的角度分析,写作指导和写作评价不当也是造成学生写作心理困乏的重要原因。

首先,作文都是有写作要求的。大多数学生由于积累少,文章结构和语言表达能力差,未写作时就产生了写作困乏。所以学生在写作之前,如果教师不给学生足够的信息刺激,就难以较好地开启学生的资源库;教师不在思路点拨和范文展示方面做一些工作,不给学生足够的准备时间,学生写作就会很吃力,就会敷衍。

其次,学生完成作文后,教师在对学生作文优点和进步的认同、缺点的有效矫正方面显得很不够,甚至少数教师对学生写作中反映出的一些主要优点和不足也不与学生具体地交流。这让学生感到作文一写完,任务就完成了,好与不好都是无所谓的,甚至有的学生连教师写的评语也不看一眼。

最后,教材上的写作训练不与课本学习配套,教师的写作训练通常盲目无序。这让学生感到写作训练的蒙昧,轻视写作,对写作进步不寄予希望。这样的写作指导和评价不能给学生带来激励和实效,学生自然就不能得到写作给他们带来的进步与快乐。这样,学生能不厌烦写作吗?这是形成学生写作心理松弛、懈怠的重要原因。

学习动机的缺乏,必然形成学习态度的冷淡以及认知的浅陋和模糊。写作动机怠惰是中学生写作心理的普遍特征。

自闭、随性与浅陋、沉重的学习和管理压力、不良的写作指导是影响当代中学生写作学习心理的症结。

第二章　写作基础技能的高等级教学策略

第一节　认知事物的基础技能的层级教学

一、一般观察能力培养的教学策略

(一)观察的特点及意义

现实主义的艺术大师总是强调观察,并把观察放在首位。

从心理学角度来说,观察是写作主体凭借自己的眼睛、耳朵和其他身体器官对客观事物进行的知觉过程,是观察者的一种有意识、有目的和计划、比较持久地认识某种对象特征的行为和过程,是感知具体生成的条件。观察是对客观事物的特殊知觉。这里的客观事物指自然环境、社会生活和生活中的人。

著名雕塑家罗丹说,世界不是缺少美,而是缺少发现美的眼睛。观察是形成写作和产生作品的基础,不会观察就不可能获得对外部世界的感知印象与事物存在的意义。培养对生活的全方位观察感知能力,不仅能获得丰富的、真实独特的素材内容,还能丰富写作主体的写作素养,激发写作动机和灵感,提高写作能力。

比如,著名电影艺术家卓别林之所以有此艺术天才,首先是受他母亲观察力的影响。1964年,卓别林在自传里写道,母亲是我见过的演员当中最富有表情的一个,就是在观察她的时候,我才不仅学到了怎样用我的手和面部来表达感情,同时,也学到了研究人物的方法。她在观察人物方面,有非凡的天赋。卓别林还举了一个例子：一次，他母亲瞧见住在楼上的邻居比尔·史密斯上街去，她便在窗口观察着，并对卓别林说："你瞧比尔·史密斯，他走起路来好像脚步很沉重，他的皮靴没有擦亮，脸上有怒容。我敢打赌，他准是和老婆打了一架，咖啡也没有喝、面包也没吃就出来了。"一点也不假，当天，卓别林就听说比尔·史密斯果然和老婆打了一架。

短篇小说大师莫泊桑在初学写作时，拜福楼拜为师，福楼拜在看完他的习作之后，嘱咐他把这些习作都烧掉，走上街头，从观察最基本的社会现象入手，并要求他认真观察一百个不同人物的面貌，写出他们各自的特点。长时间的观察力培养和素材积累，为莫泊桑小说内容的现实性、个性化、丰富性，以及最终成为世界闻名的"短篇小说之王"奠定了坚实的基础。老舍说："一闭眼我的北平就是完整的，像一张彩色鲜明的图画浮立在我心中。我敢放胆地描绘它。它是条清溪，我每一探手，就摸上条活泼的鱼儿来。"

可见，观察不仅可以捕捉真实、丰富、生动的事物形象，丰富作者的素材库，还会对作者的认知能力、情感发展、写作动力产生积极作用。

(二)观察的方法及能力培养教学策略

1. 多视角观察

(1)定点观察

定点观察是指观察者在一确立的观察点，从某一特定的角度对事物进行观察。这是获得被观察的整体性和多层次构成印象的重要方法。这种定点观察法常用的观察方式有三种：其一，全貌式。即通过俯视、仰视、平视观察事物对象的总体面貌。其二，局部分解式。即将被观察的对象分解为几个局部，逐一观察。其三，聚点法或以点看面观察法。即聚焦事物的某一点，通过仔细观察事物的某一具有代表性的突出特征，透视事物的全貌。

比如，毛泽东在《沁园春·长沙》中写道："独立寒秋，湘江北去，橘子洲头。看万山红遍，层林尽染；漫江碧透，百舸争流。鹰击长空，鱼翔浅底，万类霜天竞自由。"作者站在橘子洲头，远观长沙盛景，即是全貌式和局部分解式结合的定点观察。

(2)换位置和角度观察

即变换位置和角度对物体进行观察,获得多角度的认识,有利于展示事物的全貌。比如苏轼《题西林壁》:"横看成岭侧成峰,远近高低各不同。不识庐山真面目,只缘身在此山中。"为了揭示庐山真面目之美,苏轼从不同的位置和角度对庐山进行了观察。正面望去,高岭横空;侧面观看,奇峰峻拔。

2.细腻、准确地观察

人类生活是写作的源泉和宝库。人类生活由各种社会文化形态下的人和事组成。观察生活不能马虎和粗疏,只有调动视觉、听觉、嗅觉、味觉、触觉全面仔细地观察感受,洞察秋毫,洞隐烛微,才能细腻、准确地抓住人在纷繁的社会生活中的各种细小特点,才能在作品中准确反映人以及各种生活形态的丰富性和复杂性。

比如,鲁迅在《记念刘和珍君》中写道:"我没有亲见;听说,她,刘和珍君,那时是欣然前往的。自然,请愿而已,稍有人心者,谁也不会料到有这样的罗网。但竟在执政府前中弹了,从背部入,斜穿心肺,已是致命的创伤,只是没有便死。同去的张静淑君想扶起她,中了四弹,其一是手枪,立仆;同去的杨德群君又想去扶起她,也被击,弹从左肩入,穿胸偏右出,也立仆。但她还能坐起来,一个兵在她头部及胸部猛击两棍,于是死掉了。"这部分内容虽然不是鲁迅先生亲眼所见,但给鲁迅先生转述这个情景的人观察三位烈士被枪杀的情景是细腻的。这细腻的视觉观察,准确地再现了执政府屠杀进步青年的惨烈情景。

自然是人类的生存环境,是人类智慧和创造的艺术美产生的源泉之一。细心观察大自然中不同季节的自然物的个别特征、特征变化以及局部组合或整体组合的特征,观察人与自然相处的各种关联形态,观察与思考自然物之间的各种关联或依存关系,就会获得对不同自然物的特征与价值的准确、全面认知,就可能真实、生动地再现人类赖以生存的自然环境的特点以及自然环境下人的某些特征,并获得很多智慧启迪。明代旅行家、地理学家徐霞客遍游祖国大江南北之后,在七言古诗《漫游黄山仙境》中发出"五岳归来不看山,黄山归来不看岳"这样的议论,黄山的独特魅力源自徐霞客对黄山及其他名山之美的细腻观察和特征比较,他认为黄山集泰山之雄伟、华山之峻峭、衡山之烟云、庐山之飞瀑、峨眉之奇异、雁荡之灵秀于一身而又独具一格。因为对自然物的仔细观察与感知,才有了陶渊明笔下的田园,才有了王昌龄笔下的边塞风光,才有了毛泽东《沁园春·雪》中的北国风光,才有了舒婷《致橡树》中橡树的特征。

经过对大自然中无数壮美、神奇、秀丽、萧瑟等等若干准确、细腻、变化的特征以及人与自然相关联的无数形态的观察,通过外物与内心之间的无数次相互作用,观察主体不仅能更好地把握自然物的特征,丰富对自然的感知,激起内心的情感体验,深化对自然的认知与感情,对自身存在的认知以及智慧产生积极的作用,还会建立更好的内心与自然相对应的情感体验与感悟,触发自己的写作灵感。

自然与生活是写作内容的重要组成部分,是观察获得写作材料的重要范围。我国古代无数名人行万里路、察万件事,丰富了写作素材,激发了写作感情,写下了不朽名著。西汉时期的司马迁,足迹踏遍西汉疆域,使他"胸中固有一天下大势,非后代书生所能及也"(顾炎武《日知录》),终于完成不朽名著《史记》。东晋人法显穿河西走廊、入新疆、渡流沙、越葱岭,历尽千辛万苦到达印度,写成《历游天竺记传》,记述了他经历三十国的山川风物。

3. 集中、持久地观察

观察时,还需静心、集中和反复、持久地用自己的多种感觉器官仔细观察、感知客观对象,理性审视,尽可能全面、准确地掌握事物在不同情境下的特征,为写作个体性的、个性化的、丰富复杂的社会生活打下坚实基础。比如,宋代画家文与可画竹,反复观察不同季节、不同气候中的竹子,风中竹、雨中竹、日中竹,最后融汇成胸中竹。文学创作也是如此。人类生活是异常复杂的,不管是个体的人,还是各种社会形态下的各种事件,在不同的情景下特征都可能不同,都在发展变化,只有集中和持久地观察,才能从不同的角度、不同的情景全面把握事物的特征,得出事物的本质。

4. 在观察中比较与思辨

观察事物时,还需对观察到的相关现象特征进行横向或纵向的比较、思辨,通过比较、分析、推理,在相同的现象中发现不同之处,在不同的现象中寻

求相同的地方。这是获得事物的本质特征、全貌以及更多的新的认知角度，在别人司空见惯的事物特征上发现不同的事物特征的重要办法。

横向比较辨析，比如鲁迅的《雪》："江南的雪，可是滋润美艳之至了；那是还在隐约着的青春的消息，是极壮健的处子的皮肤。雪野中有血红的宝珠山茶，白中隐青的单瓣梅花，深黄的磬口的蜡梅花；雪下面还有冷绿的杂草。""但是，朔方的雪花在纷飞之后，却永远如粉，如沙，他们决不粘连，撒在屋上，地上，枯草上……在晴天之下，旋风忽来，便蓬勃地奋飞，在日光中灿灿地生光，如包藏火焰的大雾，旋转而且升腾，弥漫太空，使太空旋转而且升腾地闪烁。"南方和北方的雪景各有特点。通过横向比较，作者抓住了南北方雪的特点，写出了它们各自的美态。

纵向比较辨析，即观察比较同一事物的不同阶段的特点，从而把握事物不同阶段或时段的特征。比如法国印象派画家克劳德·莫奈曾经面对同一垛稻草，根据早晨、阳光下、月色中等不同时间的观察，画出了同一题材的15幅不同色彩的画。

观察感知时要善于比较，这样才可以在纷繁的事物表象中获得更准确的事物特征、更丰富的事物印象，为作者的准确写作、写作材料的寻找打下坚实的基础，为文章内容精彩的个体真实性描述提供丰富资源。

二、感知的概念及特点

(一)感知的概念

感知是一个心理学概念，是感觉和知觉的合称。它是人脑对作用于感觉器官的客观事物的个别属性和整体属性的能动性反映，是利用感官获得的有意义的外物印象，是一切心理和认识活动的基础。

(二)感知的特点

人类认识世界是从感觉开始的。人类依赖于视觉、听觉、嗅觉、味觉、触觉等感觉功能，它们提供了人体内部和外部环境的信息。但是，感觉提供的信息是零散的、个别的，只是人脑对事物个别属性的认识。但这些感觉印象却是一切较高级的、较复杂的认识活动的基础,也是人的全部心理现象产生的基础。比如花,我们可以通过视觉看到花的颜色和形状,通过嗅觉和味觉知道花的味道,通过触觉知道花的某些质地,为全面认识花的自身生物价值、生长条件与过程,以及花与人、花与世界的联系等高级认识打下了基础。

感觉在获得外部信息的时候,除去人类的共识,还有独特性。不同的感觉反映有时会产生不同的特有印象,这与作者的独特认知力、情感等有关。比如同样是对春天的感觉,除去春天的一般特征,不同人的不同感觉会有不同的独特印象:有人的视觉产生"春风又绿江南岸",有人的听觉产生"红杏枝头春意闹",有人的嗅觉产生"踏花归去马蹄香",有人的触觉产生"吹面不寒杨柳风"。正是这些不同人、不同感官产生的个性化的独特感受,才那样生动而形象地再现了春天给人的不同景象和美感。

知觉是人对通过感官得到的外部世界信息,经过头脑的理解与综合等加工产生的对事物整体的认识。比如看见花,在通过感觉获得关于花的信息的基础上,知道这花整体是什么样,是什么花,有什么价值,等等,就是人的器官知觉的结果。所以知觉是个体整合感觉得来的个别信息,并根据个体经验来解释,从而形成了一定的意义结构,所以知觉是在感觉的基础上发生的,并且总是和客体意义、个体的经验直接相联系。知觉有三个重要特性:个体性、整体性和意义性。

感知即是在个体对作用于人感觉器官的客观事物的个别属性的基础上,对事物的整体属性的能动性反映,是感觉和知觉特点的综合,所以它既具有感觉的个别性,更具有知觉的三个特性。在整体性中,由于有视觉、听觉、嗅觉、味觉、触觉等感官获得的感受,这些感受在认识和把握对象世界中彼此交叉、融合,甚至替代,形成综合感受,以多角度、多层次,全面而形象地感知和表现世界,所以在具有整体性的同时具有多角度、多层次的特点。比如李白的《望庐山瀑布》:"日照香炉生紫烟,遥看瀑布挂前川。飞流直下三千尺,疑是银河落九天。"这就是李白对庐山的视觉、听觉所产生的多层次、多角度的综合感知印象。由于感知具有个体性和能动性的特点,与感知主体的内外环境直接相关,所以感知的差异性特点很突出。不同的人对同一对象的感知印象会有不同,同一个人在不同的阶段对同一个对象的感知也有区别。比如同是对雨,杜甫在《梅雨》中写道:"湛湛长江去,冥冥细雨来。茅茨疏易湿,云雾密难开。"李清照在《声声慢》中写道:"守着窗儿,独自怎生得黑?梧桐更兼细雨,到黄昏、点点滴滴。这次第,怎一个愁字了得!"又同是对雨,杜甫在《春夜喜雨》中写道:"好雨知时节,当春乃发生。随风潜入夜,润物细无声。野径云俱黑,江船火独明。晓看红湿处,花重锦官城。"可见,杜甫在不同时期对雨的感知也是不一样的。

(三)感知的种类

从感知的方式来分,感知有直接感知和间接感知两类。就层级上来讲,感知有一般生活感知和审美感知两个境界。

直接感知,是指感知主体在直观的对象世界中运用感觉器官感受获得信息以及大脑对获得的信息进行理解与综合的一种感知方式。包括观察体验、调查采访等等。例如法国作家小仲马的《茶花女》,就是根据自己的爱情故事写成的。他在青年的时候与巴黎上流社会的一位交际花相爱,最终在父亲大仲马的干预下有情人未成眷属,姑娘也死去了。后来他根据这切身感受写下了成名作《茶花女》。

间接感知,是指感知主体通过对再现客观世界的信息以及对信息的理解与综合的间接途径获得感知的一种方式。比如阅读、观看视频、听人分析讲解等等,这些都是间接感知的途径。例如法国作家大仲马的《基督山伯爵》,就是根据他在警察局的档案里阅读到的材料写成的。他看到一个名叫《金刚石和复仇》的故事,里面有关于告密、寻宝、复仇等情节,他根据这些素材改编、想象而写出了《基督山伯爵》。

一般生活感知是感知的较低层级,是具象的、缺少艺术感的,是初级的观察与感知,是审美感知的重要的现实基础。

审美感知是感知的高级境界,是写作之人必须达到和经历的,是产生写作内容的直接来源。

三、感知与写作的关系

感知与写作的关系是紧密相连的。

没有生动的生活直观体验,就没有抽象思维,也就不可能有审美想象、情感和理解,也就不可能实现文学写作。所以,感知获得的事物印象与事物意义是写作素材的基础,并且感知的具象性、个体性是写作内容丰富多样、艺术形态千红万紫得以产生的基本条件。

不仅如此,由于感知的结果、写作素材的积累与感知主体的认知和情感发展直接相关,直接影响感知主体的审美理解力、审美想象力和审美创造力,所以感知的积累有助于提高写作者的素养,也与培养创造才能和写作动力直接相关。感知的能力越强,积累越丰富,作者的思维量和情感动力就越大,写作能力就越强。所以,感知是写作活动的基础,感知与写作的关系是源泉与水流的关系。

比如,史铁生没有几年陕北农村的插队落户生活的感知,就不会有一往情深的《我的遥远的清平湾》。作品没有描述惊心动魄的情节,没有知青惯有的耿耿于怀的苦难遭际,作品叙述的只是"我"在清平湾插队时遇见的普通的大多琐细而平常的人与事。但是,读着作品,人们就像聆听一首质朴动人的歌,感受着作者浓郁的眷恋之情。清平湾小而贫瘠,那光秃秃的黄土山坡以及那山坡上散杂着的胡蒿和狼牙刺,那映在土地上的扶犁、撒粪、点籽、打坷垃的一行行人影,那破旧颓败的窑洞,那清明节才能享用的白面……作者用白描手法再现的一幅特定年代的陕北农村的典型画图,那样冲击人心,作者深切而又个性化的生活感知就是基础。

特殊情境中的感知还会引发写作冲动。由于作者有丰富而有个体性的感知积累,在特殊契机触动以往的感知记忆与情感时,作者往往产生强烈的创作冲动。比如,俄国抒情诗人丘特切夫的诗《人们的眼泪》,就是在人们正在为他换下被秋雨淋湿的衣服时,即视觉、触觉及生活场景的感知同时作用于他时,产生了不可遏制的冲动,过去的感知印象以及新的感知与情感体验喷涌而出,口授而成。俄国作家阿克萨科夫解释说:在这里,这样一种真正的诗歌的创作过程几乎是直观的,当流淌在诗人身上的稠密的秋雨的外部感知透过他的心灵化为眼泪的感受,具体化为有多少词汇就有多少音响时,在我们身上就会再现出多雨的秋天的印象和哭泣的人们的痛苦的形象。

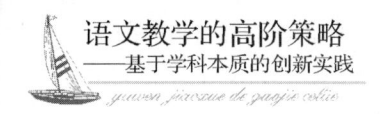

四、审美观察和感知能力的特点及培养途径的教学策略

(一)审美观察和感知

一般生活感知给作品提供了大量真实的生活材料,但一般来讲,依靠一般生活感知获得的材料缺少艺术性和美的生气,是单薄的,这需要进入审美观察和感知这一感知活动的高级阶段。审美观察与感知是达到生活真实艺术表现的桥梁。

审美观察是审美感知的基础,用审美眼光观察自然、生活、艺术作品,可以发现自然、生活、艺术作品特有的艺术特征和艺术内涵,并与观察者的内心世界进行一定程度的富有情感和认知活动的审美交流。

审美感知在审美心理学中是审美感觉和审美知觉的合称,是审美感受的基本心理形式。在特定的观察与感知过程中,由于观察者在各种社会生活内容和情感模式影响渗透之下产生的认知与情感积淀,对观察对象的特征产生审美印象,从而使这些特征具有了一定的情感性、艺术特性和某种特定的理性含义。审美主体只有将已有的经验、情绪、兴趣、意志的目的指向性融入对当下对象的知觉当中,才能将一般感性印象升华为审美意象。这就是审美感觉的产生过程。审美感觉获得的印象是美感经验得以形成的基础和出发点,审美知觉、想象、情感、理解等,都是在审美感觉的基础上产生的。但审美感觉常常是片面的、零散的。比如"梧桐更兼细雨,到黄昏、点点滴滴",虽然在词中有意境的整体性,但写作前,梧桐兼细雨、细雨点点滴滴、黄昏这些意象或审美感觉是零散、局部的,只是后来在作者情感的串联之下,形成了一个特殊意境。

审美知觉是在审美感觉的基础上发展起来的,也是日常知觉的总和,它比日常知觉更有情感特征,并且与审美主体的生活情趣、文化素养以及审美时的特殊心境等直接相关。它具有人对于客观对象内容与形式统一的整体性感知特点,还具有相对性、理解性、个体性、变化性等特点。比如上文提及的"梧桐更兼细雨,到黄昏、点点滴滴",这个意境在作者的抒写中就是一个具有整体性、理解性、个体性、动态性特点的意境。

审美知觉表面上是在观察与审美感觉的基础上完成的,但在它的后面却隐藏着主体的全部生活经验和感受,包括它的信仰、偏见、记忆、爱好和当时的特殊心境,从而不可避免地有着想象、情感和理解的参与。审美知觉往往是在对对象的各种属性的选择、对比之中进行的,并以情感体验为中心,按照情感发展的逻辑进行,因而它是一种积极主动的心理活动,体现了知觉主体的能动作用。它既涉及着外在形式与内在心理结构的契合,也包含着一定的理解和解释。审美知觉的最终目标就是创造一个丰富浩瀚的外部世界与曲折深邃的内部世界融为一体的独立的审美世界。

在审美活动中,审美观察与感知通常是融合在一起的,是作者对对象的局部或整体特征的带有审美认知与情绪性的体验,是主体对事物外部特征、肤浅层面、事物内里层面的综合性感知。由于审美感知渗透了生活阅历、情趣爱好、主体情感、思想意志、文化沉淀等因素,是一种主体行为,审美感知的结果往往随主体的主观好恶、情感变化而变化,感知到的内容千差万别、异彩纷呈,并且审美主体在审美观察与感知时常常能进入一种"有我""物我合一""物我两忘"的境界。

我们平时有意识地体验各种生活内容的特有情形,将对生活的体验逐渐内化为自己的感性认识和习惯,这是培养审美感知能力的关键所在,也是提高审美和创造能力的关键所在。

(二)审美观察和感知能力的特点及培养途径

美具有形象性、个体认知与感情性、多样性和艺术性。美的产生是观察者对外物世界在个体认知与感情的影响之下,对事物的形象性、多样性、艺术性的感知。审美观察和感知是寻求艺术表现内容及特征的特殊的思维活动。

1. 对自然与生活的审美观察与感知

生活中从不缺少美的事物,即使对于文化程度很低或学龄还很短的儿童,生活中都有很多让他赏心悦目的事。他们不仅会感受到自然美,还有生活中很多让他们产生愉悦和美感的事。但是,这并不能说,对生活的一般感知就能解决写作内容的全部需要。对生活的审美观察和感知建立在对日常生活的观察与感知的基础上,它是对人类世界的审美关注与理解,是观察主体与外部世界建立的一种无功利的、形象的和情感的关系状态,是在观察主体生活经验、认知与情感的基础上并在观察主体审美能力的指导下主动地进行选择、评判的特有的思维活动。审美观察与感知能更好地建立和促进观察者与外部环境的联系与交流,更多地感受到自然与人类生活中的美与丑,能获得有艺术性的、可供写作的丰厚的外部信息,并促进观察主体的认知与情感发展,对观察主体的文学创造力产生重要影响。

客观世界的丰富性决定了事物具有万千形态的美,观察者应对美的各种表现形态进行深入的观察、感知,并让自身的认知与情感与这些形态联系起来,以求得对美的本质与特性、对内容与形式的把握,获得丰富的有灵性的认知与情感。

对生活的审美观察和感知涉及自然、人类生活两个大的方面,带着认知与感情是审美地观察感知生活的前提。

(1)从静态形象中,寻求美的感知和生气

自然是人类赖以生存的家园,自然物的美不仅出现在生活中,也出现在艺术里。这里的自然美既是自然特性的反映,也与作者的认知与情怀直接相关。静态的自然,不管是它的结构形态、色彩还是自然物之间组合而成的自然画面,异常丰富、多彩,蕴含着丰厚而灵动的美的内涵和写作资源,需要观察者依靠丰富的内心世界去开发。不管是自然物的单调与丰富,景观的恬淡与优美、壮丽与崇高,都需要观察者有与之相适应的认知与情感才能发现。反之,观察者的每一种心情都可以在自然中找到对应。这种对应既可以是正向的,也可以是反向的。比如,愉快时,看见优美的景观,觉得是那样舒适怡心。谢朓从层台累榭瞭望自然风光,"不对芳春酒,还望青山郭"(谢朓《游东田》)。由于被自然的美景所陶醉,谢朓连酒都不想喝了。悲伤时,看见萧瑟的景物,也无限感物抒怀,比如杜甫《登高》中的"无边落木萧萧下,不尽长江滚滚来"。诗人正值落魄潦倒之时,远望茫无边际、萧萧而下的木叶,奔流不息、滚滚而来的江水,秋的萧瑟与汹涌的寒流与他内心那样契合。所以,为了培养观察者的审美感知力,不管是在愉快与烦闷,或是悲伤与激情时,都可以去观察自然,让自己的认知与情怀在自然中去寻求对应,从而获得对自然美的充满艺术性的感知。这时的自然景观,既可以是遣情的,也可以是用于作品抒怀或烘托人物情怀的。

在这种对应中,自然物还可以是认知与情感的象征物,从而使自然物具有象征意义。比如周敦颐在《爱莲说》中讲他为什么特别喜欢荷花:"予独爱莲之出淤泥而不染,濯清涟而不妖,中通外直,不蔓不枝,香远益清,亭亭净植,可远观而不可亵玩焉。""出淤泥而不染""中通外直""不蔓不枝",这些荷花的自然属性与作者品格的高雅、正直相对应,因此才可能成为作者的思想品格的象征。

静态中的人也有丰富的内涵,不管是祥林嫂木讷的表情,还是蒙拉丽莎画像的丰富内蕴,透过表象看见深含在内里的含蕴,审美的观察与感知就有了生气。再以茨威格在小说《一个女人一生中的二十四小时》中的一段描写为例。书中在写赌场上各种赌徒的手时这样写道:"……绿呢台面四周许许多多的手,都在闪闪发亮,都在跃跃欲伸,都在伺机思动。所有这些手各在一只袖筒口窥探着,都像是一跃即出的猛兽,形状不一颜色各异,有的光溜溜,有的拴着指环和铃铃作声的手镯,有的多毛如野兽,有的湿腻盘曲如鳗鱼,却都同样紧张战栗,极度急迫不耐……根据这些手,只消观察它们等待、攫取和踌躇的样式,就可叫人识透一切:贪婪者的手抓搔不已,挥霍者的手肌肉松弛,老谋深算的人两手安静,思前虑后的人关节跳弹;百般性格都在抓钱的手势里表露无遗,这一位把钞票揉成一团,那一位神经过敏竟要把它们搓成碎纸,也有人筋疲力尽,双手摊放,一局赌中动静全无。"这段描写观察细致,语言传神,它把赌徒的人品心性全集中表现在手上,这固然是作者专注观看的结果。如"有的拴着指环""有的多毛""有的湿腻"等,显然是直接通过肉眼看见的景象,是一种实相;而另外如手在"袖筒口窥探着,都像一跃即出的猛兽""如鳗鱼"等,则已是渗透了作者联想、想象的比喻发挥了。至于"贪婪者的手抓搔不已,挥霍者的手肌肉松弛,老谋深算的人两手安静,思前虑后的人关节跳弹"等概述性的观察描写,更是超出直观所见,加入了理性分析与经验判断,只可能是眼看加心看,进行审美观察与感知、思考的结果,单纯地观看是不可能得出这一结论的。

(2)从变易性和多面性中进行特征与本质的审美观察与感知

一年四季,风雨晴晦,自然物的形态纷繁,同一自然物也会呈现不同的形态,并且自然物变易本身就充满美感和艺术性。不管是自然还是人,由于内部的生长因素,或者外界的变化,自身的特征呈现出多面性特点,都可能引起他人对自然物或人的审美特征认识的变易。对事物的变易性和多面性进行审美观察与感知,是获得事物完整印象的必然途径。

苏轼笔下的《饮湖上初晴后雨二首》其二:"水光潋滟晴方好,山色空蒙雨亦奇。欲把西湖比西子,淡妆浓抹总相宜。"不管是"水光潋滟"还是"山色空蒙",变化的西湖景观呈现出一种多样性、多层次的美态。由于对西湖景观的变易性和多面性的审美观察与感知,作者把握了西湖的美的特征。

人的多样性特征与本质探寻,是审美观察与感知的重要任务。在注意到人的多样性、变易性时,还需对这众多特征予以比较分析,探寻其本质。鲁迅在写作《阿Q正传》之前,对阿Q这类人的观察与感知不知是经历了多少次动态性、变易性和本质性的审视。在作品中,阿Q向自己一向看不起的王胡挑战,不料被打;阿Q骂刚从东洋留学回来剪了辫子的钱大少爷是假洋鬼子,结果头上挨了几拐棍;他看上了赵府佣人吴妈,本想用押宝赢来的钱娶她,可是钱被抢,还在挨了一顿打后被赶出赵府……无数次的灾难,直至最后被杀,他都维持着精神胜利法。

再比如,苏联作家阿·托尔斯泰曾经谈道,有一次,高尔基和安德烈耶夫、蒲宁三个人在意大利那不勒斯的饭馆里进行了一次很有趣味的审美观察与感知竞赛。他们看见一个人进饭馆来,就各给三分钟的时间,对此人进行观察和分析。高尔基观察后说,他是一个脸色苍白的人,身上穿的是灰色西服,他还有一双细长的发红的手;安德烈耶夫观察后却胡诌了一通;而蒲宁却有一双非常敏锐的眼睛。他说,这个人结的是一条满是小点子的领带,小指头的指甲长得有些不正常。他详细地把他所观察到的一切都描绘出来,甚至连那人身上的一个小痘子也注意到了。最后他还说,这人是个国际骗子。他们当即向饭馆的堂倌儿打听这个人是谁,堂倌儿说,他不知道这个人是从哪儿来的,但他经常出现在那不勒斯的街头,他声名狼藉。这就是说,蒲宁依靠他平时在审美知觉里所形成的审美表象,积累成某种经验,并得出较为准确的判断。

变易与动态是事物的特征,对观察与感知过程中呈现的这些形态进行理性的选择和判断,是获得事物特征完整性的重要途径,是写作内容多样性和丰富性的重要来源。

日常教学中,用电教多媒体手段再现情境也是一种重要的辅助手段。媒体资源的丰富性和直观性、艺术性感受,可以给学生的审美观察与感知带来很多方便。

2.对文学艺术作品的审美理解

对文学艺术作品的审美理解是观察者审美观察与感知能力形成与发展的重要基础因素,通过审美理解积淀而成的审美经验、培养的鉴赏能力会升华观察者的生活积累。这些积累在美的审视里,会让观察者对真善美丑的印象更加明晰、生动,并且会提高观察者对外部世界的观察、感知与体验的能力及境界。对这些观察与感知进行美的鉴别和选择,可以为审美创造的借鉴,如作者的选材、材料分析、对生活现象的认识与情感等写作内容的寻找打下坚实的基础。

在审美观察、感知、理解的过程中,审美的能力会得到逐步发展,"凡操千曲而后晓声,观千剑而后识器"。欣赏音乐不仅能感知音乐之美,还能辨识其中的失音;欣赏绘画不仅能感知绘画之美,还能看出绘画色调表现的失误;欣赏小说不仅能感知小说的人物情节以及表现力之美,还能看出作品描写的缺陷;等等。

除去观察者长期对文艺作品的自我感知理解,还需要借助文艺批评。比如文学批评,它是加深作品和读者之间的沟通的桥梁。它不仅能帮助读者更好地理解作品的思想、艺术价值,而且对读者的文学观念和审美趣味起着塑造作用。一方面,批评家常常会通过推荐作品、确立经典,帮助读者选择阅读的作品,对于有害的作品与作品中的消极因素,文学批评能起到提醒、预警与防范作用,指导读者正确阅读;另一方面,用批评家专业的眼光可以发掘作品的审美价值。所以,在文学批评活动之中,一方面,读者会受到作品的熏陶;另一方面,文学批评可以引导和塑造读者的审美能力和艺术趣味,把大众的审美价值观提升到经典文学作品的审美水平,提升大众对外部世界的审美观察与感知的能力,为艺术的再创造打下基础。

3. 观察与感知中融入联想、想象和情感

观察与感知中,建立在个体经验基础上的联想、想象和情感是审美活动的重要基础和方法。这对艺术创作的内容厚度与内容境界、作品的艺术性产生了很大的影响。

比如朱自清先生在《荷塘月色》中写道:"微风过处,送来缕缕清香,仿佛远处高楼上渺茫的歌声似的。""塘中的月色并不均匀,但光与影有着和谐的旋律,如梵婀玲上奏着的名曲。"这两个句子分别对"清香"和"月色"做了细腻的观察,并展开优美的相似联想与艺术想象,用看似比喻实则通感的修辞手法分别把观察情境中嗅觉感受到的"清香"与联想情境中听觉感受到的"渺茫的歌声"贯通,视觉感受到的"月色"与听觉感受到的"梵婀玲上奏着的名曲"贯通,景物特征表现得细腻而又优美,把作者对于荷塘月色的喜爱之情细腻而又充分地表达了出来。可见观察与感知中融入联想、想象和情感是多么重要。在细致的观察感知时,在观察者个人认知经验的基础上,充分调动视觉、听觉、嗅觉、味觉、触觉,获得事物的全面印象,并借助联想、想象,让细腻的感觉与个体的经验互相沟通、转化,产生美妙的艺术内容。

观察过程中,联想尤为重要,它是想象产生的基础。在对观察对象的感情以及已有的审美经验的基础上,通过由此及彼的相近、相似、相应、相反、相关的联想,众多表象涌入大脑,不仅拓宽了作者对客观对象的感悟能力,使作者的胸襟更加博大、深厚,还为写作提供了丰富的材料,为作者再进一步思考客观对象、选材、锤炼主题和内容等提供了很好的基础。

比如,辛弃疾《水龙吟·登建康赏心亭》中的"遥岑远目,献愁供恨,玉簪螺髻",在比喻眼前所见的形状各不相同的山岭时,说远山像玉做的簪子、像海螺形状的发髻;"休说鲈鱼堪脍,尽西风,季鹰归未?求田问舍,怕应羞见,刘郎才气。可惜流年,忧愁风雨,树犹如此!""鲈鱼堪脍"三句用西晋张翰典,"求田问舍"三句典出《三国志·魏书·陈登传》,"忧愁风雨"中的"风雨"比喻飘摇的国势,全短语化用北宋苏轼《满庭芳》中的"思量,能几许,忧愁风雨,一半相妨","树犹如此"出自北周诗人庾信《枯树赋》:"树犹如此,人何以堪?"又典出《世说新语·言语》:"桓公北征经金城,见前为琅琊时种柳,皆已十围,慨然曰:'木犹如此,人何以堪?'攀枝执条,泫然流泪。"作者在登建康赏心亭时遥岑远目，联想翩翩，众多多角度的联想，拓宽了词的境界，贴切、丰厚地表达了作者壮志难酬的英雄情怀。联想使词的内容很深厚。

4. 在主动和自由的审美观察与感知中追求独特的感知与体验

文学艺术家的审美观察与感知是主动的，他们随时都带着审美的眼光在观察自然、生活里的各种形象、自我感知与体悟。缺乏审美修养的人，他们留心的只是与自己的工作和生活直接有关的美的事物，他们常常把审美观察与感知局限在实用美的上面。

因为审美的主动性和审美的个体性，审美观察与感知应是在一定审美经验和法则的指导下摒弃世俗功利性的自由活动，所以，它具有浓厚的主观色彩和个性化、多样性特点。其中，个体性是审美观察与感知经验的核心。

由于每个人的生活经验、知识积累、兴趣爱好、心境情绪各有差异，因而不同的人在不同的情景中会产生不同的审美观察与感知，所以在审美观察与感知的主动性、个性化的基础之上，审美观察与感知具有多样性的特点。如自然景色黄昏，有人赞美它色彩斑斓，有人描述它残阳如血。而在诗人闻一多的笔下，黄昏却变成了有生命的、充满青春活力的小伙子："太阳辛苦了一天／赚得一个平安的黄昏／喜得满脸通红／一气直往山洼里狂奔。"可见，作者善于运用求异思维，就能从别人认定的外物意蕴中体悟出新的意蕴。

独特个体性的感知与体验，是审美观察与感知的最终结果。它同时是事物的个体性和观察者的个体性的对接与体现。

第二节　审题和主题确立的高等级基础性教学

审题和主题的确立，一直是写作教学时常在进行的基础工作，具有重要的意义。如何让学生的审题立意符合基础等级要求，达到较好的程度？这里从作文审题、文章主题意义探寻、文章主题意义结构探寻三个方面，就一些基础性的重点教学策略做一些探索和简介，并结合例证进行具体分析。

一、作文审题的基础性教学策略

审明题义、发散思维找素材、确立主题应当是考试作文的写作活动中重要的前期准备。审明题义是最重要的基础工作。

(一)命题作文审题的一般策略

命题作文的审题是所有题目类型审题立意的基础。比如话题作文、给材料作文。话题实际上也是一个命题。在给材料作文审题的主题出现以后,主题就成了一个有待再次审辩的命题,如果这时对主题把握不准,文章就会写偏。所以,要高度重视命题作文的审题学习。

1. 析词法

所谓析词法,即是要分析题目中的每个词,弄清它们的准确含义以及词与词之间的一般意义联系。

(1)准确把握作文题目词语的基本含义

比如"诚信",它是诚实讲信用的意思,与真诚、信任、信心、诚实、诚心、诚恳、义气等有别;"责任"与"任务"有别。又如,"这也是课堂"在审题时就不能忽略副词"也"的含义。有了这个"也"字,这里就要求学生不是写平时老师在教室里上课的这个课堂,而是写另一个让人获得和在教室里上课一样收益的氛围。

(2)探究寓意法

寓意通常是指题目所指对象的比喻义或象征义。"探究寓意法"就是探究题目的比喻义或象征义的方法。

寓意性的命题作文在审题需注意两点:①可以写本义,但一般不是"就事论事"地写本义,而是重点写出其寓意,即便你的作文要从其本义入手,但最终还得要写出它的寓意,这样才会使主题得到开掘。②寓意性的命题往往是一种具体事物,因而其寓意具有开放性的特点。这就要求作者捕捉到自己最熟悉而又理解最深的一点去写作文。

比如题目"肩膀"。这是一道寓意性的命题作文,实体的肩膀谁都知道,

179

但要写成作文就一定得找到实体意义之外的意义,即"肩膀"的深层次含义——比喻义、象征义。肩膀是用来干什么的呢?——担当、承受;是用来承担什么的?——责任、勇气等。只有这样分析,才算读懂了"肩膀"的比喻义或内涵。

(3)注意词语表意在题目中的地位

比如题目是主谓式,这类题目一般就是文章所要阐述的中心论点,或是要表达的中心思想。其主语往往就是阐述的对象,谓语部分则是阐述的重要观点,或是文章的中心内容,有时又是决定文章内容的题眼,而其他的修饰成分就是题目规定的取材范围。其中谓语里的支配关系是非常重要的。以作文题目"我想握着你的手"为例,谓语部分"想握着你的手"就是要阐述的重要观点,"想"是文章内容的题眼,阐述的主动者是"我",主动者的对象范围是"你的手",中心词是"手"。我们一旦辨明主谓式句子里的关系,文章的写作就不易偏离主题。

比如偏正式文题,审这类文题,必须把握中心词与修饰语的关系,确定写作的重点。例如题目"诗意地生活"。"诗意地生活"的表意重心在"诗意"上,那么,"诗意"是什么?"诗意"不仅是诗情画意,更是一种心灵的和谐,是一种超越物质的心态,是一种乐观豁达的精神等。那么,"诗意地生活"就是用一种超越物质的心态或乐观豁达的精神去面对生活。如果学生的眼睛只盯着中心词"生活",而没有仔细思考重点修饰语"诗意"的含义,立意就会走偏。又如"'0'的启示",中心词是"启示",它表明文章要用论说的方式来表达,而"0"则是修饰词,它是"启示"的对象。

再比如动宾式文题,要抓住最能体现观点的动词,然后扣住宾语,重点阐述"为什么""怎么办"这一些问题。例如"提倡能者为师"中的动词是"提倡",宾语是"能者为师",文章的重点就是阐述为什么要提倡能者为师……主要是正面立论,如果再深入一层,还可阐述"怎么办",即怎样提倡能者为师。这种分析综合,既有利于把握题目要求,也有利于写作中展开论述和突出中心。

(4)注意词语的文体暗示

一般地讲,凡是要求写人、事、景、物、时间、地点以及带有"记""忆""访""游""传""传说""故事""见闻"等字样的,都是要求写记叙文;另外,带有象征

性的和具有抒情色彩的也多要求写记叙抒情类,比如"路""那一阵风"。题目中有"说""读""评""议""驳""批""析""有感""我见""启示""所想到的"以及格言、谚语、名言警句等,一般是要求写议论文。凡用事物名称做题目以及带有"介绍""说明"等字样的,多要求写说明文。当然,有的文题允许用不同的表达方式和表现方法,作者可以自由选择,属于一题多体,如"习惯""榜样"等。

2. 辨明关系法

我们通常可以看见作文题目是由两个或两个以上的词语或词组并列构成的,譬如"美与丑""自由与纪律""发光与沾光""'我要学'与'要我学'"等对立因素组合,"鱼与水""磨刀与砍柴""名师与高徒""时髦与创新"等因果关联关系,"自信·自负·自满""观察·实践·思考""识才·用才·爱才"三元因素关系等等。这类作文题目,都由两个或两个以上的元素组成,运用辨明关系法审视,很快就能掌握题旨。

所谓辨明关系,就是用辩证思维的方法,辨清楚构成题目的词或词组彼此之间的特定关系,关系辨明了,审题立意的任务基本上就完成了。譬如要想审视"自由与纪律"这个题目,首先就要辨明"自由"与"纪律"的关系,然后再根据二者的关系立论。辩证唯物主义常识告诉我们,没有纪律便没有自由,没有自由也无所谓纪律,二者之间是对立统一的关系。这种关系就是文章的观点。当然也可以根据这种关系再灵活变通一下,这样来确立主题:"人要有自由,但自由要受纪律的约束";或者换一个角度来确立观点:"没有纪律,就不能有真正的自由"。还可以从其他角度立论,但万变不离其宗,不管从哪个角度立论,都离不开二者之间的辩证统一关系。再譬如"'向前看'与'向钱看'"这个题目,运用辨明关系法审视,稍一思索就知道"向前看"与"向钱看"二者之间是是非选择关系,根据这个关系,文章可以这样确立观点:"我们要向前看,不能一切向钱看。""自信·自负·自满"这个题目中的三个因素之间也是一种是非选择关系,因此可以这样确立观点:"人要有自信,但不能自负,更不能自满。""名师与高徒"这个题目,"名师"与"高徒"之间是一种非绝对关系,意思就是二者之间有某种特定关系,但不是绝对的。一般说来,"名师"出高徒,师高弟子强,但并不尽然,有的"名师"出不了"高徒",有的"高徒"并非出自"名师"。

辨明了这些关系,文章该怎样确立主题也就不言而喻了。如"读书·成才",两者为条件关系,文章主要应阐明读书与成才的辩证关系,而不能把两者分别来论述;又如"奉献·索取·责任",前两个词为对立关系,前两个词与第三个词为选择关系,文中就要阐明"我们的责任是奉献,而不是索取"的道理。

运用辨明关系法审题,思维具有明确的方向性,不会走弯路,也能大大提高审题速度。不过,构成这类作文题目的因素之间的关系是多种多样的,前面列举的三种关系虽然常见,但远不是关系的全部,审题时要根据题目做具体的分析。

(二)材料作文的审题策略

材料作文的审题较为复杂。一般来讲,材料作文的题目中没有明确的主题暗示,要求作者从材料中概括、提炼主题。在阅卷场,笔者常常看见学生的优秀作文因主题提炼不当,导致文章偏题或混乱等。

1. 材料作文的审题立意原则

(1)整体性原则

审题要有全局意识,要从材料的整体着眼,不能纠缠局部的细节,否则很有可能出现偏题跑题的现象。

(2)多向性原则

材料所蕴含的观点并不是唯一的,从不同的角度可以得到不同的结论,因此,要学会多角度审视材料。

(3)筛选性原则

因为从材料中获得的观点具有多样性,因此,在动笔前对所得到的观点还要进行适当的筛选。筛选的原则是:①服从整体材料;②观点可能比较新颖;③有话可说。

2. 材料作文的审题要求:准确、单一

"准确",就是要深入准确地挖掘出材料的蕴意。不管是一则材料还是多

则材料,都要分析出材料的内涵或材料与材料之间的联系中所潜在的实质问题,即一个观点或看法,是议论性的结论。

"单一"就是主题单一,不多元化。要求学生选择自己最熟悉、认识最深刻、最能扬己之长的一个最佳主题。这也避免了学生在作文里一会儿谈这,一会而谈那,以致文章混乱的不良结果。

3.单则材料作文审题的策略

(1)整体把握,提炼中心

这是写材料作文最为常见且最为稳妥的审题立意方法。写材料作文时,如果能全面把握材料,准确地提炼出材料的中心,并以其作为文章的主旨,一定会使所写文章既切题又有深度。所以,写材料作文时这样去立意,是一种基本方法。比如材料:

一次,盖达尔旅行时,有一个小学生认出了他,抢着替他提皮箱。小学生见皮箱十分破旧,便说:"先生是大名鼎鼎的盖达尔,为什么用的皮箱却是随随便便的呢?太不协调了。""不协调吗?如果皮箱是大名鼎鼎的,而我却是随随便便的,那岂不是更糟?"盖达尔笑着说。小学生看着盖达尔笑了。

分析这则材料,可以提炼出这样的中心意思:这则材料通过写大名鼎鼎的盖达尔和小学生关于皮箱破旧的对话,表达了身外之物可以随随便便,但做人不能随随便便的道理。据此,可以提炼出如下两种观点:做人不应该随随便便;做人要做有真才实学的人,不能徒有虚名。

(2)善于抓住关键词语和句子

关键词句往往是"文眼",它直接昭示或蕴含着材料的主旨,常常是命题者或材料中人物的评议性语句或暗含观点的句子,因此可以把它作为把握材料审题立意的突破口。如材料《盲子道涸溪》:

有盲子道涸溪。桥上失坠,两手攀楯,兢兢握固,自分失手必堕深渊已。过者告曰:"毋怖,第放下即实地也。"盲子不信,握楯长号。久之,手愈,失手坠地。乃自哂曰:"嘻,蚤知即实地,何久自苦耶。"

材料中的"放下即实地",这个评议性语句就是关键。

又如在一道材料作文题的材料中,有人问巴西球王贝利:你最满意的进球是哪一个?贝利答道:下一个。这"下一个"三字掷地有声,暗含材料所要求掌握的主题。这三个字既体现出永不满足的进取精神,又蕴含着艺无止境,不断创新的哲理,闪耀着人格、智慧、精神的光芒。把握住这一点,主题就容易确定下来。

(3)辨明关系

材料里,涉及的事物关系是纷繁复杂的,主要有依存关系(如学与问)、主次关系(如奉献与索取)、取舍关系(如自卑与自强)、条件关系(如继承与创新)和因果关系(如智慧与成功)、表里关系等等。辨明了这些关系,再从整体上去考虑,就能审好题,正确确定材料的立意。

①辨明事物间的关系

下面列举三种关系分析法。

〈1〉舍次求主

有些材料作文的材料往往会牵涉许多人和事。因此,审题时要明确哪些是材料的主要人物或事件,哪些是材料的次要人物或事件,并舍弃次要人物或事件,从主要人物或事件的角度审题立意。比如:

从前,有位年轻的猎手枪法极准,但总捕不到大雁。于是,他去向一位长者求教。长者把他领到一片大雁栖息的芦苇地,指着站得最高的一只大雁说:"那只大雁是放哨的,我们管它叫雁奴。它只要一发现异常情况就会向雁群报警,所以接近雁群很困难。但是,我们有办法,你现在故意惊动雁奴再潜伏不动。"年轻人照着做了,雁奴发现年轻人后立即向同伴发出警告。正在休息的雁群得讯后纷纷出逃,但并没有发现什么危险。于是,它们又飞回了原地。长者让年轻人如法炮制了好几回。终于,有几只以为受骗的大雁向雁奴发动了攻击。如此再三,几乎所有的大雁都以为雁奴是谎报军情,纷纷把不满发泄在了它身上——可怜的雁奴被啄得伤痕累累。"现在,你可以逼近雁群了。"长者提醒道。于是,年轻人大摇大摆地走进芦苇地。雁奴虽然瞧在眼里,但它已经懒得再管了。年轻人举起了枪……

这则材料中共出现了四个"人物"——年轻人、长者、雁奴和雁群。审题时,学生可以舍弃年轻人和长者这两个次要人物,从雁奴和雁群这两个主要因素的关系入手确定如下立意:第一,从雁群角度立意:不要轻易误解忠诚的人,因为被误解的人会因此放弃忠诚;第二,从雁奴的角度立意:忠诚被误解

后该怎么办呢?是坚持到底,还是放弃忠诚,这是对忠诚的真正考验。

⟨2⟩由果溯因

因果联系在材料中普遍存在。材料作文审题时,如果能由材料中列举的现象或结果推究出造成所列现象或结果的本质原因,往往能找到最佳的立意。如材料:

一个小女孩迷上了小提琴,每晚都在家里拉个不停。家人不堪这种"锯床腿"的干扰,每次都向小女孩求饶。小女孩一气之下跑到一处幽静的树林,独自演奏了一曲。突然,她听到一个老妇人的赞许声:"拉得真不错!"老妇人继而说:"我的耳朵聋了,什么也听不见,只是感觉你拉得不错!"于是,小女孩每天清晨都来树林里为老妇人拉琴。每奏完一曲,老妇人都会连声赞许:"谢谢,拉得真不错!"终于有一天,小女孩的家人发现,小女孩的琴拉得早已不是"锯床腿"了,便惊奇地问她有什么名师指点。这时,小女孩才知道,树林中的那位老妇人竟是著名的器乐教授,而她的耳朵也从未聋过。

从小女孩的琴拉得很好了这个结果,去逆溯产生的原因,除去勤奋,主要还是鼓励的作用,所以这则材料的主题可以概括为:赞美的力量。

⟨3⟩表里关系

即透过现象看到本质。有这样一则材料:

某省一扶贫工作团,做了件扶贫实事,向某个贫困山区赠送了一批优良种羊。几个月后去了解情况,村民们说,羊肉的味道很好,请再送些来。

对这则材料,如果仅理解为山区村民好吃懒做,或者扶贫工作流于形式等,都是较为肤浅的。通过分析,这则材料揭示的本质是:山区贫困的"根子"在于村民观念落后,素质不高;而扶贫工作团没有看到这一点,治标不治本,其结果肯定是无效的。这样就可以得出"人的素质是第一位的""标本兼治,双管齐下"等立意与命题了。

②综合分析事物关系

辨明了关系,有的材料还需综合分析事物关系,才能把握好主旨。例如:

美国阿拉斯加州涅利斯自然保护区内,曾发生过引狼逐鹿的故事。原先人们为了保护鹿而把当地的狼消灭了,于是,鹿没有了天敌,终日无忧无虑地饱食于林中。十几年后,鹿群由四百只发展到四万只。然而鹿的体态愚笨,失去了昔日的灵秀。植物也因鹿的迅速繁殖和践踏而凋零了。鹿由于缺乏充分的食物以及安逸少动所带来的体质衰弱而大批死亡。于是人们再次把狼请进来，鹿又奋力奔跑了，保护区恢复了昔日的勃勃生机。

从材料中看，鹿和狼的关系、鹿和周围环境的关系是相互依存的关系。只有狼和鹿共处，相克相生，才能保证它们不失本性，维持自然界的生态平衡。据此可立意为：生态平衡是自然界的规律，人类亦如此，自然规律不可违。从鹿和周围自然生活环境的关系看，鹿没有了狼这样的天敌，生活太安逸、舒适，于是体态愚笨；后来又有了狼的介入，鹿因躲避狼的捕食而奋力奔跑，终于又恢复了生机。可见"生于忧患，死于安乐"。

（4）明确褒贬

有些材料作文，材料中的语句常常蕴含着命题者的褒贬情感，审题时学生必须充分捕捉这些语言信息，细致体会命题者的感情色彩，这样才能根据命题者的感情倾向确立最佳的立意角度。如材料：

武汉市的珞珈山是武汉大学的所在地，山上有闻名遐迩的樱花园。每年的樱花时节，游人如织，总见一些青年朋友穿着和服在樱花丛中摄影留念。一次，一位在武汉留学的韩国青年见此大为不解，她对她的导师说："他们为什么要穿着和服去照相呢？我们韩国也有樱花，但从没有人穿着和服去同樱花照相。"她的导师苦笑了一下，无言以对。

这则材料从导师的"苦笑""无言以对"来看，表现了导师对那些穿着和服照相的青年人的不满和鄙视。导师的心声体现了命题者的意图，也体现了材料的主旨，即批评那些穿和服照相的中国青年，批评他们崇洋媚外，民族尊严沦落，国家观念淡薄。

（5）多向辐射

有些材料作文的材料比较散，常常会出现许多人和事，好像根本就没有一个明确的中心和明确的事物关系。对于这样的材料，审题时学生可以采用多向辐射的思维方法围绕材料展开多角度立意。比如，既可以着眼于甲事物立意，又可以着眼于乙事物立意，还可以着眼于甲乙两事物的关系立意；既可以联系事物（对象）的正面立意，还可以联系其侧面和反面立意。比如材料：

2002年8月20日，3000多位世界一流的数学家在北京人民大会堂参加了第二十四届国际数学家大会开幕式。在诞生过张衡与祖冲之的华夏古国召开这样的大会,是我们祖国的一大盛事。大会名誉主席、97岁的陈省身教授坐在轮椅上发言时,身边的国家主席欠身为他调好麦克风。陈省身在发言时说:"中国数学领域还有很长的路要走。"大会颁发了数学领域与计算机理论运用方面的世界最高成就奖"菲尔茨奖"与"内万林纳奖"。三位获奖的都是"老外",他们都只有36岁,全是1966年出生的。

这则材料,学生可以采用多向辐射法进行立意。第一,从主席欠身为陈省身教授调整麦克风的细节出发立意——我们国家以及国家领导人非常尊重知识和科学,对科学家更是充满无限敬意。第二,从获奖者都只有"老外"的角度立意——我国的科学工作者任重道远,我国还需要再次吹响"向科学进军的号角"。第三,从三位获奖者都只有36岁的角度立意——我国在科学领域也要"年轻化"。这样提炼出多个立意后,可以择优进行写作。

当然,材料作文审题立意的方法还有很多。此外,这些方法也不是孤立的,在具体的审题立意过程中应全面仔细地阅读材料,可以综合运用几种方法,准确选择立意的角度。

4. 多则材料作文的审题策略

多则材料作文题型是指题目中的材料有两则或两则以上。采用比较的方法是解决多则材料审题的关键。学生可以通过比较辨别异同,然后从整体的角度去确立主题。

(1) 同中求异找主旨

相同的材料,从它们的相同点出发可以提炼观点,但往往缺乏深度,如果从相同的材料中寻求它们的不同点,就能挖掘深度,得出有分量的结论。例如材料:

①马克思23岁时被誉为当时德国最伟大的哲学家。②恩格斯21岁就著文批判当时的德国哲学家谢林。③列宁17岁就开始革命活动。④毛泽东26岁主编《湘江评论》。⑤徐特立48岁留法,克服困难,学会法语。

以上五则材料都是讲伟人们在事业上都有所成就,这是材料的共性,倘若就此立论,观点就缺乏深度了。进一步分析材料会发现①~④还有一个共同点,即青年时代就出成果,而材料⑤是讲徐特立48岁苦学法语有所成,年龄特点与前四位伟人不同。根据这个不同点可以立论:年青时代是出成果的黄金时代,但是,年龄并不是成就事业的唯一条件,关键在于有无坚定的志向和坚忍不拔的毅力。

(2)异中求同找主旨

相异的事物,有时是形异而实质相同的,因此,对于多项材料,可以进行分析比较,寻找材料间的共同点,从共同点入手提炼观点。例如材料:

①一根木头搁在山涧之上,下面深不见底,则敢于走过去的人甚少;但若横木置于地,则常人皆能步其上而过。②小李第一次演讲,他事先也做好了充分准备,但一走上台,看到下面一礼堂黑压压的人,便浑身冒汗,脑子里一片空白,一句话也记不起来了。

这两则材料,一则是说很少有人能走过搁在山涧上的木头,一则是说小李演讲面对黑压压的人一句话也记不起来。两则材料从形式上看是不相同的,但结果都是一样——未能如愿以偿,究其原因都是胆小,缺乏良好的心理素质。由这个共同点,我们可以提炼出这样的观点:①良好的心理素质是成功的重要因素;②要培养良好的心理素质。

(3)异中辨异找主旨

有些相异的材料,它们之间有明显的分歧点,我们可以先找出分歧点,再从它们的分歧点处入手提炼观点。例如材料:

①俗话说:"一个巧皮匠,没有好鞋样;两个笨皮匠,商量出鞋样;三个臭皮匠,赛过诸葛亮。"②俗话又说:"一个和尚挑水吃,两个和尚抬水吃,三个和尚没水吃。"

这两则材料中的人物身份、事情、结果都不相同,但我们可以找出一些共同点:同样是三个人,同样是要做一件事。可是,为何同样是三个人却产生如此不同的结果呢?他们的分歧点在哪里呢?三个臭皮匠心往一处想,劲往一处使,做成了好鞋样,赛过了诸葛亮;三个和尚心也往一处想——要吃水,可是他们互相推诿,不往一处使劲儿,所以都没水吃。可见这两则材料的分歧在于是否齐心协力。抓住分歧点,可以提炼这样的观点:①齐心协力才能取得成功;②做什么事情都要心往一处想,劲往一处使。

(4)互补叠加找主旨

有些材料性质是同一的,但各自并不全面,而是互为补充,只有将它们叠加起来,才是科学合理的,也只有这样才能提炼出正确的观点。这就是互补叠加法。例如材料:

①佛罗伦萨诗人但丁的名言:"走自己的路,让别人去说吧!"②波兰谚语:"常问路的人不会迷失方向。"

这两则材料都是讲如何走好人生之路。材料①"走自己的路"强调要有坚定的信念;材料②"常问路的人不会迷失方向"是讲走路时要有虚心求教的精神,要听从他人指导。两者谁是谁非呢?都很有道理,但都只是就某一方面而言。这两则材料具有很强的互补性,若将两者结合起来,就既全面而又很合理。因此,可以提炼这样的观点:既要有"走自己的路"的坚定信念,又要有"常问路"的虚心精神,才能走好自己的人生之路。

以上是多则材料提炼观点的一些最基本的方法。

5.漫画材料作文审题

什么是漫画?漫画是一种含有讽刺性、批评性或幽默性的图画。画家从生活现象中取材,通过夸张、比喻、象征等手法来讽刺、批评或表扬某些人和事。漫画多取材于社会现实和热点问题,具有强烈的时代感和现实性。

漫画作文审图立意的步骤与方法如下。

(1)理解画面内容,寻求画面主旨

①看标题

标题是漫画的眼睛,有时透过这"画眼",可洞察整幅画的主题。故在审画时首先要看标题是什么,然后再把标题同漫画的内容结合起来进行分析,这样就容易弄清漫画的寓意所在,进而得出观点。

比如华君武的漫画《永不走路,永不摔跤》。这幅漫画笔墨简括,形象突出,发人深思。画中的人全身缠裹,腰间捆着带子,只露着一张脸。从他的神态上看,显得很满足的样子。仅从这些特征,还不太容易看出漫画的寓意。然而,标题"永不走路,永不摔跤",点出了这人的病态心理:因为惧怕摔跤,便甘愿"永不走路"。这是十足的逃避主义。因惧怕失败和磨难,就"因噎废食",不敢去进取和抗争。所以说,从漫画标题入手,是把握漫画寓意的一个捷径。

②分析画面组成及特征

分析漫画的画面组成及特征是解题的重要环节。漫画通常由人、物、景组成,要看人的外部特征,比如穿着、动作、神情、年龄等,体察心理,观察背景。漫画画面中的每一个细节都对表达漫画的寓意有提示作用。因此,在审漫画题时,一定要仔细、全面观察画面。首先,整体观察,看清画面由哪些形象构成,以什么为主。其次,局部观察,细致观察画面的细节部分,再是思考几个部分间的关系以及整体含蕴。

③看画中字

漫画为了表达其寓意,常常配有言简意赅、画龙点睛的语言文字。因此,在解漫画题时,要仔细品味画中的语言文字,认真思考这些语言文字中所隐含的观点,有时它会成为弄清漫画寓意的金钥匙。

④看夸张处

漫画为了说明某种观点,常常对人物行为或场景描绘给予变形夸张,以引起观者共鸣。因此,解漫画题时要注意分析漫画的夸张之处。夸张之处往往就是漫画的弦外之音,是漫画所要表达的寓意所在。

(2)联想类比

大多数漫画的审题,如上面几个方面的研读,就能得出漫画主旨。为了更好地把握很抽象的漫画,有利于审题立意上,联想类比这一环节是要有的。亦即根据题目内蕴的相关性要求,跳出画面思画外,由此及彼地联系社会实际,寻找事物之间的联系,并透过现象看本质,多个角度思考漫画的创作动机,然后综合思辨,确立最佳立意。

材料作文的类型很多,审题的策略也很多,不必一一赘述。它的核心是,读懂材料和题目要求,在这基础上提取既符合材料主旨,又利于写作发挥的主题。

二、文章主题意义探寻的高等级基础性教学策略

主题的确立犹如修房子之前画的大致框架,不然,怎么对房子的修建做进一步的具体安排呢?所以写文章之前必须先确立主题,明白文章主题的意义。审题之后,怎样打开思维,寻求主题和主体意义?

(一)用因果思维和相似思维指向生活

文章是作者对丰富纷繁的社会形态和人生意识的观察、思考和提炼能力的反映。在教与学的过程中，学生在写作时体现出来的思维品质却很令人担忧。在立意的思维方面，主要表现出以下不足：1.对社会生活和人的意识认识孤立、表面化；2.对事物特征的认识角度不够，概括提取生活随意、肤浅，无创造性。

那么，用因果思维和相似思维指向生活，就是一剂医治的良药。它是在观察、感受、体验的基础之上，对事物本质的由浅入深、由局部到整体、由个别到一般、由平常到新颖的思考过程。

它的作用主要体现在产生创造性的文章立意上，即可获得对材料本质的多角度的深入认识，使材料在一定的情景中具有新意，从而产生创造性的文章立意。

那么又如何运用因果思维和相似思维深入地思考生活、提取写作可能需要的立意和材料呢？这里介绍两种思维操作模型。

1.运用因果思维的操作模型思考生活现象的"为什么"和"会怎么"

因果思维是对生活现象材料的由因到果，或由果到因，或由现在到过去，或由现在到未来的分析思考，是寻求事物表象的本质、原因、结果、发展的一种思维模式，是思考生活现象的"为什么"和"会怎么"的问题。它的具体的思维操作模式是：

(1)原因分析与原因综合

生活现象的原因分析，是由事物表象到深层本质的探索，而这种"由表及里"的思维实质上就是一种追寻事物因果关系的逻辑思维。原因综合即是为了更全面地认识事物产生的原因，在寻求事物的因果关系中，对事物产生原因的综合性思考。原因分析和原因综合，主要是思考现象"为什么"产生的问题。比如"他笑了"这一生活现象，为了认识它，我们去探求它产生的原因，并对产生的原因进行综合分析，结果得到"笑"的直接原因是：他原来成绩不好，通过努力进步了，看见好的成绩时，他笑了。对其笑的原因进行全面探究才得知：他家境贫寒，生存有危机，学习时常是身在曹营心在汉，因为贫困和成如有人看见竹子，感其节气。这就是他相似综合。

他相似综合是指对一个事物的性质特征与另一个事物的性质特征的相似关系的发现，即由此及彼，最后，此事物的性质特征"综合"了彼事物的性质特征，或者说由此及彼之后，彼此的性质得到了综合，产生联想、比喻、象征，就是他相似综合思维的具体表现。

他相似综合思维常赋予平凡普通的事物以新颖、深刻的认识，从而产生他相似联想，赋予事物的灵气、意义(含哲理)。在他相似的思维综合中，主观品格的性质特征已与外物特征一致，已意绪化的彼事物的原始特征则成了此事物性质特征的载体。这也是主观品格、意绪的深化，亦是对彼事物的特征的创造性的认识。

比如，茅盾由西北高原的白杨树想到守卫家乡的哨兵，想到中华民族的意志和品质；陶铸由生机勃勃的松树想到具有共产主义风格的人；巴金由眼前的灯想到了曾指引自己摸夜路的陌生人家的灯，又想到了哈里希岛上的长夜孤灯、古希腊女教士点燃的火炬以及友人被救时所见的一盏油灯。《白杨礼赞》《松树的风格》《灯》这些名篇的产生，不正是作者他相似思维综合的结果吗？

当然，他相似也可以是与"此"相反相对的，臧克家由善于纳谏的齐威王想到了以棒止谤的周厉王。相反的相似联想拓展了文章的内容，增强了文章的思想深度。

在日常的学习生活中，我们如果运用因果思维和相似思维，就能获得对社会生活的深入思考，获得创造性的文章立意。

(二)从作文题目材料的正反角度寻求主题法

即以作文题目材料中出现的事件材料或主要现象为参照，从正反两个角度来获得写作主题。这既可以从材料的现象与结果的联系上去思考，也可以从已有材料现象与推断结果的联系上去寻求。立意时，既可从正面立意，也可从反面立意，还可正反综合性立意。

从提供的材料本身入手，展开联想，从古今中外寻求相似事件和对立事件以及事件的结局，这也是一种打开寻求主题之门的重要方法。

1. 从正面相似的角度来发散获得写作主题

比如作文题目"谈意气",有学生在电视上看见过一位男士因追求一位女士不成功,就把这位女士杀了。他认为这位男士既害了别人,又害了自己。于是,这位学生从中锤炼出了一个主题:意气用事,是对生命价值的践踏。

2. 从正反两个角度来获得写作主题

在写作文时,从电视节目、文章及他人观点里寻找与写作题目或题目材料相似、相反的材料信息去发散,是获得主题的一条有效途径。比如作文题目"忙",面对这个题目,想到报纸、电视台对贪官污吏忙于贪钱、跑关系的批判这些反面现象,于是把主题确立为"为损害别人的利益而忙的人是可耻的";想到平常文章里写的焦裕禄式的干部这些正面现象,于是就确立了"选择奉献,忙是生命价值崇高的体现"这样一个主题。

题目材料的正反寻求法是学生寻求主题最简单有效的策略。

(三) 从熟悉的材料入手寻求主题

1. 抓最熟悉、最充分的材料

确立主题是必须考虑自己是否写得出来的。学生又如何确定一个自己写得出来的主题呢?从自己最熟悉、最充分的材料中选择提取文章主题,是一个很好的办法。在考场上很久找不出一个主题,即使确立了一个主题又无从下笔,那显然是不行的。所以,一旦知道了作文题目的要求,就有必要在题目要求的范围之内,去回味一些自己最熟悉、最充分的材料,尽可能从中提炼出既有最合适的话题,意义又最深刻、新颖的主题来,这样提炼出的主题也有助于文章写作时写得充分、深透。

比如题目"价值"。审题时,可以先确定范围:人。高层的政治家,比如主席、总理、部长;科学家屠呦呦、钱学森;企业家马云、王健林;平凡的人物,你的父母亲友、你自己、老师、同学……各层次的人很多,可是显示出来的价值似乎有区别:公众人物的优点与能力、价值,是大家都看得见的,那是太阳、月亮、星星;你身边的普通人,似乎平凡得可以忽略。可是就是你身边很多人的精神、事迹、意义深深感动了你,你认为他们具有与名人一样的价值。于是,综合起来分析，得出主题"每个人都是最闪亮的星"。这个立意很有价值。可见，从最熟悉、最充分的材料入手，可以深入发掘平常中的美，可以让文章显得真切、感人。

比如作文主题"感情的亲疏与认知"，如何从抓最熟悉、最充分的材料入手去寻求主题呢？谁与你感情深、谁与你感情远，你们之间发生了些什么事情，哪些事让你印象深刻，在这些事件中你对他或者是他对你的认识怎样，全面吗？可能你想到父母与你最亲，想到一些印象很深刻的事情，你对你父母的认知怎样，你父母对你的认知又怎样，这一下就可以探求出一些主题：感情越亲认知越全面或者感情越亲认知越偏激……可能你想到你的老师、你的同学、你的网友等等，都可以从这些熟悉又充分的材料里去挖掘主题。

再比如题目"纪念"。熟悉的现实比比皆是：日本人屠杀中国人的伤痛，外国人的铁蹄在中国的土地上恣意践踏，中国无数仁人志士为救国家的危难战死沙场……这是多少熟悉的材料，但就这样漫无边际地写下去就可以写成一篇内容集中的文章吗？不是，文章少不了一个主题。从这些熟悉的材料的内涵以及材料在当时环境中的作用、在当今社会的影响，可以锤炼出一个主题：纪念是我们前进的动力。在现实生活中，人们不是常感叹"再回首，往事如梦；再回首，我心依旧"吗？高中毕业了，对以往学生生活的纪念、对师长朋友的纪念、对学校的纪念等等，不是人人皆有吗？纪念是一种回忆，纪念是一种总结，纪念是一种感激，纪念是一个人心灵美好的颤响。从这些熟悉的材料中锤炼出的主题不是很好吗？

所以，从抓最熟悉、最充分的材料入手，围绕话题去寻找主题是一个很好的办法。再说，学生锤炼主题的能力强，一样可以在这些材料中选择出新颖深刻的主题来。

2. 典型事例挖掘法

从典型事例中挖掘主题是一个很好的捷径。要做好这一步，选中一则典型材料是关键。在选了一则典型材料后，如何去挖掘一个深刻的主题呢？必须透过表面去挖掘深刻的东西。这深刻的东西既有深刻的内蕴（包括深刻的原因和深刻的作用），又有新颖的认识，这样才能挖掘出这则材料的深刻主题。

比如作文主题"出乎其外,入乎其内",可以想到北宋的"包青天"包拯。他一生清廉,不附权贵,坚守本心,克己奉公,百折不挠,把名利、地位看得很轻,他"出乎其外";他立朝刚毅,不畏强权,除恶扫贪,铁面无私,英明决断,用碧血丹心保一国清正,他"入乎其内"。于是锤炼出这样一个主题:只要有一颗为国为民、光明磊落、尽职尽责、无私无畏的心,就能"出乎其外,入乎其内"。

比如作文主题"坚忍,自我的超越",一位学生一见题目就想到他父亲的坚忍。他们一家人就靠父亲在工地上抬挑过活,风来雨去一二十年,他心中只有家人。有一次,父亲病了,可为了这个家,他依然顽强地到工地上干活。于是这位学生锤炼出了一个作文立意:坚忍,伟大的担当。

3. 抓热点,正反寻找

所谓热点问题是指一些当前国内和世界上的人们都很关注或追随的问题。比如就国内来讲,有关中学生熟悉的热点问题有惩治贪腐、法治建设、和谐社会、小康社会、扶贫、房产问题、追星、足球迷、"个性化"、恐怖势力等等。对于一些题目,可以从对这些热点材料的不同角度的分析中去寻求主题,正反两个方面是常见的两个分析角度。比如对"足球迷"这类材料从正反及综合的三个方面进行分析:正面——追求力量与拼搏之美;反面——精神空虚、瞎凑热闹、自我麻醉;还可以综合起来——追求,要有一个恰当的方向。从对这个热点问题的三个不同角度的分析,产生了不同的主题,并且有关足球迷的这些材料都可以作为分析材料。

比如对"个性化"这类热点材料进行不同角度的分析,可以从正反、综合三个方面去确立主题。正面:不追随别人,有自己的看法和特点;反面:故步自封,影响对事物的评价和自身的发展;综合:个性,是事业成功的重要保证。

再比如和谐安定这一个热点问题。从正面去思考,中央政府大力加强全民的社会保障体系、医疗体系的建立,积极开展就业工作,积极进行安全管理,等等,从这些方面就可以锤炼出一个主题:"安"是老百姓的呼唤,"安"是政府基本工程。从反面去思考:好人就一生平安吗?不一定,吃亏的可能首先就是你。于是,可以锤炼出如下主题:要心安,好难!"安"是老百姓热切的呼唤;"安"是社会发达、文明的反映。

三、文章主题意义结构探寻的高等级基础性教学策略

作文主题确定以后,打开思维,理顺思路,建立文章主题的意义结构是文章写作的重要环节。这个环节做不好,文章的思路就会很简单,内容也很容易单薄或混乱。议论抒情性文体的写作,观点的分论点式发散是解决这些问题的一个很好的方法。

在实际的写作学习中,经常可以看见分论点出现在文章的主要框架之中,支撑了文章,或将可以成为分论点的一些观点性句子集合成一个段或一组句子,成为文章观点阐述的重要部分。很明显,对观点分论点的挖掘不仅可以获得清晰、深入、充分的文章思路,还可以获得文段观点阐述中的道理和道理逻辑。

观点的分论点由五维空间组成,这五维空间组成了立体的观点。每一个思维空间都可以成为文章分论点寻找的范围。那么,这五维空间是什么?怎样对五维空间进行思维分论点式的发散?发掘出的分论点该怎样运用呢?

(一)探寻五维空间的思维模式

1. 从原因的角度平行发散

这个角度是从揭示主题形成原因的角度去寻求主题存在的事理依据。比如,以"选择____"为题的半命题作文,把主题确定为"选择博爱",就可以从"为什么选择博爱"的角度做以下发散:选择博爱,是因为自己善良、仁爱、健全的心灵的驱使;选择博爱,是因为无数心灵在窘苦的环境中期盼、呼唤爱;选择博爱,是文明社会的促使……这些发散,对主题为什么存在进行了不同角度的探寻。

2. 从性质的角度平行发散

即从揭示主题核心本质的不同角度去寻求与主题相关的内涵,充分挖掘揭示主题实质的分论点。以主题为"慈善"的作文为例,从"慈善是什么"这个角度去发散:慈善是一种责任;慈善是爱心的体现;慈善是高尚心灵的表现;慈善是一种奉献……这些发散很好地揭示了慈善是什么这个主题的内涵。

3. 从呈现形态上平行发散

所谓"呈现形态平行发散"是一种联想扩散法，从文章主题所呈现的形态上去寻求与主题相关的特征以及内涵，从而证明主题存在的合理性。即揭示属性是什么样子的问题。

例如，对中心论点"珍惜你所拥有的"，可以从"珍惜什么"的呈现形态上去平行发散，探寻主体的意义结构：珍惜拥有的亲情；珍惜拥有的友情；珍惜拥有的爱情……

4. 从结果的角度去平行发散

即从揭示主题实现后的结果这个角度去寻求主题存在的理由。还是以半命题作文"选择____"为例，将主题确定为"选择尊严"，就可以从选择尊严后又怎样这个角度做以下一些发散：选择了尊严，自己的内心就不会因为名利而屈节；选择了尊严，自己就获得了抗争的勇气；选择了尊严，自己就有力量勇敢地去实现自己的真正理想；选择了尊严，就会让自己死而无憾；选择了尊严，就会赢得别人发自内心的尊重……通过发散寻找到的这些内容，都从主题实现后的结果这个角度很好地证明了主题是成立的。

5. 从做法的角度平行发散

即从证明主题成立应该怎样做的角度去寻求主题存在的合理性和可行性。还是以前面"选择博爱"这一主题为例，该怎样去选择博爱？选择博爱，就是选择对情感的珍视；选择博爱，就是选择给他人温暖；选择博爱，就是对万物的眷恋；选择博爱，就是选择对美好的奉献；选择博爱，就是选择对社会的贡献……这些小角度的发散，探寻了该怎样去实现主题。这些内容很好地证明了主题存在是合理的、可行的。

这五个角度是观点存在的五维空间，对每一个空间的探寻都是在寻找与主题存在相关的主要内容。在进行分论点寻找时，必须注意以下两点：第一，一定要注意角度一致。比如，在对主题是什么这个性质空间进行探寻时，就不要揉进主题为什么存在的内容。第二，发掘后的分论点要提炼、整理，让分论点在一个主题之下平行并列。比如，在发掘为什么"选择博爱"这个空间时，当想到"选择博爱，是因为自己内心的呼唤"和"选择博爱，是因为心地善

良,有爱心"这两点时,就不能忽略这两点都是有关自己内心的,不能平行并列,应该把它们合成一个分论点。

(二)五维空间分论点的运用

很明显,将每个空间里探寻出的一些分论点有序地组合在一起可以独立支撑主题;在几个空间里探寻出的分论点可以根据文章主题和思路的需要加以选择、组合,从而形成体现主题的主体意义结构。

提炼组合后的这些分论点不仅可以组成很好的文章主体意义框架,还可以组成文章段落。这些分论点的有序铺排,可以使文章的阐述清晰、充分而且深入。

五维空间分论点的运用有以下两种。

1. 总分式结构

分论点的运用以总分式结构最常见。每个思维空间探寻出的分论点都可以在一个空间角度内独立地并列结构文章。这些分论点可以组成总分式的文章框架,可以组成总分式的段落。比如,前面对主题"选择博爱"的原因进行探寻,提炼出的几个分论点可以成为文章总分式结构中的分论点,几个分论点直接相联就可以组成一个充分阐述主题存在原因的段落,并且很有语言气势。

2. 层进式结构

层进式结构是文章主体阐述内容在文中逐步深入的结构形式,是常见的文章结构法。

按主题是什么、为什么、该怎样做的思路安排是常见的层进式结构。以主题"选择博爱"为例,可以从博爱是什么、为什么选择博爱、该怎样选择博爱这个思路排列。在这三个主体里,每一个主体的分论点都可以选择部分成为这个主体里的分论点式的局部结构。这个局部结构既可以是几个段,也可以是一个段里的内容。

当然,层进式结构也可以是常见层进式结构里的局部内容组合。比如,文章重点放在阐述观点为什么存在上,就可以按观点存在原因的角度、观点

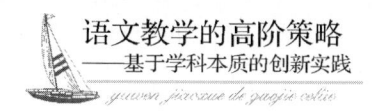

存在结果的角度来排列,形成层进式结构。将这两个部分探寻出的分论点在单个部分里依次排列就形成了层进式结构的支体内容框架。

层进式局部内容组合还可以是"是什么"与"为什么","是什么"与"该怎样做","为什么"与"该怎样做"的层进式组合,分论点的组合可以做相应的变动。

很明显,层进式结构中几个阐述主体里的分论点排列可以使每一个阐述主体内容充分、有力,可以使层进式结构的文章内容更深透。

第三节　材料及材料逻辑的高等级基础性教学

材料是构成文章的重要组成部分,寻找和运用材料是文章得以完成、提高作文内涵价值的重要方面,也是学生的难点之一。一般情况下,教师都把学生材料的贫乏列入素养积累不够的范围,这里重点介绍材料的寻找和材料逻辑矫正的写作技能教学策略,以期较好地帮助学生寻找材料。

一、材料的寻找:用发散思维开启材料之门

认真审题、弄清楚话题的含义是开启材料之门的最重要的基础。在审明了题旨、确定了主题之后,自己的写作就可从发散思维开始了。

从材料本身入手,从出题人的观点、态度、提示发散,去寻求相似事件和对立事件,是寻找材料的基本策略。

这里重点介绍一下在主题的前后采用添加法寻求体现主题的材料的策略。

添加法是一种极简便的寻求材料的方法,稍加运用和选择,就能产生很多体现主题的初步材料,所以一定要掌握它。

添加法即在作文主题的前后添加相关成分,做思维发散,寻找到丰富的思维角度和素材。如果是给材料作文,可把材料主题概括成一句精短的话,然后在这句话的前后添加成分。

（一）在作文主题的前面添加发散

1. 时间、地点、空间＋主题

如作文主题"诚信"：幼小时的诚信、去年的那次诚信、以前的诚信时光、教室里、商店里的诚信……如作文主题"心灵的选择"：那次心灵的选择，骂人时的心灵选择，人群中的那次心灵选择……如作文主题"感情的亲疏与认知"：家里、教室里、社会生活中、商场里感情的亲疏与对事物认知的关系……如作文主题"语言与沟通"：商场里的语言与沟通、父子间的语言与沟通……如作文主题"安"：今日的国安、历史上的安民……如作文主题"走与停"：迷惘时的走与停、人生路上的走与停……

2. 态度＋主题

如作文主题"诚信"：礼赞诚信、那次不该有的诚信；如作文主题"心灵的选择"：那次遗憾的心灵选择、丑陋的心灵选择……

3. 动词＋主题

如作文主题"包容"：提倡包容、颂扬包容、选择包容的哪些事例……如作文主题"智慧的魅力"：展示智慧的魅力、追求智慧的魅力的哪些事例……

4. 人或事（含过去的、不同环境的）＋主题

如：如作文主题"心灵选择"：杨开慧的那次心灵选择、王昭君的心灵选择、在那次血与火的考验中我的心灵选择（想象）、我的心灵选择……如作文主题"买镜"：在那潮涌的人流中我买到了一面镜子、父亲买镜……如作文主题"忘记与铭记"：学校里的忘记与铭记、纷繁人生中的忘记与铭记、苏轼的忘记与铭记……

5. 名词性短语＋主题

如作文主题"喷泉与泉水"：我的思考：喷泉与泉水、智慧的思辨：喷泉与泉水……主题"上善若水任方圆"：你看那"上善若水任方圆"、道家智慧的绝妙境界：上善若水任方圆……

(二)在作文主题的后面添加发散

1. 主题+是什么、是怎样体现的

如作文主题"坚持":坚持是什么、是怎样体现的;如作文主题"经验与勇气":经验与勇气是什么、是怎样体现的;如作文主题"急流勇退":急流勇退是一种智慧、是怎样体现的……

2. 主题+会怎样、是怎样体现的

如作文主题"双赢的智慧":双赢的智慧会怎样、是怎样体现的;如作文主题"法治":法治会怎样、是怎样体现的?

3. 主题+名词性短语

如作文主题"深入灵魂的热爱":深入灵魂的热爱,我对事业的不懈追求……深入灵魂的热爱,事业成功的条件……如作文主题"纪念":纪念——一个永恒的主题、纪念——心灵的颤动……

4. 主题+在哪里

如作文主题"经验与勇气":经验与勇气在哪里;如作文主题"真诚与友善":真诚与友善在哪里;如作文主题"安":安在哪里……

太多的相加法,会使我们的思维迅速打开,使体现主题的初步材料接踵而来、各种新颖的思考不断闪现。

二、材料逻辑矫正:材料自身逻辑与主旨的一致性

有了一些材料和立意,咋办?在众多材料的启发下,去寻求准确、深刻、新颖、集中、有时代感、格调高的立意,确定文体,并且在已确定的立意和文体要求的基础之上,对材料本身以及材料逻辑进行再审定、校正、锤炼和对逻辑过程加以梳理。总之,不能让材料不集中地体现主旨,不能让材料蔓出主干。这是对材料的基本要求。这就是说,必须去求取材料及自身逻辑与主旨的一致性。以下就一些高考作文例子做一点简要的分析。

1. 一般记叙文类病析

比如,某年的一篇高考作文,写"我"和父亲去大伯家拜年,亲眼见到大伯

收受贿赂的事情,动摇了大伯在"我"心中的诚信形象。主题的选择是可以的,但文章的重点几乎全落在记叙大伯收受贿赂的过程上,没有就大伯的"诚信"与否展开描述,尽管文中三处出现"诚信"一词,但所写内容与"诚信"若即若离,结果得分勉强及格。这就犯了材料不能集中地体现主旨的错。材料与主旨没有达到一致,这是考生未能对材料的详略围绕主旨加以调校、取舍、锤炼所致。

2. 想象类文章病析

这里还是以主题作文"诚信"为例。南京有位考生用文言文写的《赤兔之死》,涉及关羽的坐骑赤兔马的故事。因文笔流畅典雅、知识和想象丰富,此文被评为满分,一时被媒介炒作。实际上,推敲起来,《赤兔之死》中的一些材料运用很有问题。

首先,关羽坐骑赤兔马被孙权赐予马忠后,"赤兔马绝食数日,不久将亡"。就文章看来,这是忠义的反映,不是诚信。孙权知赤兔马不久将亡,急访精通马语的江东名士伯喜。在赤兔马与伯喜的谈话中,赤兔马历数董卓、吕布的奸邪与毒辣。这与诚信联系较好,但后面赤兔马言"吾归于曹操,其手下虽猛将如云,却无人可称英雄"。在这里,英雄与诚信是一个概念吗?后边赤兔马说:"吾恐今生只辱于奴隶人之手,骈死于槽枥之间。后曹操将吾赠予关将军;吾曾于虎牢关前见其武勇,白门楼上见其恩义,仰慕已久。关将军见吾亦大喜,拜谢曹操。操问何故如此,关将军答曰:'吾知此马日行千里,今幸得之,他日若知兄长下落,可一日而得见矣。'其人诚信如此。常言道:'鸟随鸾凤飞腾远,人伴贤良品质高。'吾敢不以死相报乎?"这显然是因为赤兔马被关羽的"勇""义"感动而产生的忠义之心。后边写道:"伯喜闻之,叹曰:'人皆言关将军乃诚信之士,今日所闻,果真如此。"这句话里的"诚信之士"这个说法与前文自然没有了必然的联系。再后写道"赤兔马泣曰:'吾尝闻不食周粟之伯夷、叔齐之高义。玉可碎而不可损其白,竹可破而不可毁其节。士为知己而死,人因诚信而存,吾安肯依吴粟而苟活于世间?'言罢,伏地而亡"。这里的"高义""白""节"都与"诚信"有别,后的"诚信"实则是"忠义"。在我国,自古以来,"仁、智、礼、义、忠、信"中"义""忠""信"是三个不同的概念。"诚信"和"忠义"是有区别的。

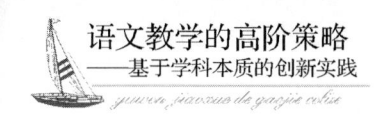

作者在写作时,开初的构想是比较好的,遗憾的是作者在已确定立意的基础之上,对材料本身以及材料逻辑没有进行再审定、校正、锤炼,对逻辑过程没有认真加以再梳理,也就没有达到文中材料与自己观点的一致。

3. 议论文类病析

比如高考满分作文《倾听心灵的钟声》。文中为了证明倾听了心灵钟声并抉择的重要性,这样阐述道:

钻石镶嵌的王冠珠帽,质地优良、做工精细的衣服、靓装,这一切构筑了一个美丽而华贵的女人。西方一位哲人说:"女人啊,就是一种贪婪的动物。"此话不假,但也要看你在物质上还是在精神上。珠光宝气的人恃"财"傲物、目空一切,她们用金钱堆造外表的美丽,却忽视了心灵的纯净,到头来也只是换来人们的不屑一顾。这也就是一种抉择,她们无法平静倾听心灵的钟声,最终选择了令人可悲、可叹的抉择。

这段文字中,"用金钱堆造外表的美丽"的她们,难道"平静倾听心灵的钟声"后就都不会去追求"钻石镶嵌的王冠珠帽,质地优良、做工精细的衣服、靓装""美丽而华贵"? 西方哲人的这则材料说坏了一切女性,那么"女人"即使"平静倾听心灵的钟声"后,其贪婪的本性还是会显露出来。很明显,这段文字,未能与"倾听心灵的钟声"这一主题相一致。这是作者未认真梳理材料,未让材料本身以及材料逻辑很严密地为主旨服务的结果。

所以,要把材料取舍好,必须要认真选择、锤炼材料,去求取材料本身及逻辑与文章主旨的一致性,这样才能很好地围绕主旨、表现主旨。

第三章　写作技能发展等级的高阶教学策略

第一节　写作如何才能深刻的写作技能教学内容构建

高考作文考试要求在发展等级里,第一要点是"深刻:透过现象深入本质,揭示事物的内在关系,观点具有启发作用"。这一点,对于初中阶段的学生来讲,一样是发展等级教学的重点。这里重点阐述对于"观点具有启发性"和内容分析时"透过现象深入本质,揭示事物内在的因果关系"这两个方面的教学策略探索。

一、"观点具有启发性"的教学策略

观点具有启发性是指文章的主题和文中的一些主要思想深刻,有启发作用。这种能力与学生全面深刻的理解分析能力、深邃灵动的思想有很大关系。这些能力虽不是几天就能培养出来的,但在短时间内也可以在一些方法的指引下,发掘积累、深化思想,获得对材料的认识、主题和文中思想的深刻性和启发性。

透过现象深入本质,深入挖掘事物内在的因果关系,都会对观点的启发意义产生积极影响;"见解新颖"也有利于观点的启发性,这将在下一节重点介绍。这里仅就如何通过寻求思想的深刻来获得观点的启发性,做些说明。

学生一见作文题目中提供的材料或主题要求就想到的写作主题,不一定是深刻的。这个主题不一定体现了学生在选择主题方面的能力。这时,需要静下心来,对题目提供的材料或作文主题要求进行由表及里的深入思考,再

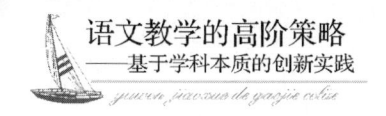

在自己选出的主题中确定一个最深刻的主题来,这才是很好的办法。

1. 透过现象,寻求新的深入点

对某些道理或现象,大家都可能熟悉。针对这些常见现象,要做到"观点具有启发作用",必须鞭辟入里,入木三分。透过现象深入事物深处的本质,是寻求观点具有启发作用,把一般认识提升到新层次的基本策略。

比如作文主题"跑的体验",这主题人人有话说,因为人人会跑步,人人跑过步,人人都知道一个基本道理:跑比走快,跑能锻炼身体,跑的感觉是劳累。如果这样去立意,显然是肤浅、平庸的。怎样透过现象深入事物深处的本质,寻求新的深入点?首先,要把握好话题的重点不在"跑",而在"体验"。"体验"是通过亲身实践所获得的经验。如果就此立意为"跑的感觉真好",行吗?立意还不够明朗,也还有肤浅之嫌。这时需要从"跑"的内涵、体验的层次上去考虑。跑虽然是人类最简单、最方便的运动方式,但往往是人情感高峰的体现。《阿甘正传》就是以跑来展现阿甘内心与外在社会之间的冲突,随着阿甘越来越习惯跑步,他就把跑作为挑战冲突的武器;香港特区成立的时候,特首董建华曾和特区政府公务员一起跑步以示庆祝。跑又是生存的必须。人们被各种现现实因素弄得身心疲惫时,许多人的梦想在挫败中被夺去。为什么不试试找回最基本最优美的方式——"跑"呢?所以,跑的体验是一个精神健康的人激情和拼搏的展示,是与懒惰、满足交锋的激烈感受,从而推出"跑的体验是拼搏与快乐"这个主题。能够展开联想,从肌体的运动到精神因素,这样去由表及里地深入挖掘,这是主题深入新颖的一种途径。

再比如,社会热点既吸引读者,也值得每一个人去关注。学生喜欢写热点,一是材料新,二是有较大的利于学生发挥的空间,三是容易凸显学生的思维能力。如针对"流行文化现象"这个主题,一学生以《刀郎现象与文化寄生虫》一文在千军万马之中脱颖而出。他的睿智之处在于,能在对"刀郎音乐"的一片赞美之中,发出自己的观点:刀郎的音乐是一种退化。而那三个奋力争夺"刀郎"官名的所谓的"真正的刀郎"们,他们"都只不过是刀郎文化上的寄生虫而已"。这篇文章最抢眼的原因,就是善于揭示现象背后的本质,观点一针见血,将当今社会大潮中一个炙手可热的文化现象剖析得入木三分,令读者啧啧称奇。

2. 小中见深、小中见大

即对有价值的小事进行深入挖掘和精心加工，从本质上把握住"小事"的深刻内蕴以及小事与整个时代、社会和生活的内在联系，通过对个体的拓展来拓宽、加深文章观点的境界。在这个探求过程中，要审度小处，着眼深处和大处，既可以透过现象直接深入揭示深刻、厚重的含义，也可以通过比较寻求深沉、宽广的内涵。

小中见深。即从小事中见出深刻的意蕴。比如透过现象直接揭示深刻的主旨，《妈妈只洗了一只鞋》，这文题是够小的，但这位作者透过这件小事，揭示出了一个深刻的问题：现代的父母走出了简单粗暴的家长制作风，知道科学育人的道理了——自我主动，才是发展的根本。再比如，通过比较的方式，寻求出深刻的主题：作文主题"压岁钱"，可以展开这样的联想——身为大款的表叔给压岁钱时的得意神态，以及人们对他的恭敬；贫困的外婆给压岁钱时真诚而窘迫的神态，以及人们对她的冷漠或笑话。最后的结论是：真情是金钱不能替代的。通过比较，围绕"压岁钱"这一小事，见出了一个深刻的"本质"。

小中见大。在日常的凡人小事、常见情景中，反映出重大而严肃的主题、大的道理。即所谓见一叶而知秋。比如主题"回归"：一位学生从他的邻居局长开始到市场买菜这一现象，想到这些官员过去吃喝都是国家的，现在天天在外花天酒地的生活结束了。由于中央严管干部，这些干部不敢吃请了，只有自己回家做饭。这件小事，作者敏锐地认识到一种正常的官员生活、政治秩序的回归。通过前后事件的比较，再由表及里地思考，作者深刻地挖掘出了这件小事所反映的重大的社会现象。

3. 多向发散，比较求新

即通过对作文主题一般内涵的相关因素进行多向发散，然后选择有新意的主题；或通过比较，综合分析，寻求深刻和有新意的主题。

多向发散的角度很多。可以从实与虚、肯定与否定、顺向与逆向、纵向与横等多个角度发散。

比如"谦虚"，多向发散：谦虚是尊重、宽容、大度、谦让、富有的表现（肯

定、横向);谦虚是进取、追求的表现,是为了更好地竞争(肯定、顺向、纵向);谦虚也许是虚伪、自卑、甘拜下风、得过且过的表现(否定、逆向、横向)。这三个角度的发散,都是好的主题,其中不乏启发性的观点。也可通过比较、综合分析,锤炼出深刻、有新意的主题"真实的谦虚,是为了更好地前行"等。

4. 富于哲理

即能从联系发展、一分为二、对立统一等角度,运用哲学思维深入寻求作文主题的深刻性,给人以启发。日常的很多观点都含有辩证思维,因为都明白,就显得普通,所以要运用辩证思维,向深处开掘,寻找出新颖的观点。

比如,对手常常给自己带来困扰甚至灾难,令人厌恶,可是如果运用联系发展、一分为二、对立统一等哲学思维去思考,可以锤炼出"感谢对手"这个具有启发性的主题。可以这样去阐述:没有天敌的动物往往最先灭绝,有天敌的动物则会逐步繁衍壮大。大自然中的这一现象在人类社会中也同样存在。在现实生活中,没有必要憎恨你的对手,一个强劲的对手会时刻让你有一种危机四伏的感觉,激发你旺盛的斗志。对手是我们前进途中的推动器、强心剂。当然,这也是一种反向立意法。

比如论述"学习苦与乐"。一般同学都会说学习是苦的,只有先吃苦然后才会快乐。这是就一般的发展思维去看的,这是大家都明白的道理,很浅显。如果运用联系、由表及里等哲学关系进一步深入地辩证思考呢?对"苦与乐"的认识是因人而异的:有人认为苦的事,有人却乐此不疲;有人认为乐的事,有人却认为苦不堪言,从而推出苦与乐由个人的追求决定。这样的立意就比前一种观点高一筹。

再比如"倒下"这个主题作文,一般的观点是倒下就是失败、是悲剧,还有的学生透过现象深入本质,写道"倒下,也是成功""悲壮地倒下",可还有学生从发展的角度进行深入的辩证思考——"人只有站起后世界才属于他",这个观点显然富有新意。

5. 很强的时代感和很高的格调

能够体现时代感、有很高的格调,这也是立意深刻、有启发性的一种办法。因为要达到这个目的,必须透过现象深入本质,必须由点到面地联系理解，这样才能既揭示社会人生中现象产生的原因、承载的意义，又达到深刻洞察社会、人生及事理的目的，表现出较强的时代感和很高的格调。

白居易说："文章合为时而著，歌诗合为事而作。"立意高远的文章往往紧扣时代的脉搏。写文章不与自身相关，不与当时之事、当前之事相关，只能是无病呻吟。

比如作文主题"我想握着你的手"，如果主题仅限于一般的个人关系，不从时代的高度去审视，那就比较肤浅。如果站在高技术、高智能人才集中、快速发展，大数据高速发展、覆盖世界的今天，"我想握着你的手"，让我们更好地为事业、创新、成功以及人类的未来合作；在物质空前发展、物欲横流、潜规则盛行的物质时代，"我想握着你的手"，让我们的心胸变得更宽广、变得更有原则、变得博爱、变得更宽容。这样的立意站在社会与人类的高度，就有了时代感和高格调。

二、内容分析深刻的教学策略

透过现象深入本质，揭示事物内在的因果关系是内容分析深刻的教学策略。作文内容分析如何"透过现象深入本质，揭示事物内在的因果关系"才能"深刻"，它的教学策略可以有哪些？

（一）透过现象深入本质

生活中的事物都有现象与本质两个方面，本质深藏于事物内部，是事物存在的真正意义，所以必须透过现象看清本质。写作时对生活中的人和事，只有透过现象揭示本质，才能使文章深刻透彻。这个由表及里的探究过程和结果，就是作文发展等级要求中的"透过现象深入本质"。

怎样才能做到"透过现象深入本质"呢？这里建构了如下知识和写作技能体系。

1.揭示现象存在的背景

揭示现象产生的背景是透过现象深入实质的一种方法。一辽宁考生在《坚守自我》中写道："时光转逝，这一次，我看见了伏案而睡的她。清秀的面容,单薄的身子,桌面上是满满的手绘稿。她,夏达。6年时间,她只能在阴暗的地下室里画着她的梦。中国风,在很多人舍弃的时候她却在坚持着。没有商业利益可言,她纯粹地喜欢着,喜欢水墨晕染的朦胧,喜欢爷爷说过的诗词古句,那上面,有中国的味道。6年的坚持、努力,她始终不改自己的风格。终于,那一日,她把自己的漫画推向世界,不仅让中国人看后落泪,更征服了无数的海外漫迷,她让外国顶级漫画名单上有了中国人的名字。"这一个在地下室里伏案而睡的形象,隐含的忙碌形象,其存在的背景是什么?原来,她喜欢水墨的朦胧、诗词古句,不追求现实利益,独自坚持着自己追求中国风的梦。通过揭示这个现象存在的背景,人物形象的意义也被深刻地揭示了出来,人物有了厚度,文章也有深度了。

2.由具体到抽象

这是"透过现象深入本质"的又一做法。

如写景,许多学生停留在表象层次上,只是绘形绘色,而一考生在《时间在流逝》中写的两段话则不然:"高山幽谷中蜷缩的最后一撮雪终于绷不住身子,融化于草丛中,化成了一丝水,汇成了一股泉,流成了一条溪。时间与它结伴而行,也流逝到光阴深处……是啊,还有什么能像河水那样连绵不断地诠释着时间,又有什么能像河水一样在宇宙间'三态'切换得那么自如?不可捉摸的时间,人们无法直接描述,借助了神奇的河水来形容。于是就有了'逝者如斯夫'的感叹。"

雪化成水,水往前流,这是具象,作者由表及里,用发展的眼光认识现象的本质,并把这一现象抽象化,赋予其深刻与新意,写出了其神韵。

3.由此及彼,探究并揭示现象的共同特征

即由这个现象推及另一些同类现象,揭示现象具有普遍意义的实质,也是运用辩证思维里的联系这一思维方式。比如,一考生在《世间再无真"狂"人》中简述一位知名歌唱演员出场面对观众时说的第一句话由"大家好,我来了"变成"谢谢大家,你们来了"后,写道:"为什么他要这样去迎合别人呢?想想那些学者为了显示渊博,清一色的喜欢引用、堆砌别人的陈词滥调;官员清一色的和气、圆滑,以显示自己亲民、成熟;明星无一不与观众套近乎。这些成功人士本有自己的性情、思想,是功利社会让他们伪饰。"由一个演员到那些名人的类似现象,作者由此及彼,探究并揭示了现象的共同特征:功利社会改变了他们。

事物本质或富有哲理性的实质,常常掩盖在丰富多彩、纷繁复杂的生活表象之下,揭示现象存在的背景,由具体到抽象,由此及彼去探究并揭示现象的共同特征,这样由表及里地深入思考与分析,就能发掘出事物的本质特征和鲜明的个性化思想。

(二)揭示事物内在的因果关系

大千世界,五光十色;社会生活,千姿百态。但世界并不是杂乱无章的,而是存在着种种因果"链条"。俗话说:"无风不起浪。""因"引发"果","果"又成为"因",如此相生相连,以至于无穷。而我们所能观察到的事物,常常只是链条中的一环。要对事物进行深刻的分析与讨论,就得抓住事物间的因果联系,追溯原因,推论结果,去发掘产生该事物的根源,推断该事物的发展趋向及其将会产生的结果。

1. 由果溯因

对结果进行原因探寻,揭示问题产生的根源,是因果思维的常见方式。它探求现象的成因,主要探讨"为什么会出现""为什么会是这样"的问题,是追溯式的思维方式。它是通过揭示问题产生的根源而求得议论深刻透彻的一条思维途径。沿着这一途径去分析事理,必须注意事物间因果联系的复杂性和辩证性。因果联系的复杂性体现为产生某种问题或发生某一现象的原因往往有多种形式。一般说来,事物间的因果联系,有一因一果、数因一果和递进因果这三种基本形式。

一果一因:即一个结果由一个原因产生,这种情况是很少的。比如人走不动了,脚疼是一个原因,但还有其他原因可以引出这个结论,所以必须找准产生一果的这一因。

数因一果:即一个结果由几个原因形成,这是因果思维中由果溯因的基本思路,即去探求产生果的几个原因,这也是揭示事物内在因果关系的重要方法。比如,《选择尊严》这个题目,一考生写道:"选择了尊严,自己的心里就不会因为名利而屈节;选择了尊严,自己就获得了抗争的勇气;选择了尊严,自己就有力量勇敢地去实现自己的真正理想;选择了尊严,就会让自己死而无憾;选择了尊严,就会赢得别人出自内心的尊重。"为什么要选择尊严,该考生用5个方面的原因进行了充分深刻的揭示。这就是多因一果的因果思维探寻法的运用。

递进因果:是对问题深入分析的另一种有效方式。它的基本模式是:原因1—结果1/原因2—结果2/原因3—结果3/原因4……总结果。这也是一种辩证思维中发展式的思维方式。比如一位考生写《一步与一生》:"失去了升大学这关键的一步(机会),就会给自己的求学带来很大的麻烦,就会给自己的事业发展带来很多不利,从而易使自己的人生变得黯淡。"这是一种追问式的因果推断,能帮助学生把内容的阐述一步一步地引向深入。

运用数因一果、递进因果的思维方式,就能联系地看问题,就能全面地揭示事物间的因果联系,从而达到分析阐述的深透。

当然,要深入分析研究因果联系,还必须注意区分必然联系与偶然联系的区别。必然联系是由本质原因引起的不可避免的结果联系,如种瓜得瓜、摩擦生热等;偶然联系是由非本质原因引起的可以出现也可以不出现,可以这样出现也可以那样出现的结果的联系。比如,一位喜爱文学艺术的大学生曾写信向余秋雨提出这样的问题:为什么我们的报刊上对好的作品"总是否定得最多,而对那些平平庸庸的东西,却总是很少批评"? 余秋雨先生回信说,报刊上那些文章"总的来说不能算是文艺批评"。余秋雨先生揭示了大学生提到的两个现象间的偶然联系,对两个现象间的必然性进行了否定。

2. 由因推果

即把已经发生的问题,或者业已出现的现象作为原因,去探求这个现象可能会引发什么样的新现象、新问题,会向什么方向发展,前景如何,等等。这在写作中运用很普遍。它是辩证法中"发展"观的运用,是通往议论深刻的一条重要途径。比如,上海一考生在《必须跨过这道坎》里写道:"(生活)从来不是一条康庄大道,总有那么一道道坎阻挡着前行的步伐。于是很多人停在了追梦的路上,而只有那些跨过了生命坎坷的人才最终得到了梦想,找到了真理,迎来了光明和希望……只有越过了方能实现理想和追求……只有越过

2.变换上下角度

这也是在观察、感受中产生深刻、有新意的观点的重要方法。比如,对"正直"这个作文题目,学生一般都从这是一种美德,是人类文明进步的一种体现这个角度去认识它,并以此来要求、评价自己、他人(如官员等)。但人们对上级官员,都要用正直去要求,这是下对上的一个角度,变换上下角度,可以一个奸狡的上级行政官员的视角和语气去铺写上级行政官员对于一般老百姓追求正直的嘲笑,认为那不是一种有用的生存策略,是愚蠢。这不是就变换了上下角度,产生了深刻、新颖的立意吗?变换角度,是寻求观点深刻、新颖的重要途径。

(二)变换认识时机

即变换时机多角度地感受和认识生活现象。对问题、事物的认识,不仅受到观察、认识角度的影响,而且观察的时机也影响认识的形成。一方面,事物始终是在运动中存在的,它在不同的条件和环境下会呈现出自己的另一种面目;另一方面,事物的种类、存在形式是十分复杂的,有了特殊的时机你才可能观察认识到它的这些特殊形态,所以变换观察、认识的时机就能产生深刻、崭新的认识。

比如对于自然风景,四季风景不同,风雨睛晦的差异都会使人产生新鲜的审美感受和认识,把握住这些不同时机的特征就能产生对景物的新颖认识。以梅花为例,人们感受它,常是把它放在冬天这个寒冷的季节里,于是一般感受特征是:不惧寒冷、顽强等。但若把它放入四季的环境中,在春天百花盛开时它开花吗?在夏日神州一片葱绿时它盛开吗?在秋天金菊满地、桂花飘香的时节它开花吗?这样变换时机,一种深刻、新颖奇特的观点就产生了:只敢一枝独秀。

不仅对景的认识如此,对社会生活中的人和事的感受也是如此。比如题目"跑的体验",跑的体验是什么?变换感受时机去考虑:当你精力充沛的时候,跑是愉快的,它比走更接近目标;但当你还不会跑的时候,走比跑好;当你气息奄奄的时候,跑会让你很快停下来,这时走比跑好;当你心情沉重或者不愉快的时候,这时走或许更适合你。变换了对于跑的时机的感受和思考,对

跑就产生了很多深刻的、新颖的认识。如果把这些角度集中在一起,就可以锤炼出这样一个观点:跑让人困顿和失败。即使只就前边想到的几点中的一点来写,也可以寻求出深刻、有新意的主题。时机不同,人和事在不同情景的表现特征也不同,对事物的观察与感受就应抓住这些不同时机所表现出的特征,去寻求深刻、新颖的立意。

(三)拓展

通过对个体的拓展来拓宽、加深文章观点的境界,这是使观点深刻、新颖的一种办法。清代沈德潜在《说诗晬语》中说:"有第一等襟抱,第一等学识,斯有第一等真诗。"作文也是这样,由个体性的认识拓宽,开阔的、高瞻远瞩的视野和新颖的见解、阐述往往是一种不可抗拒的智慧闪光。

1. 相似性的抽象性拓展

即由一个体的抽象意义拓展开去。比如,对题目"提篮春光看妈妈",学生一般都是把视角放在自己母亲的范围,这是一个平常的角度,但如果这"妈妈"是像母亲一样养育你的老师,是你赖以生存的祖国,"提篮春光"是去看哺育你的老师或回报你亲爱的祖国,作文的主题不是就有了深度和新意吗?

2. 因事悟理,以小见大,于"无"看"有"

写作来源于生活,一方面,当空发感慨、胡编乱造故事时,不妨把笔伸向生活,从生活中寻找写作的灵感,从亲身经历的事情中悟出人生的道理,因为自己亲身感受过,知道其中的细节,所以容易写得具体、细致、生动、感人。因事悟理,从小处感受精彩的世界,感悟非凡人生,让文思如清泉般汩汩流动。另一方面,从生活中一般人没有注意的地方去发现新颖、深刻的本质,也是让观点有启发性的一个方法。

先例举于"无"看"有"。在《民族之魂——汉语》里,小作者面对"西方文化无止境地涌入街头巷尾""《三国》与《论语》相继被戏说""全球化的呼声下学英语的浪潮正天翻地覆""英语培训机构满街遍是""却寻不到一个国学教授机构"等国人熟视无睹的现象时,敏锐地意识到国人对母语的漠视、对传统文化的冷落极有可能导致"百年后文化断层出现的民族悲哀",真是振聋发聩、警醒世人啊！为此，小作者还进一步从"让中华民族重新屹立于世界之巅"的民族使命感出发，提出了自己的应对之策，那就是"重拾古文的经典吧！让我们运用汉语所真正给予我们的扁担，去挑起历史的竹简一捆捆，真正进入原味的古籍，去寻找一个民族的伟大复兴之道，一个大国的崛起之途"，这见解是何等的深刻与独到！

再比如在《拒绝平庸——风沙渡》一文中，作者因赶考时看见一家名为"风沙渡"的小餐馆，由此生发，情思飞扬，联想到人的高贵来自灵魂，来自思想层面的高贵，发出"有了一颗拒绝平庸的心，终有人会从你坚定的眼神，从你不俗的谈吐与紧握的双拳看出你的不凡"的感叹，事由虽小，阐释的却是人生的大道理。生活中处处有文章，看我们是否有心而已。作者从细微处着笔，由此生发出不凡的人生哲思，以小见大，让人折服。

前边提到了让见解产生新意及深度的一些方法，这些方法的运用能让观点产生新颖性和深刻性，最后达到使观点具有启发性。

二、"材料新鲜"的教学策略

材料新鲜即材料新颖鲜活。写记叙抒情类文章，材料陈旧，无典型性；写议论文，材料平庸，缺乏时代气息是考试中的常见现象。著名作家浩然说：别人没看到的，你看到了，这是新；别人看到了，没有想到，你看到又想到了，这是新；别人看到、想到了，但没写到，你看到、想到又写到了，这还是新。所以要想文章生动感人，应到自己的生活里、思想里及阅读的书刊中去选取新鲜的材料，去思索新的问题。高考作文材料新鲜是文章获得发展等级分数的重要方面。

(一) 现实中求新

国内外新闻中的焦点时事，材料新，视点高，意义大；生活中的事情虽然普通，却有独特亮点。这是获得新鲜材料的两个重要范围。

比如，以"爱心"为主题作文。有关爱心的材料比比皆是，是选择在时下造成轰动效应的国内外有关爱心的故事，还是在普通的，甚至是令人鄙屑的寻常故事中去选择材料？材料的新是选材的核心。在《你的善良是一把尖锐

的刀》一文中,作者在人们鄙屑的范围内发现了一颗闪光的爱心:一个幼小的乞丐对与自己相依为命的狗的感情与付出,材料很新。他的行为与他父母抛弃他、周围的人冷落他,形成了鲜明的对比,令人战栗,充分揭露了正常人的伪善。

(二)材料创新

1. 故事新编

对古今中外的文学作品故事、民间故事和历史故事中已有的人物和情节进行改造或再创造,既可以以原有的人物环境和人物特点、情节为基础,编写那个时代的故事,也可把古代人和现代人融合在一起编成创新情节。这种手法很有新意,在考生的作文中时有发现。

比如作文题:人有两眼明眸,观览自然风物、人间百态,但世事纷繁,需跳出常态,用心体悟,才可获得明鉴,看清真相。请以"用第三只眼"为主题作文。就与主题相近的角度发散:唐太宗以魏徵为第三只眼,吴王夫差后悔不用第三只眼看越王勾践、西施,苏轼在逆境中运用道家思想寻求超脱……可是有位考生在《八戒破产记》一文中,采用故事新编的另一种类型——古今结合创新,给全文增添了极强的新意。

这篇文章的故事中有两类人物:一是古代神话小说《西游记》中的悟空、八戒;另一个类型的人物是神话传说中的嫦娥、吴刚。这两类人物本不能胶合在一起,更不可能开公司,有什么户头,可作者独出新意,把八戒的事业成败与悟空、嫦娥联系在一起,八戒的贪玩和愚蠢、悟空的精明和义气、嫦娥的美丽等都没有发生变化,并把它作为故事编写的基础,使故事显得合情理。八戒封官,悟空帮工,嫦娥骗财,八戒的昏庸使故事起伏不断,离奇新颖。咋看十分好笑,像消遣之读物,仔细想来作者的立意既立足于现实,又紧扣主题。文中个别词语如"美眉电脑公司""一哭二闹三上吊"等的运用,也使文章有一种喜剧色彩,末尾八戒的破产更让人哑然失笑。文章含蓄,发人深省。

2. 材料的修辞式

把材料的表现形式由一般性的现实材料变为全文以修辞格的形式出现,

这也是材料创新的一种特殊技法。打比方、拟人是两种主要的方式。

比如以"静与动"为主题作文。采用材料的修辞式的写作策略,可以发散到:丰富博大的人生是智慧如大海,性情如高山,主要采用打比方的修辞,辅以拟人的手法;一只大雁爱情失落的故事,静以求息,静中伤情,动中追求,采用拟人式的材料……

江苏一考生创作的《西安与南京:山与水的对话》一文,构思很巧妙,材料的拟人化运用是文章的明显特点。如何结合这一主题表现沉稳与灵动?作者借华夏文明中具有代表性的西安与南京的文明特点与形成,以及将沉稳与灵动这两种特点结合起来表达,并以秦岭与长江的对话结构文章。在对话中,秦岭陈述了中华历史文明既有山的沉稳,也有"绚丽多姿的青春"这一事实;长江既以中原文明的发展为"灵动飘逸"来证明了秦岭的这一描述,还以南京因世人偏见造成的"灵动有余,而沉稳不足"的后果,来印证了秦岭对后人"山只有沉稳、水只有灵秀"这一观点的否定,然后推出结论:中国只有具有了山的沉稳、水的性灵这个特点才能繁荣发展。用要运用的材料中的地名作为事例和事理的陈述主体,通过对话来铺陈内容是一种材料的创新。

三、"构思新巧"的教学策略

构思新巧即构思新颖巧妙。它包括文体的创新、文章思路的新巧等。

(一)文体创新的教学策略

文体创新是构思新巧的重要内容。这几年的高考作文,体裁非常丰富,创新文体很多,尤以应用文体的创新运用令人耳目一新。这里列举一种创新法。

比如以"规则"为主题作文。这个主题在文体的选用上,一般会以议论类文体为主,次之是记叙类文体,抒情类的文体学生一般不会涉及,应用类文体更是难以被选用。但是,一旦选用它就可以在众多的文章中异峰突起。一位考生在《一封消费者的申诉书》一文中,采用申诉书的方式,向消费者协会提出申述的书面材料,从文体上令人耳目一新。从内容看,作者虚拟了"一位悔恨万分的母亲"形象,向"消协领导"控告"巨规则"药业有限公司的"八股冲剂"这些写作教学教条如何毁了她女儿的美好前程。文中列举了这一冲剂的品名、成分、适应证、药效等（"八股冲剂"品名：速效八股冲剂。成分：首段中心草，二钱；二段引申粉，三钱；三段举例散，四两；末段点题花，二钱。适应证：对高考标准作文规则极感不适，作文无法符合规则等。药效：服用者短期内即可丢掉自己的思路，换上"规则"视角立意，并使其文笔甚"规"。），将"八股冲剂"的弊端提示无余。这些弊端在当前作文教学中有一定的普遍性，因而使本文带有针砭时弊的性质。在指斥"八股"的同时，作者明确指出："规则早已变得不那么死板了""规则也是会变的"。这是对当前教改新的肯定和赞扬，也是对现有的一些不好现象的批评。全文内容与文体创新结合，文体有新意，构思很巧妙，破立结合，以破为主，很有感染力和折服力。

（二）作文结构创新的教学策略

文章结构是学生对人生、社会、自然进行认知的思维结构的反映，历来是学生写作的难点，也很能检验教师的作文指导功底。学生的结构能力难以提高，教师难以对学生作文进行结构梳理并升级，是作文教学中的常见现象。这里例述几种从众多满分作文中总结出来的作文结构创新的类型，并提供实例。

1.议论文写作的结构创新

议论文含一般性议论文和议论性散文两大类，其结构的形式都差不多。议论文的结构一般有层进式、总分式、对照式等几种结构。一般来讲，这三种结构的基本形式学生、老师能耳熟能详。能够达到这些结构要求，大抵可算作符合作文结构的基础等级要求。这里依据笔者对十余年全国高考满分作文的研究，重点谈谈议论文写作的结构创新，并以高考满分作文的构思为例。

（1）总分式结构创新策略

就议论文的一般结构形式来讲，议论文的总分式包括总分式、分总式、并列式三种。但为了让结构多姿，表达更灵活，可以有如下总分式的创新形式。

①总—并列点—深入阐述—分论点—总

这种结构即先总述观点，然后展示几个分论点，在这基础上深入阐述，再提出一个分论点进行阐述，最后总结。这种结构，是在基本的总分式结构的基础上的一点变式。

比如,江苏考生《一毛钱与"诚信"》一文,文章在开头一段提出观点:"切不可丢弃'诚信'而欺诈"。为什么?诚信有些什么内涵,有些什么作用?在文章的第二、第三段,作者分别用一个观点对此进行了阐述:诚信可以是对情感而言的,诚信获得了友谊;诚信亦可对事业而言,对人民、对革命事业的诚信非常宝贵,留下了英名。这是明显的总分式结构。然后作者用"或许你会说,对知音诚信,对事业诚信,我懂;但毕竟太高尚了,难以企及"收束前文,并转向对"'一毛钱'中有诚信"的深入阐述。在此基础上,作者又阐述了一个观点(一个分论点):诚信带给人的是心灵的崇高和精神的富足,然后再总结全文。就文章的总分式议论结构,有了创新运用;就内容而言,阐述也显得充分、深入。

②总分式段落外形化

这种结构是用简练的语言概括分论点,并独立成行,之后对这个观点进行阐述。这也是一种并列式推进结构。这种总分式的结构较为简单,思路也容易显得清晰,所以考生常爱运用它。

比如,安徽考生在《千年的光明》的开头一段"透过灰蒙蒙的迷雾,寂静的深夜,群星若隐若现。我独品一杯浓茶,仿佛看到深邃的历史夜空中,有着一群昂扬的熠熠生辉的英雄头颅"之后,分别用一行陈述三个分论点:"勇毅之灯长明""忠贞之灯长明""自由之灯长明",每个分论点都作为小标题来显示主要内容,分论点后面再对观点进行阐述。三个分论点以及阐述紧扣主题"千年的光明",主题很突出。这是总分结构形式的一种创新运用。这样的结构,既不失新颖,又使文章显得条理清晰。

(2)层进式结构的创新策略

层进式一般包括起承转合式、引议联结式、三问式(即"是什么""为什么""怎么办")三种结构。结构的创新形式不多,这里简介一种:时间顺序式。即按文章内容的时间先后为序逐步铺陈。这种结构有两种形式。

①文章材料的时间顺序式

这种结构形式是文章内容按材料的时间先后为序进行铺陈。全国卷某考生《历史的笑容》一文的结构极具代表性。文章主要由三则材料及相应的

阐述组成。这三则材料先是三闾大夫屈原,再是滕王高阁上的狂生、"大江东去浪淘尽"的英雄,内容主体由先秦至唐朝、至宋朝,内容按时间顺序来铺陈,所以全文是时间顺序式的结构。这种依据主要材料的抒写,并且按时间顺序来构成文章,是议论文时间顺序式结构的一种类型。这种结构使文章思路清晰,主题突出,并且易于考生学习,为考生夺取高分提供了方便。

②文章内容的时间续联+逐层铺开式

这种结构形式是按材料、按事理及感情变化的时间顺序进行阐述。比如湖北考生《镜中日本》一文,作者为了铺陈"应以日本为镜子"这一主题,重点从三个方面去阐述:首先由大清的衰亡引出日本的发展,然后阐述中国在"前天"的历史、古老中华的惊醒以及在镜子的照映下迈出的自己的脚步,表现了作者对这镜子找得太晚的一种感伤;再阐述了中国在"昨天",在有钢铁一般的意志、难以想象的团结和纪律的日本人侵犯中国这面镜子的反衬下,中国因此找到了自己而最终取得胜利;最后阐述在"今天",我们面对精明和细致的日本人这面镜子的感慨良多。作者在这几个方面逐步铺陈的基础之上,顺理成章地提出我们应以日本为镜,迎接明天这一观点。全文以"前天"—"昨天"—"今天"的时间顺序展开阐述,认知与感情变化有序,主题一致,时间的续联和内容的逐层铺衍使文章显得清晰、简明、充分、深入。

(3)综合型结构形式创新策略

即总分式、层进式、对照式的选择性融合。这种创新结构形式要求很高,需具有相当好的文章结构能力,否则文章容易散乱。

①总—分—转—深化

这种结构形式是先陈述总观点,然后陈述分论点,再转移向一个问题,最后深化文章内容。

比如,上海考生《面对大海》一文,在阐述"我"与大海的特殊关系以及总的认识后,引出"我"尝试用不同的心情去读海、感受大海:怀着一份敬仰的心情去面对大海、怀着一份敬畏的心情去面对大海、怀着一份敬佩的心情去面对大海。每个观点后都有阐述。在对三种心情进行阐述后,由大海转向人生,深入阐述人的多方面特点。这篇文章的结构形式是总—分—转—深化。文章谨严深入,洋溢着昂扬的生活情趣,显示出当代中学生积极进取的人生理念,结构起伏跌宕。

②分—总—作用—应该怎样—收束

这种结构形式是先提出分论点,然后总结,再阐述这样做的作用,该怎么办,最后收束全文。山西考生《留些诚信给自己取暖》一文中,作者在前三段分别提出了第一个分论点"留些真诚给自己取暖吧",第二个分论点"留些信用给自己取暖吧",然后总提观点"留些诚信给自己取暖吧",紧接着又阐述"诚信"的作用,再从两个方面阐述了我们面对诚信应该做些什么,最后收束全文。这是总分式结构的创新运用。

③人物辩论分合式

即对一个观点,不同的对象提出不同的意见,然后各陈其词,最后取得一致意见的结构形式。这种结构也是对照式和层进式的一种融合形式。

比如山东考生《给"从谏如流"上把锁——晓风、莫克一席辩》一文。这篇议论文的结构别出心裁,并且辩论式的结构使文章的主题表达很充分深透。文章构置了两个人物,用对话质诘的形式来表现了两个方面的主要内容:"晓风、莫克各自表明观点"和"晓风、莫克相互据理辩驳"。作者在第一个主体部分提出了两种对立观点,供读者思考。第二个主体部分经由一番辩驳得出鲜明的结论,即最好的办法莫过于给"从谏"加一把锁:需要的时候,这把锁要打开,敞开"从谏"的大门;而在另一种情况下,又应该及时锁上,把外来的阴风迷雾拒之门外。文章的每一主体又都有两个层次:第一个主体是晓风、莫克相互对立的两种见解主张——从谏如流,善莫大焉;最好给"从谏如流"上把锁。第二个主体是举例辩驳和说理辩驳的两种论证方式。从另一种角度去认识,晓风、莫克所阐述的两种认识,也是互不雷同的两个主体:晓风是作者虚构的陪衬人物,代表着某种片面认识;莫克是作者观点的代言人,表述着深刻、辩证的认识。作者以对话辩论的方式结构文章,使其观点有着鲜明的对立面,从而便于有的放矢,逐次解决读者可能存在的片面认识,突出体现了作者的创新意识和创新能力。值得一提的是,这篇文章并不像一般驳论文字,让一方大获全胜,另一方一败涂地;而是最终把晓风的观点包容在莫克的观点之内。这样当然就突出了"给'从谏如流'上把锁"的辩证高度,也自然地让读者心悦诚服。另外,在文章里,对话并不只是干瘪的外在装饰,而是更清晰地展示着思辨的层次和清澈。巧妙的是,作者游刃有余,在推进思辨的同时,还为虚构的两个人物设计了对比鲜明的性格内涵,与晓风的单薄、急切相比,莫克显得更广博、大度,这当然也有助于文章主题的彰显。

人物辩论分合式是一种很具创新意义和表达价值的议论文结构形式。

④结构的纵横式

即指议论的结构形式纵横交错。纵一般指时间顺序,横一般指一些可平行并列的事件或现象。这种结构形式可以增加文章含量。

比如浙江考生《人生,丰富多彩》一文,作者以人生的"儿时""青年""老年"为纵,以生活状态为横,展示了"人生,丰富多彩"这一中心话题。文章的材料虽多,但浑然一体,读来并无支离破碎的感觉。

2. 一般记叙文的结构创新策略

(1)段落续联

这种结构是把文章内容分成几个段落,采用段落续联的形式来构成文章。山东考生《麻雀,我让你走》一文就有这个特点。这是一个关于麻雀命运的故事。这篇文章在序引"一只刚刚学会飞翔的小麻雀,不经意间闯入我的心灵……"后,分"初遇""交流""意外""决定"四个部分。作者就这样把故事分成了几段,给每段的内容取了一个标题,标题的联系组成了文章内容,创新了文章的结构形式。这样的形式使文章结构显得明晰、有新意。

(2)双线并行推进式

这种记叙文有两条线索,两条线索同时存在于一篇文章中,使文章内容丰富。这种双线式的结构是一种较难的文章结构形式,要求考生具有较强的材料选取和文章结构能力,否则两条线索结合会很生硬,文章会很凌乱。

比如湖南考生《糖醋排骨有点酸》一文,这篇文章运用双线式的结构就比较恰当新颖。文章的两条线索是这样交替叙述的:一条是"我"与小伙伴相知、产生误会、发现真相、和好如初的线索;另一条是"我"烧制糖醋排骨加糖入锅、油温高了排骨渐呈金黄色、闷几分钟、加入醋烹制成的四个制作过程的线索。前者比较实,是文章的主要内容;后者比较虚,起烘托渲染作用。文章的叙述节奏控制甚好,文字流畅、洗练。由于两条线索的交替叙述,最后虚实结合时的总述巧妙、自然,全文生动、新颖而富于韵味。

(3)剧本式结构＋综述

这种结构形式是先是一段如剧本一样的描述，有人物语言和舞台说明，然后对前边的一段活动情景进行评介。这种结构形式有一种简单的形态，就是众生叙议展示式＋综述，即在文章情景中，不同的人物有不同的言行，在每个人物后边加冒号，可以展示不同人的不同言论，也就是通过这种简单的对话展示来构成文章，然后加一段综述。另一种复杂的结构形式就是下文例述的较为完整的剧本形式＋文章综述。这种结构让文章生动、活泼。例文如下：

×× ＋ ×× ＝ 快乐

甘肃考生

（某老师在黑板上写下了这样一个方程式：×× ＋ ×× ＝ 快乐。希望同学们完成这个等式。）

某老师：你们可以自由发言，答案必须是你自己想的，而非窃人思想。

我云：一根火柴 ＋ 一个美梦 ＝ 快乐。卖火柴的小女孩划上一根火柴，点燃了她心中的美梦，虽然最终那只是个梦，可她曾经快乐了，这就足够。不是有人说，"不在乎天长地久，只在乎曾经拥有"吗？

（哗，教室里笑开了，气氛慢慢活跃起来。）

"First"说：一次努力拼搏 ＋ 一个美好的分数 ＝ 快乐。也许有人认为这个等式太俗，分数总是令我们排斥的，可我要说其实分数是美丽的，它是你努力的见证，是你劳动的成果。每次我都努力拼搏一回，有一个好的分数，那我的心情永远都是快乐的。道路是艰辛的，前途是光明的、快乐的。

文委说：一次充分的准备＋演出的成功 ＝ 快乐。每次活动，我总是和我们的"演员"们辛勤地准备，别人休息了，我们却仍在食堂大厅里排练着，一遍又一遍。当演出获得了成功，得到了大家的肯定，那种快乐是无法比拟的。

（"快乐得像小老鼠呗。"不知谁窜改了"乐不思蜀"，引得周围一阵大笑。）

体育委员说：一次篮球赛后＋一杯清凉的矿泉水＝快乐。你想啊！我在大运动量后，出了一身臭汗，身体都快变成"沙漠"的时候，突然来一杯水，补充一下，那感觉能不快乐吗？（体委眯着眼睛，仿佛在回味他的赛后甘霖似的，还真挺快乐的。）

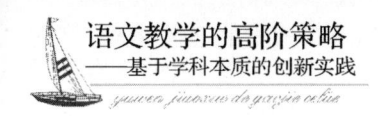

(周围的同学全都议论开了,谁都想讲自己的答案,谁都仿佛有独特的答案,某老师示意安静。)

某老师:我的答案很简单,快+乐=快乐。但其实生活中快乐的等式有许多许多,世界是千变万化的,疑问是层出不穷的,答案是丰富多彩的,只要你用心去觉察,用心去感受,就会得到许多"快乐"的答案。再告诉你们一个等式:一次快乐的交谈+一群思维活跃的你们=一堂快乐的课……

一堂课就这样结束了,我的感触却挺深:多少次我曾怀疑生活的快乐,总认为生活在欺骗,快乐只属于童话,现在我才明白,以前我是用戴着眼镜的眼睛去看世界,而不是用心去感悟。置身一个心灵的世界,我才发现,一切都是五彩缤纷的。

读完全文,笔者觉得文章很新鲜。这主要是由于文章特殊的写法和结构。在最后一段之前,文章是一段剧本,最后一段写的是作者的感受。很明显,这感受不属于剧本的正文内容,但这个收尾,却让剧本有了创造性,强化了文章的主旨。"剧本式结构+综述"的结构既让文章结构有新意,又让主题很明朗。

(4)记叙文情景+答案选择式

这种结构即是出现一个情景,然后提供一组选择题,通过其内在的联系来表现文章内容,这是一种极具创造性的文章结构。

比如全国卷考生满分作文《选择》一文。文章写一个要选择继承人的富翁来到他观察很久的两个小乞丐面前,问:"你们愿意和我到一个温暖的地方去吗?有吃的、住的、穿的、用的。"这时文章出现一组选择题:不跟富翁走【A】;跟富翁走【B】。一个乞丐选择 A,理由是似乎想起了那天在商场里电视上看到的,一些坏人总是骗一些少年,然后将他们贩卖到别处或是让他们贩毒,这个乞丐后来因饥饿偷东西,被送进了少管所。另一个乞丐看着富翁微笑又饱含同情的目光,他感到那里是温暖的地方,一个很好的地方,那里大概会有妈妈,于是毫不犹豫地跟着富翁走了。在洗掉脏身、换上新衣后,富翁说:"你不再是一个小乞丐了……我把你找来,是为了让你继承我的事业,我看你天资不错,也有十几岁了吧,上学太晚了,怎么办?好!我问你,你是想跟着我学商场经验,还是到培训学校学习?"这时出现了第二组选择题:跟富翁学【C】；到学校学【D】。然后作者列举了这个乞丐两种选择的结果：选C，跟着富翁在商场中摸爬滚打。最终，富翁因绝症死去，商场交给了这位乞丐打理。这位乞丐并未忘记当初在街头乞讨的情景，对商场事业兢兢业业，商场也越搞越大。选D，这位乞丐与富翁约定到学校上学一年。他虽然成绩优秀，但学业刚结束，富翁就去世了。在继承了富翁的家业后，他却不知如何打理，公司的业绩大不如前，后来破产了，他又干起了老本行。这篇记叙文共分为两个部分，每部分出现一个有关选择的情景后就出现一组选择题，每个选择后有不同的结果，这就是情景＋答案选择式的结构形式。文中第一组选择，合情合理，形式有新意；第二组选择一人选两个，结果不同，这使得文章结构摇曳生姿，别具创意。文章结构看似松散，实则有内在的联系，意义充实。

四、"推理想象有独到之处"的教学策略

用想象去铺陈内容，并且富有独到的创造之处；推理，突破思维定式，推导出与一般人不同的原因或结果，并且可将这两者结合，这就是推理想象有独到之处的内涵。它会给文章奇特、独到之美，或新颖别致，或观点新颖，或逻辑严密，或含意深长。这种独到，是根植现实而又有超越，它并不是违反生活逻辑的"瞎说"。

推理显得尤为重要。比如很多人往往把"健康与残疾"对比着说理，而周国平先生却在健康中看到残疾的一面、在残疾中看到了健康的一面，对健康与残疾做出自己独特的推理：严格来说，世上没有绝对健康的人，而这意味着人人在一定意义上都是残疾，区别只在于明显或不明显。用这个眼光看，明显的残疾反而提供了一个机会，就是及早感悟到外在生命的可靠，从而更加关注内在生命。许多事例告诉我，残疾人中不乏精神的圣徒……对于记叙文或文学作品来说，想象不仅要丰富，更要大胆，内容推演要有自己独特的逻辑，这样的文章创新特点就会很突出。

比如，江苏一考生的满分作文《好奇心》。这篇文章通过描述了一个瓷胚按常规进入窑窖，却因为一小孩的好奇心提前打开窑窖，变成了世界上第一件奇品陶器的过程，揭示了好奇心改变常态产生奇异的这一道理。文章分三个部分：第一部分"景德名瓷"，"我"作为德高望重的老师傅给他新收的徒弟

们授课时,传统精品瓷胚制作的范例,在老师傅手下变成了精品;旁观的小孩好奇地盯着"我","我"也自豪,并对未来充满向往。第二部分"好奇开窑","我"这瓷胚做好后,被老师傅送进炉窑煅烧,接受重生的艰苦历练,而小孩受不住好奇心的驱使,在一个四下无人的午后悄悄地打开了这扇重重炉火烧炙的铁门。老师傅看见铁门被提前打开,煅烧未成,生气地拂袖而去。第三部分"美丽积淀",哪知提前打开的炉窑却使意外出现了:世界上第一件薄丝云缕裂纹陶器诞生了。文章从"我"的经历的角度进行写作,拟人化的"我"的成长经历让情节具有独特的想象性;前后的内容联系显示出走非寻常路产生奇迹这一内核,以及事理推演的形象展示过程,新颖、精深、独到。

借助比喻、类比,由表象到实质,实现推理想象有独到之处

比如山东考生的满分作文《窗棂边的栀子花》。文章由生命中人们对花的态度"生命中我们常常忽略窗棂边的栀子花,而去徒然想象邻家花园中的花一定更为馥郁芬芳",联想到在星球上、漫漫人生中人们不满意自己的坎坷与痛苦、总是羡慕别人的态度,然后由表象推演出实质"别人的微笑中也可能隐藏深深的痛楚",以此揭示应该怎样看待生活中的坎坷与芬芳,再用人们对苏东坡、陶渊明的人生应该怎样看待来类比,推断出对自己应该怎样看以及结果是什么,揭示了正视自己的生命,欣赏自己的命运,坦然面对多舛命途这一道理。文章用联想和类比的手法,想象丰富,并且推理严密深入,有独到之处。

第四章　写作教学内容全面改革、高阶构建的科学途径

在本编第一章,详细分析了当前写作教材、教法以及学生心理缺失的若干问题。特别指出写作教学内容构建的科学方向缺失,导致写作教学内容建构宏观设计的主体要素严重缺乏;写作教学的具体内容简略、零散、残缺,使写作教学内容的系统性和教学价值严重缺乏,并以人教版作为典型范例予以分析,还深层探究了学生心理困乏的表现及原因。如何构建科学的写作教学内容,是社会人士、语文教师和学生的急切要求。

这里重点阐述两个方面:一是从科学的角度,提出全面创新的写作教学内容科学途径高阶构建的两个基本原则;二是重点以人教版为例,对通常按文体写作进行教学的内容体系如何进行"双线交融并进"体系全面优化改革、构建予以探索,以期对其他学段构建教学内容体系有所启发和引领,起到触类旁通的作用。

第一节　写作教学内容科学途径高阶构建的两个基本原则

两个基本原则是在写作学习内容整合性、系统性、结构化、课程化方面的极富成效的科学探索,对突破作文教材和教学内容设置的瓶颈有重要的理论和实践意义,对解决写作教学存在的重难点问题具有深刻的启发意义,对当前写作教学内容的系统化改革具有引领价值,是写作学习内容构建的科学途径。

由于高中段学生的心理、思维发展、写作在几个学段中最为复杂,这里重

点以高中段为例。

一、适应性原则

适应性创新原则提出的理论基础是明末清初大思想家王夫之说的"因人而进"。适应教育对象特征和发展需要的教育才是真教育。

适应性原则,即写作教学内容构建应与学生的心理特点和心理发展需要、思维发展规律、学习基础相适应。

(一)适应学生认知、情感、品德等基本心理特征

1. 适应学生认知与情感特征

比如高中段。中学后期,是理想、动机和兴趣发展的重要阶段。比起中学前期的学生,高中生的心理有更强的社会性、政治性,他们对现实环境有了更多的体验与思考,在面对未来的志愿及现实问题的抉择时,已经具有很强的现实性和严肃性,并且对未来充满希望和向往。但是,他们也只是刚刚进入成熟时期,认识能力、水平还不高。

这是一个情感动荡不稳的多变时期。随着"成人"意识的增强,他们希望被当成社会的一员,自尊心和自信心在增强,对于别人的评价十分敏感,加之理想化程度比较高,对未来充满憧憬,有勇敢追求未来、道义的热情和勇气,他们思想单纯,重感情,敢想敢说、敢作敢为,好斗好胜,但思维往往片面,容易偏激、摇摆,有极大的波动性。不仅如此,由于认知与理智能力的原因,高中生的情感具有两极性。不仅在外部情绪上两极性明显,比如强烈、狂暴性与温和、细腻性共存,可变性与固执性共存,内向性和表现性共存,而且内心表现、意志、人际关系都有两极性,比如内心的坦白与秘密、真实性和虚伪性等矛盾状态,意志的正反形态,人际关系的偏激,反抗情绪等。[①]

总之,这是心理成熟前动荡不稳的时期,是令人喜忧参半的阶段。这个年龄阶段的心理面貌(包括个性倾向)很不稳定,可塑性强,并且具有丰富的、难以把握的复杂性。这些特征说明,有效的高中写作教育必须高度重视学生

---

① 邱莉.中学生认知与学习[M].北京:北京师范大学出版社,2013:27.

心理在社会化过程中所体现出的这些认知与情感特征，必须具有与之匹配的和利于心理发展的丰富的人文内涵；应该注重理想、动机、兴趣、价值观和世界观的培育，增加学习内容的社会性、政治性；继续培育自尊心和自信心，勇敢追求未来、道义的热情和勇气。既要让学生敢想敢说、敢作敢为，注重自我表达、自由表达，还要帮助他们变得沉稳、深厚与坚强，提升人格境界。只有这样，才能适应学生的心理需要，培育其正确的社会价值观以及学生的认识能力，沉稳、深厚的情感内涵，提升自我修养和人格境界，帮助学生个性的正确发展，丰富和发展学生心理、人文素养，让学生感到学习的进步和快乐，获得发展的动力，为他们真正走向成熟以及长远人生的发展奠基，为写作提供积极的基础。

2.适应学生认知与品德特征

比如高中段。中学后期是世界观从萌芽到形成、品德发展的重要阶段，品德逐步走向成熟。这个时期的品德发展进入了以自律为形式、遵守道德规则、运用规则和信念来调节行为的品德成熟阶段。

但是在高中初期，仍然有一些学生明显地保持着许多少年时期动荡性的年龄特征。就一般特征来看，"高中一年级学生的认知或智力表现的可塑性较大，道德认知和思想变化也起伏不定"，前节已述及"15～16岁（初中三年级第二学期至高中一年级第一学期）是品德的初步成熟期""高中二年级是认知发展的成熟期"[1]。所以，高中写作学习内容的设计要高度重视高中一、二年级学生认知能力的培养以及高一阶段学生品德的培养。通过提高学生的认知能力提高道德认知水平，通过重视高一阶段的道德培育为道德成熟打下坚实基础。加强社会规范的认识，从而强化道德认知和道德境界。

道德成熟的指标有两个：①能自觉地运用一定的道德观点、原则、信念来调节行为；②人生观、世界观初步形成。[2] 所以在高中阶段，应加强社会规范教育，强化道德认知，帮助学生形成正确的道德行为观念体系和规则，提升道德境界。

---

[1] 林崇德.中学生心理学[M].北京：中国轻工业出版社，2013：11.
[2] 林崇德.中学生心理学[M].北京：中国轻工业出版社，2013：158.

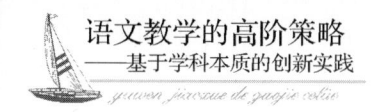

(二)适应学生思维发展的特征

1.适应学生的认知与思维特征

比如高中段。14～18岁,即中学后期,是一个逐步趋于成熟,并且已经包含着成熟后的独立性和自觉性的时期。这是理想、动机和兴趣发展的重要阶段,是个体独立走向社会生活的准备时期。

15～17岁是抽象逻辑思维发展趋于初步定型或成熟的时期。[1] 这个阶段,抽象逻辑思维不仅占优势,而且处于主导地位。由于高中学生拥有更强的抽象逻辑思维能力,抽象逻辑思维已由经验型水平急剧地向理论型水平转化,"他们能够将高级推理过程和逻辑思维过程运用到社会问题和意识形态问题上,开始思考一些抽象的问题,包括政治问题、人际关系问题、哲学问题以及伦理道德问题等。这些问题涉及一些抽象的概念,如民主、友谊、公平、忠诚等"[2],"并逐步地了解特殊和一般、归纳和演绎、理论和实践等对立统一的辩证思维规律"[3]。可见,高中生的形式逻辑思维和辩证逻辑思维在迅速发展,处于抽象逻辑思维成熟、思维整体结构形成的重要阶段。

随着高中生自我意识的增强,其独立性和批判性有了显著发展,但他们对问题的看法还常常是只顾部分,忽视整体;只顾现象,忽视本质,即容易片面化和表面化。[4]

高中生思维的创造性也急剧增强,在思维过程中,追求新颖的、独特的因素,追求个人的色彩。但是,其思维的创造性都是不成熟的。具体表现为鉴别力不强,易受错误思维的影响;在遇到困难时,容易动摇。尽管如此,还是可以很明显地看出,高中生能创造性地进行学习,能够独立地分析问题、解决问题。

高中生的想象力也在发展,是形象思维发展、思维的创造性发展的重要体现。它具有随意性、创造性和现实性的特点。[5]

---

[1] 林崇德.中学生心理学[M].北京:中国轻工业出版社,2013:40.
[2] 林崇德.中学生心理学[M].北京:中国轻工业出版社,2013:151.
[3] 林崇德.中学生心理学[M].北京:中国轻工业出版社,2013:11.
[4] 林崇德.中学生心理学[M].北京:中国轻工业出版社,2013:251.
[5] 林崇德.中学生心理学[M].北京:中国轻工业出版社,2013:158.

高中生想象的特点,主要表现为能自觉地确定想象的目的和任务,并能围绕目的展开想象。他们不仅能迅速完成内容较为复杂的想象任务,而且能主动地提出想象的任务。并且,随着表象内容的深刻和丰富,随着想象的认知操作能力的提高,他们想象的创造性有了很大发展,并逐渐占优势。由于高中生思维的现实性不断增强,想象能更精确、完整地反映客观现实,所以还具有较高现实性。

可见,在思维发展过程中,高中生的形象思维与抽象思维都在发展。

另一方面,高中生思维活动中的自我监控能力明显化。随着年龄的增长,青少年的自我监控能力也在不断发展,认知操作越来越好。可见,思维特点的反省性、监控性越来越明显。在这个阶段,中学生的心理显示出"闭锁性",即他们的内心世界逐渐复杂,开始不大轻易地将内心活动表露出来。[1]这也是自控能力、敏感性逐渐增强的具体体现,说明这个阶段,高中生正处于理性能力发展的关键期。

很明显,抓住成熟前的时机提高各种认知和思维的能力显得相当重要。写作学习内容就应该在重视其独立性和批判性、思维的创造性的同时,侧重于培养学生的抽象思维能力,并注重形象思维的培养,增强学生的反省性、监控性,促进学生的自我反思与关照、自我完善,从而促进学生思维品质的发展。

2. 与思维发展的基本途径一致

思维发展都要经过从最初的直观行动思维,到具体形象思维,再到抽象逻辑思维的过程。这个途径表明思维发展是有阶段性和重点发展期的,抽象逻辑思维是思维发展的高级阶段。但是,这并不是说思维是简单的单线发展,思维发展也有它的丰富性和复杂性。在形象思维的发展过程中,抽象思维也在随之产生和发展;在抽象思维发展的同时,形象思维也在丰富和提升。

比如高中阶段。根据高中生的心理特征,思维培育应该侧重于抽象逻辑思维,并兼顾形象思维的发展。

抽象思维分为形式逻辑思维和辩证逻辑思维。形式逻辑思维主要包括:归纳推理、演绎推理、类比推理等推理的发展;矛盾率、排中律、同一律等逻辑

---

[1] 林崇德.中学生心理学[M].北京:中国轻工业出版社,2013:344.

法的运用。辩证逻辑思维是人类最高级的思维形式,辩证逻辑思维的成熟标志着思维整体结构的形成。它的基本思维方式包括:联系地、发展地、一分为二地分析。其中,批判性思维在辩证思维中起着重要作用,它是辩证思维形成的必要条件,是辩证思维形成的必经环节,是辩证思维的推理进程,是对事物矛盾的分析和综合,应予以充分重视。

3.思维发展的全面性

形象思维和抽象思维是思维的两种基本类型。抽象思维和形象思维涵盖了人脑中的所有表征,所以思维具有全面性特点。① 也就是人类是用全脑来思维的。由于思维发展有阶段性和重要发展期的特点,思维的发展自然应该是抽象思维和形象思维的重点阶段性发展和全面、协调发展,这样的发展才是可持续发展,才符合思维科学发展的必然要求和普遍规律。

(三)适应学习基础

不同地区和同一地区的不同范围,学生的写作基础不同,写作教学内容应该分层建构、推行。

二、多元交融并进的整合性原则

(一)多元交融并进的整合性原则提出的理论基础

三国时期著名的政治家、文学家曹丕在《典论·论文》中说:"文以气为主。"即文章的风采主要来自作者在文中表现出的才性、气质,文章内容及文章写作有很强的个性特质。可见,人文素养对于作者来说极为重要。

南朝刘勰在《文心雕龙·知音》说:"缀文者情动而辞发。"这不仅指出"情"促文而成,强调人文对于文章形成的意义,也含有"情"会使"辞"的运用更加丰富、更有表现力,蕴含根深才能叶茂这个道理。很明显,"情"与"辞"皆为文章构成的重要因素,两者在写作表达过程中是融合在一起的。

南朝范晔在《狱中与诸甥侄书》说,文章"当以意为主,以文传意"。他认

---

① 温寒江.学习与思维——学习中思维的全面协调可持续发展[M].北京:教育科学出版社,2010:11.

为"意"与"文"的融合构成了文章。这里的"意"是带有作者个体性的人文内涵,"文"是承载写作技能的语言符号、表达形式和技巧的个体性表达,其中作者的思维能力是"意"与"文"产生的深层原因。

可见,文章是作者思维能力、人文素养、写作技能的个体性的综合反映,写作能力的形成与发展具有这几个主体因素的关联融通性、个体性、综合性特点,所以,写作教学内容的构建应该充分考虑组成文章的这三个主体因素与个体性培育,并将这三要素和个体性写作能力形成方式全面融通起来、系统设置,使学生的写作素养与技能在系统的整体性融合学习中得以丰富地、一体化地、个体性地发展。

(二)多元交融并进的整合性原则运用的主体结构

即在写作教学内容改革体系建构中系统整合两个方面:写作教学内容的三个构成主体、个体性写作能力的形成方式,从而形成多元交融并进的写作学习内容体系。多元交融并进是写作学习内容建构的核心,是科学建构写作学习内容的重要观点和基本思路。

1. 写作学习内容体系三个写作主体并进的主体结构

建构写作学习内容体系,必须高度关注学生的人文素养、思维发展、写作技能这三个写作主体因素的培育。把人文素养、思维发展、写作技能这三个方面的发展作为三条主线在写作内容的建构中并行铺排,是让与写作能力相关的主要因素一并生长、相互促进,从而切实全面提升高中生写作能力的基本途径。

2. 系统整合写作教学内容的三个构成主体

即在写作教学内容的建构中把这三个构成文章内容的要素,作为写作教学内容建构的三个主体,每一个主体分专题纵向设计后,再将每一个主体的组成专题横向组合、相互融合为一个专题学习整体,让人文素养专题学习的材料或篇章体现并行专题学习内容里的思维方式、写作技能,与专题写作技能点配套的范例与专题学习的思维形式、人文专题内涵从不同角度或不同层次系统对应,实现思维方式、人文素养、技能学习的相互融合、促进,整体、协同发展。

三个构成主体的交融示意图：

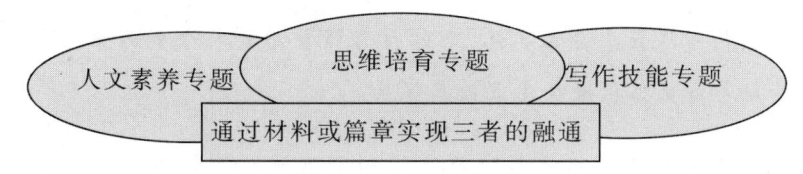

```
 人文素养专题    思维培育专题    写作技能专题
        通过材料或篇章实现三者的融通
```

3. 个体性写作能力四种生长方式（四结合）与写作教学主体内容设置的系统整合

即在写作主体内容的建构中，系统融入四个结合。其融入程度根据教学内容层级需要进行设置。

（1）读写结合

这是被近现代语文教学界广泛认可的教学法原则和学习方法，这在写作教学中尤为需要。通过阅读与鉴赏、写法借鉴，以文育人、以读导写、以读促写，实现思维方式、人文素养、写作技能的习得与发展；通过对文章深入的鉴赏体悟，实现语文学科的审美鉴赏与创造、思维发展与提升、文化传承与理解、语言建构与运用等核心素养的培育，读写结合在写作教学内容建构及写作教学法中就必须予以充分考虑。读写结合，体现了写作教学的学科特点，能有效促进语言、文学、文化素养的生长，培育学生的学科核心素养和写作素养、写作能力。

（2）阶段性和综合性结合

素养与技能的学习、能力的形成，皆需经过阶段性到综合性的学习过程。所以，培育写作能力应将思维培育、人文素养与写作技能的阶段性和综合性学习结合，促进个体素养与写作能力的习得。

（3）与交叉互补结合

由于思维发展具有全面性、互补融合发展的特点，写作技能有互补发展性的特点，所以在写作教学内容的建构中要注意思维与技能的合理、交错配置。比如，在议论文教学中插入记叙抒情类文体写作，实现抽象思维和形象思维的互补发展、文体写作能力的互补性增强。

（4）指定任务和自主学习结合

写作素养的形成以个体习得与个体素养形成为目标，学习有个体习得性特点，所以写作教学内容应将内容与方式的指定性学习与自主学习结合。自主学习包括指定任务内的自由选择、研究性学习、全自主学习。

(三)创构写作教学内容主体、个体性写作能力生长方式两方面系统整合的多元交融并进的写作教学内容改革体系

1. 系统整合三个写作教学内容主体和个体性写作能力四种生长方式的宏观示意图

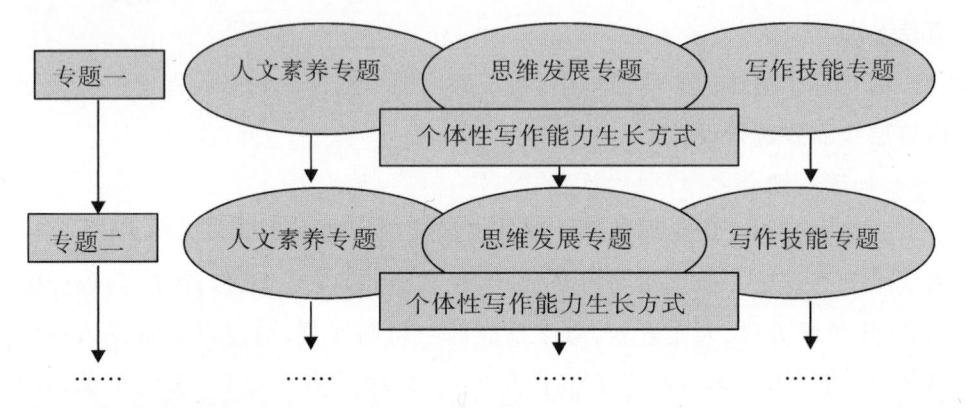

```
专题一 → 人文素养专题    思维发展专题    写作技能专题
                 ↓ 个体性写作能力生长方式 ↓
专题二 → 人文素养专题    思维发展专题    写作技能专题
                 ↓ 个体性写作能力生长方式 ↓
         ……          ……          ……          ……
```

2. 系统整合的方式

即以前述三线交融作为主线,分设组合专题,在每一个专题的学习中融入读写结合、阶段性和综合性结合、与交叉互补结合、指定任务和自主学习结合。

3. 系统整合的多元交融并进的写作教学内容的价值意义

这两个方面的系统整合,创造性地实现了内容构成的几个主体因素的关联融通性、个体性、综合性形成与发展,很好地实现了文化传承与理解、思维发展与提升、审美鉴赏与创造、语言运用与建构等语文学科核心素养,使学生的写作素养与技能在系统的整体性融合学习中得以丰富地、一体化地、个体性地发展。

第二节　现行文体写作教学内容体系的全面优化、系统改革及范式

基础教育阶段，各学段写作教学的内容和特点不一。精研目前各地、各学段几种语文教材版本，其写作学习内容基本按文体写作这个宏观思路进行建构，这也是日常写作教学的内容。但是，各学段在写作学习内容的设置上，有很多共同的弊端。如本编第一章所言，写作学习内容的构建在心理与思维发展的适应性、知识逻辑、内容的系统性、课程化等方面长期存在系列难点问题，有诸多重大缺陷。

这里以写作相关因素最为复杂的高中段问题分析与解决为例。从本章第一节"一、适应性原则"里的阐述，高中段学生应以抽象思维为主、形象思维为辅，两种思维综合发展可以知道，高中写作教学内容应以议论文写作学习为主、记叙抒情类文体学习为辅，两者应该交叉学习。

可是，由于人教版语文教学内容里高一年级是记叙文写作，高二年级是议论文写作，如果对这两个文体的写作内容体系进行交叉组合、全面创构，跨度大，教学实施不太现实；二是，考虑前述思维发展的特征，高一教材的写作学习内容以记叙文为主，一般抽象逻辑思维里的基础形式逻辑思维发展在这一主体内容中难以得到重点体现；三是，高中阶段分年级的文体主体技能需一定程度的参照，为了让以文体写作为主的教材体系的全面优化、改革变为教学现实和可能，前述整体性原则不能在全面优化改革体系中全部实现。考虑到高三阶段学习内容的特殊性，这里不予全面优化改革。

依据前述原则，如何基于高一、高二年级教材文体写作内容体系进行宏观优化与系统改革，也对其他学段的教学内容改革有所启发？

构建人文素养、写作技能"双线交融并进"的写作学习内容体系，是对当前以分年度文体技能运用为主要内容思路的写作教材内容体系进行全面优化改革、创构写作学习课程，实现学科核心素养和全面培育学生写作素养与能力课程化的一条切实可行的新的重要改革途径。

一、全面优化改革的"双线交融并进"写作学习内容体系的主体思路

对应前述理论,"双线交融并进"写作学习内容体系构建的宏观思路,"双线交融并进"写作学习内容体系的主体思路可以是:人文素养和写作技能结合+读写结合、阶段学习和综合学习结合

"双线交融并进",即将符合技能形成及发展规律的写作技能学习,和与学生心理特征及心理发展、写作技能学习相适应的人文素养学习作为两条学习内容主线系统设置,双线各设若干内容专题,两线专题内容横向组合成若干复合专题(呈现形式:某人文素养专题·某写作技能专题),再纵向铺排全系统,并将读写结合、阶段性和综合性运用结合的两条重要途径系统地融入其中。

双线交融的方式:一是通过读写结合的内容设置实现人文素养、写作技能学习的融通和共同发展,即人文专题学习里的材料、篇章学习为写作技能的学习做人文铺垫、体现写作学习专题的写作技能,技能专题的技能点范例从不同角度体现人文专题内涵。二是在阶段性专题学习之后,分别对前面的人文素养、写作技能学习内容进行大综合、融通学习。通过这两种方式,可以实现人文素养、写作技能两个内容系列的双线交融并进、共同提升。

这个内容优化改革体系,宏观上符合学生写作能力形成与发展的基本规律,实现了写作素养与技能的丰富的、一体化发展。这个体系应是写作学习内容构建的基本思路。

二、构建全面优化系统改革的写作技能体系

(一)全面优化、系统改革教材写作技能体系的宏观思路

1. 写作技能形成与发展的基本路径

如前所说,技能的形成必须经过专项阶段性到技能的综合性运用这两个阶段,所以写作技能形成与发展的基本路径可设计为:写作技能点能力培养的阶段性学习→综合运用写作技能点的综合性学习(章节内技能点、后章节

对前章技能点的综合）。

这个基本路径，既让写作技能点的能力得以形成、强化，又让技能点得以综合运用，使学生的写作技能得以专题性、综合性、丰富性地生长，符合并体现了技能生长的规律。

2. 创构全面优化系统改革的写作技能体系的宏观思路

（1）写作技能体系整体优化改革的思路

由于教材体系里写作学习内容的主体框架基本没有文体特征、类型及结构的学习，常导致后面专题技能及综合运用中文章写作时文体特征及结构的偏失，所以在进行各局部技能的专题学习之前必须将这些基本内容作为写作学习的基础；由于当前教材体系里写作技能体系混乱、过于简略，范例不足，应予以优化和重构，所以对当前教材体系里写作技能体系的整体优化改革思路，可设计为：

文体特征、类型及结构的写作学习→专题写作技能：系统化、科学化的专题技能知识及专题内技能综合运用学习→综合前专题技能的技能综合性运用学习，并在每个环节中设置技能点知识学习以及体现技能点的范例及范例分析。为了兼顾对文体特征的强化学习以及不同学生的个性化吸收，范例可兼顾大文体范围内的各种小文体。

（2）全面系统改革人教版主体写作技能体系的方式

对应本编第一章教材学习内容分析里写作技能主体设置存在的典型问题，根据写作技能的内在联系，保留、合并、调整人教版写作技能教学的部分主体框架，增加部分主体内容，重构写作技能专题教学点的内部技能教学体系。通过具体、全面、系统的优化改革、创构，使写作学习内容的主体技能结构以及主体技能板块的内部体系更完整、更合理。

(二)构建全面优化改革的写作技能主体内容及示例

1. 构建全面优化改革的写作技能主体内容

依据前述关于写作技能形成的基本认识，优化改革的写作技能主体内容体系可设计如下。

优化后的高一年级写作技能学习内容体系，将原教材内容整合为描写、写人叙事、抒情和虚构三个专题,增加综合运用专题:1.在"描写"专题中设置景物描写、人物和场景描写、记叙文描写能力综合运用三章。人教版高中教材的"描写"专题在高一下(第二册)第二单元,由于它是写人的基础,故调整为高一年级文体专题学习之后的首学内容。由于高一下第一单元"写景要抓住特征"与高一下第二单元描写专题有交叉,故将两个单元合并为"景物描写",并增加"人物和场景描写"。由于人物及场景描写常有景物,所以先学景物描写。这些描写技能的学习为后面如何写人打下了部分基础。2.写人叙事专题,分别整合人教版"真实地描述触动心灵的人和事""记叙要选好角度""写人要凸显个性""写事要有点波澜"四章,增添"记叙文描写与记叙能力综合运用"。3.抒情和虚构,整合"学习抒情""学习虚构"两章,增添"抒情和虚构写作能力的综合运用"。4."记叙文写作能力综合运用"专题,将前面的叙述、描写、抒情三种表达方式和虚构手法进行综合运用。

优化后的高二年级写作技能学习内容体系,将原教材内容整合为议论文写作基础、议论文如何展开议论两大专题,增加综合运用专题:在"议论文写作基础"部分,整合人教版"学习选取立论的角度""学习选择和使用论据""学习论证""学习议论中的记叙"四个专题的内容,增加"议论文写作基础技能综合运用"一章。由于"学习议论中的记叙"是后面专题"学习选择和使用论据"的基础,所以将"学习议论中的记叙"调整为这一专题的第一章。"议论文如何展开议论"这一专题,整合人教版"学习横向展开议论""学习纵向展开议论""学习反驳""学习辩证分析"四个专题的内容。由于学习了辩证分析,会使反驳更加理性和全面、深刻,所以将"学习反驳"一章放在"学习辩证分析"之后。在最后增加的"议论文写作技能综合运用"专题,将前面学习的写作技能进行综合运用。

2.全面优化改革的写作技能体系中每章技能系统要点创构示例

在第二编第一章中,已经阐述了写作教材里的写作技能学习缺少具体、科学的知能体系,已有内容残缺,为与之相对应,对每章文体写作技能系统全面优化改革的要点创构以人教版高中语文第二册"亲近自然 写景要抓住特征"专题中的"写法借鉴"的内容为例。

在全面优化改革的体系里,这部分内容已经并入高一年级"描写"专题中的"景物描写"。其专题表达技能点的知识体系优化改革要点建构如下。1. 写景选角度,按顺序:(1)选好观察和感受的视角。①选好观察视角,确立观察点。观景可有不同的角度,或远观,或近觑,或仰视,或俯瞰。视角可变化,如移步换景法、定景换点、定点换景等。②不同感官感受的角度,要调动视觉、听觉、触觉、嗅觉、味觉等多种感官。(2)写景按顺序,如空间顺序、时间推移、逻辑联系等。2. 写景有"情""意":情意寄托在景的特征之上,景的描写围绕主旨,与情贯通,或在景的描写中有所象征、寄托。3. 写景的艺术表现手法:工笔与白描;对比、映衬;合理想象;综合运用修辞;景物情景构建,如点面结合、景物间的逻辑组建等。4. 景物描写方式的综合运用。

三、创构人文素养全面培育系统的优质途径

(一)创构人文素养全面培育系统的基本原则

人文素养是写作的基础素养,没有人文素养,写作不仅没有动力,写作内容还难以展开;没有符合社会需要的人文素养,学生就会变得蛮荒,文章内容就会变得没有积极意义。

要在写作教学中实现人文素养培育的学科课程化、全面培育学生写作的基础素养,全面、系统地创构人文素养培育的课程体系是唯一的正确道路。然而,这个方面在教学内容的设计中却普遍遭到忽视。

人文素养培育是对人心灵的培育,所以它的培育应具有心理适应性和发展性,符合社会需要,就必须建立在学生认知、情感、品德、意志等心理特征以及心理发展需要、社会规范的基础上。创构适应学生心理特征、心理发展需要与社会需要,并与写作技能学习相适应的人文素养培育体系,是写作内容构建的必然选择,这三方面的适应也是创构人文素养全面培育系统的基本原则。

(二)创构与学生心理特征、心理发展与社会需要、写作技能相适应的人文素养培育体系

在本编第一章里,已经分析到人教版人文点的设置与学生的心理特征及心理发展需要适应性很不够,并且零散、缺少人文认知广度和系统培育,应全

面改革，重新设计。部编版教材里的写作学习内容里没有人文素养培育内容，更谈不上基于学生心理发展的需要，这是教材开发的重大缺陷。

1. 创造性构建人文素养培育优质途径的宏观构思

从前述写作内容构建应与心理及思维特征相适应的阐述中可以知道，高中写作教学内容里的人文素养体系构建，必须高度重视对高一阶段的学生品德，高中一、二年级学生思维结构、认知能力以及情感、理想、意志等的培育，重视对人生、社会与社会规范、自然以及个人与这些因素的关系的认识，并将人文素养与思维能力培育结合起来。考虑到人文素养培育的特殊性，人文素养培育体系的设置必须考虑社会需要和与写作技能学习相配合。

人文素养培育的创造性构建的宏观构思可以是以下三点。

第一，与前述心理特征相适应，基于高中学生认知、情感、品德等基本心理特征，从国家对人才素养的要求以及自身生存与发展素养需要的角度，以人本位发展为取向，把德育素养、社会主义核心价值观及其他必需的人文素养分专题进行系统培育，实现人文素养培育的系统化和课程化；第二，在人文素养培育的内容中，加入部分关系型人文专题，专题后综合学习里的人文素养学习综合前面的人文素养学习内容，加强思维宽度与深度以及认知能力的培育；第三，人文素养培育专题应与主体写作技能学习相配合，否则，两者的融合会变得别扭，失去双线交融并进体系良好的教育价值。

2. 分年级创构人文素养培育体系

(1) 人文素养培育体系设计的宏观思路

在人教版高中写作学习内容写作技能主体框架的制约下，尽可能创造性地将品德培养、社会主义核心价值观及其他关于人的生存与发展必需的素养分专题进行系统设置、培育；每个专题的人文内容设置按从人文小专题学习到人文专题综合学习的顺序。为了强化对人文内涵的思维角度和内涵学习，技能专题内选文的人文内涵都在并行的人文专题范围之内，并且从不同的角度丰富人文专题的内涵。

这宏观构思有利于全面提升学生的人文认知能力与人文素养，培育价值观、世界观，升华道德境界、人格境界，帮助学生心理健康成长，促进学生理性而沉稳地发展，为学生长远人生的发展奠基，并将此作为写作能力提升的重

要内涵基础。

（2）全面优化改革的人文专题内容体系的主体规划

与前述高中生的心理特征相适应，基于学生认知发展规律和需要，从关注与思考自身素养、自身与环境的关系、环境发展这几个大的方面逐步拓展、深入的角度，对人教版进行全面优化改革的人文专题学习的整体思路可设计为：

高一年级：通过"爱的颂歌""美德颂""奋斗之歌"三个专题及人文专题综合"美之歌"等四个人文专题强化美德培育，通过认识人与自然、社会环境、自身特点与发展培养基本的自我、环境认识。

与高一年级记叙抒情类写作技能体系相适应的人文专题内容学习体系设计为：专题一（三章），人与自然→万千世界→人文主题综合强化：爱的颂歌（综合前）；专题二（五章）：美德颂→智慧颂→个性人生→跌宕人生→人文主题综合强化：奋斗之歌（综合前）；专题三（三章），人与生活、心灵→人与创造→人文主题综合强化：美之歌（综合前）。

高二年级：通过重点学习社会主义核心价值观及其他关于人的生存与发展必需的素养，培养对社会因素与幸福的关系、生命意义的认识以及认知结构与认知能力。

与高二年级议论类写作技能体系相适应的人文专题学习内容体系设计为：专题一（五章），环境·人生→爱国·奉献→自信·宽容·尊重→民主·富强→人文主题综合强化：生命的意义；专题二（五章），公正·法治→敬业·挫折·奋斗→自由·平等→文明·和谐→人文主题综合强化：社会·幸福。

通过强化美德培育，通过认识人与自然、社会环境、自身特点与发展培养基本的自我、环境认识，通过重点学习社会主义核心价值观及其他关于人的生存与发展必需的素养，培养对社会因素与幸福的关系、生命意义的认识以及认知结构与能力。

这个人文素养培育体系，实现了人文素养培育的学科课程化，全面提升学生的人文认知能力与人文素养，培育价值观、世界观，升华道德境界、人格境界，帮助学生心理健康成长，促进学生理性而沉稳地发展，为学生长远人生的发展奠基，并将此作为写作能力提升的重要内涵基础。

这个人文素养培育体系,可作为各学段人文培育的参考范式。其呈现内容因文体学习需要、阶段的不同,具体内容有别,也有内容多少、深浅之分。

四、"双线交融并进"写作学习内容体系主体结构示例

(一)课程目标

通过人文素养、写作技能"双线交融并进"体系内容的学习,较全面实现记叙抒情类及议论类两类文体的写作能力及相关素养学科、核心素养的培育和提升。

(二)全面优化改革的高中阶段主体内容结构创构示例

1. 高一年级的主体内容结构创构

专题一,记叙抒情类文体特征及文章结构:一、一般记叙文的文体特征与结构。二、记叙抒情类散文的文体特征与结构。

专题二,描写:一、人与自然·景物描写。二、万千世界·人物和场景描写。三、记叙文写作能力综合运用:(1)人文主题:爱的颂歌;(2)文体及重点写法综合运用:文体＋描写;(3)写作训练一、二。

专题三,写人叙事:一、美德颂(含人性的力量,人道主义、诚信、友善)·真实地描述触动心灵的人和事。二、智慧颂·记叙要选好角度。三、个性人生·写人要凸显个性。四、跌宕人生·写事要有点波澜。五、记叙文写作能力综合运用:(1)人文主题:奋斗之歌;(2)文体及重点写法综合运用:文体＋叙事＋描写;(3)写作训练一、二。

专题四,抒情和虚构(人教版第二册两个技能专题的组合、创构)＋技能大综合运用:一、人与生活、心灵·学习抒情。二、人与创造·学习虚构。三、叙述、描写、抒情、议论写作能力的综合运用:(1)人文主题:美之歌;(2)重点写法综合运用:叙述、描写、抒情、议论四种表达方式的融合;(3)写作训练一、二。

2. 高二年级的主体内容结构创构

专题一,议论文文体特征及文章结构:一、一般议论文的文体特征与结

构。二、议论文类散文的文体特征与结构。三、议论文文体及结构写作演练。

专题二,议论文写作基础:一、环境·人生　学习选取立论的角度。二、爱国·奉献　学习议论中的记叙。三、自信·宽容·尊重　学习选择和使用论据。四、民主·富强　学习论证。五、写作技能点综合运用:(1)人文主题:生命的意义;(2)重点写法综合运用。

专题三,议论文如何展开议论:一、公正·法治　学习横向展开议论。二、敬业·挫折·奋斗　学习纵向展开议论。三、自由·平等　学习辩证分析。四、文明·和谐　学习反驳。五、议论文写作技能点综合运用:(1)人文主题:社会·幸福;(2)重点写法综合运用;(3)写作训练一、二。

这个对人教版写作学习内容进行全面优化改革的体系,在高中写作教与学内容的适应性、系统性、结构化、课程化、科学性方面进行了创造性的科学探索和建构,这个体系适应了学生的心理特征与认知发展需要,基本符合文体写作能力、学生文体写作能力的形成与发展规律,既实现了审美鉴赏与创造、思维发展与提升、文化传承与理解、语言建构与运用等语文学科核心素养培育,又实现了写作素养与技能的丰富的、一体化发展,具有较好的科学性、实践指导性和广泛推广价值,也给其他教材版本、其他学段的写作学习内容改革创构提供了成功范式。

这个对现行教材教学内容进行全面优化改革的"双线交融并进"的内容体系,为国家基础教育阶段写作课程建设与改革提供了新的思路,在写作教与学内容的结构性改革和科学化、课程化方面实现了一个新的突破。

本节所述及的两种作文教学内容改革体系,是笔者独立主持的四川省"十三五"教育科学规划课题、四川省普教科研资助金项目"高中作文教学改革体系建设研究"的部分创造性研究成果。这些成果是走向科学建构写作学习内容体系的创造性探索,突破了多年来写作教学内容建构的瓶颈问题,对中小学段写作教材编写、日常教学内容的建构有重要的启发意义和指导价值。